신약성서 헬라어
기초 문법

New Testament Greek
Basic Grammar

김광수 지음

침례신학대학교 출판부

수정증보판을 내면서

기독교의 복음은 우리 구주 예수 그리스도를 통해 주시는 하나님의 구원에 관한 기쁜 소식입니다. 이 기쁜 소식이 신약성서에 헬라어로 기록되어 있습니다. 이 신약성경은 처음에 주후 1세기 지중해 세계의 대중언어이며 공용어였던 "코이네 헬라어"로 기록되었습니다. 헬라어 '코이네'라는 단어는 '일반적인' 혹은 '일상적인'이라는 의미를 갖습니다. "코이네 헬라어"는 알렉산더 대제의 동방 정복 이후에 형성된 헬레니즘(헬라 문화와 동방 문화가 결합되어 이루어진 문화권을 일컫는 말) 시대에 고전 헬라어로부터 일반인들이 쉽게 의사소통을 하게 하려는 의도에서 발전된 "일상적인 헬라어" 혹은 "대중적인 헬라어"를 가리킵니다.

예수 그리스도의 복음을 정확하게 이해하기 위하여 신약성서의 말씀을 바르게 파악하는 것이 필수적 요건입니다. 그래서 신약성서의 바른 이해는 신약성서의 언어인 헬라어를 이해하는 데서부터 출발한다고 말할 수 있습니다. 오직 기록된 성경의 말씀만을 기독교 신앙과 삶을 위한 유일한 계시로 인정해온 침례교도들은 하나님의 복음의 핵심을 담고 있는 신약성서 연구에 지대한 관심을 갖고 있었으며 또한 그런 맥락에서 신약성서 헬라어 연구에 특별한 노력을 기울여 왔습니다.

필자가 미국에서 유학과 목회를 마치고 침례신학대학교에 돌아와서 "신약성서 헬라어"를 가르치기 시작하여 십여 년이 지났습니다. 필자가 이곳에서 신약성서 헬라어를 가르치기 시작했을 때는 신약성서 헬라어 연구에 관한 미국 남침례교 학자들의 풍부한 자원에도 불구하고, 처음에는 그들의 학문적 전통을 가진 마땅한 교재가 없었습니다. 그래서 필자는 남침례교 학자들의 저술을 토대로 서둘러 신약성서 헬라어 기초 문법책을 출간했었습니다. 그러나 너무 서둘러 출간했기 때문에, 내용이 충분하지도 못했고 오자와 탈자 등 부족한 면이 많이 있었습니다.

그동안 강의를 거듭하면서 내용을 수정하고 추가하면서 수정증보판을 마련하게 되었습니다. 하나님의 말씀을 원어로 읽는 것의 중요성과 필요성에 관하여는 두 말할 여지가 없을 것입니다. 신약성서 헬라어를 포함하여, 어떤 언어를 배운다는 것은 기본적으로 인내와 끈기를 요구하는 어려운 작업입니다. 하나님의 말씀을 원어로 읽기 위해서는 하나님의 말씀을 간절히 사모하는 마음과 함께 그것을 원어로 읽으려는 간절한 소원과 열망을 갖고 꾸준히 노력하는 것이 필요합니다.

「신약성서 헬라어 기초 문법」 책은 신약성서를 원어로 읽으며 이해하기 위한 기초적인 도움을 제공하기 위하여 저술되었습니다. 필자는 이 헬라어 문법책에서 코이네 헬라어 기초 문법에 충실하면서도 신약성서의 원문을 가능한 한 많이 읽을 수 있는 기회를 제공하기 위하여 노력했습니다. 기존의 헬라어 기초 문법책들에 나오는 한글을 헬라어로 옮기는 연습 문제들은 다루지 않았다. 그 대신 헬라어를 한글로 번역하는 연습 문제만을 실었으며 신약성서 원문도 예문에 많이 실었습니다. 신약성서 헬라어 기초문법을 배우는 목적은 문법 자체를 아는 것에 있는 것보다는 신약성서 원문을 읽고 번역하며 이해하는데 있다고 말할 수 있습니다. 따라서 헬라어 원문을 한글로 번역하며 이해하는 것에 초점을 맞추었다.

이 책의 출판을 허락해주신 침례신학대학교의 도한호 총장님께 감사를 드리며 원고의 교정과 출판을 위하여 여러 가지로 수고한 이정훈 전도사님께도 감사를 드립니다. 수정증보판 4쇄 인쇄를 위해 수고한 김승연 조교님에게도 감사드립니다. 이 책이 신약성서를 원전으로 읽고 번역하는 능력을 배양하며 신약성서 본문을 정확하고 깊이 있게 이해하는데 작으나마 이바지하게 되기를 바랍니다.

2005년 여름 한 복판에
하기동 동산에서
김 광 수 교수

차 례

제 1 과
기본 문자(The Alphabet)

1. 기본 문자(알파벳)

대문자	소문자	헬라어 명칭	한글 명칭	음가(발음)
Α	α	ἄλφα	알파	**a** in father (아)
Β	β	βῆτα	베타	**b** in boy (ㅂ)
Γ	γ	γάμμα	감마	**g** in girl (ㄱ)
Δ	δ	δέλτα	델타	**d** in dog (ㄷ)
Ε	ϵ	ἔψιλόν	엡실론	**e** in get (에)
Ζ	ζ	ζῆτα	제타	**z** in zoo (ㅈ)
Η	η	ἦτα	에타	**e** in obey (에-)
Θ	θ	θῆτα	데타	**th** in thin (ㄷ*)
Ι	ι	ἰωτᾶ	이오타	**i** in fit (이)
Κ	κ	κάππα	캎파	**k** in keep (ㅋ)
Λ	λ	λάμβδα	람다	**l** in lump (ㄹ*)
Μ	μ	μῦ	뮈	**m** in man (ㅁ)
Ν	ν	νῦ	뉘	**n** in net (ㄴ)
Ξ	ξ	ξῖ	크시	**x** in relax (크스)
Ο	ο	ὄμικρόν	오미크론	**o** in omit (오)
Π	π	πῖ	피	**p** in price (ㅍ)
Ρ	ρ	ῥῶ	로	**r** in run (ㄹ)
Σ	σ	σίγμα	시그마	**s** in sit (ㅅ)
Τ	τ	ταῦ	타우	**t** in tight (ㅌ)
Υ	υ	ὖψιλόν	윞실론	**u** in we (위)
Φ	φ	φῖ	피	**ph** in graphic (프흐)
Χ	χ	χῖ	키	**ch** in chasm (크흐)
Ψ	ψ	ψῖ	프시	**ps** in lips (프스)
Ω	ω	ὦμέγα	오메가	**o** in note (오-)

(1) 중자음 γγ, γκ, γξ, γχ들은 각각 ng, nk, nx, ng + ch로 발음된다. 단어의 끝에 위치하는 시그마는 ς로 쓰고, 그 밖의 곳에서는 σ로 쓴다.

(예) σειсμος (세이스모스)

(2) 우선 소문자부터 배운다. 각 문자를 큰 소리를 내어 발음하면서 여러 차례 써 본다. 기본 문자 전체를 완전히 기억하여 책의 도움 없이도 발음할 수 있으며 주저 없이 쓸 수 있을 때까지 소리 내어 발음하면서 쓰기를 계속한다. 알파벳의 정복이 그 언어 정복의 첫걸음인 것을 명심하라.

(3) 알파벳 쓰기

α β γ δ ϵ ζ η θ ι κ λ μ ν

ξ ο π ρ σ(ς) τ υ φ χ ψ ω

(4) 다음 단어들을 크게 발음하고 써보시오.

θϵ-λω	델로	γρα-φη	그랖헤
λϵ-γω	레고	βλϵ-πω	블레포
φι-λος	필로스	κοσ-μος	코스모스
ϵ-χω	엨호	α-δϵλ-φος	아델포스
αν-θρω-πος	안드로포스	θϵ-λη-μα	델레마
νο-μος	노모스	νυξ	뉰스
σω-ζω	소-조-	ψυ-χη	프쉬케

2. 모음(Vowel), 숨표(Breathing), 강세(Accent)

2.1 모음(Vowel)

(1) 코이네 헬라어 모음

코이네 헬라어에는 모두 일곱 개의 모음이 있다:

α, ε, η, ι, ο, υ, ω

η는 ε의 장음 형태이고, ω는 ο의 장음 형태이다.

ε와 ο는 항상 단음이고, η와 ω는 항상 장음이다.

α, ι, υ는 경우에 따라 단음 또는 장음이 된다.

단모음	장모음
α	α
ε	η
ι	ι
ο	ω
υ	υ

(2) 폐모음과 개모음

ι와 υ를 폐모음(closed vowels)이라 하고, 그 밖의 모음들을 개모음(open vowels)이라 한다.

(3) 중모음(diphthong)

두 모음들이 결합된 모음을 중모음(diphthong)이라 한다.

중모음의 첫 모음은 개모음이고 둘째 모음은 폐모음이다.

단, υι는 예외이다.

중모음에는 다음과 같은 것들이 있다.

αι	ai in aye	(아이)
αυ	ou in house	(아우)
ϵι	ei in weight	(에이)
οι	oi in oil	(오이)
ου	ou in group	(우-)
ϵυ	eu in feud	(유)
ηυ	eu- in deuce	(유-)
υι	wi in we	(위)

(4) 이오타 하기(Iota Subscript)

장모음 α, η, ω가 ι와 결합하되, ᾳ, ῃ, ῳ와 같이 ι가 장모음 밑에 위치하는 경우가 있다. 이것을 "이오타 하기"(iota subscript)라 한다. 이때 ι는 모음의 발음에 영향을 주지 않는다.

(5) 헬라어 음절(Sylable)

헬라어 단어는 그 단어에 포함된 모음 혹은 중모음의 숫자만큼의 음절을 갖는다. 어떤 음절이 장모음이나 중모음을 가지면 그 음절은 장음절이며 단모음을 포함하면 그 음절은 단음절이다.

(6) 음절의 명칭

어느 단어의 마지막 음절의 이름을 '얼티마'(ultima)라 한다. 얼티마 바로 전의 음절을 '피널트'(penult)라 한다. 피널트 바로 전의 음절을 '안티피널트'(antipenult)라 부른다.

(예) αν/θρω/πος (안티피널트/피널트/얼티마)

λαμ/βα/νο/μϵν (λαμ/안티피널트/피널트/얼티마)

2.2 숨표(Breathing)

(1) 단어의 처음에 위치하는 모음이나 중모음

단어의 처음에 위치하는 모음이나 중모음은 숨표를 취한다. 이 숨표에는 강숨표(ʽ)(rough breathing)와 연숨표(ʼ)(smooth breathing)가 있다.

(2) 강숨표

헬라어 단어들 중에는 한글의 'ㅎ'에 해당하는 발음으로 시작하는 것들이 있다. 이 발음은 단어의 맨 처음에 나오는 모음이나 중모음 위에(중모음의 경우에는 두 번째 모음 위에) 강숨표 표기(ʽ)를 함으로써 표시한다.

(예) ὁδος 호도스 εὑρισκω 휴리스코-

(3) 연숨표

만일 첫 자리의 모음이나 중모음이 'ㅎ'으로 발음되지 않으면 연숨표 표기(ʼ)를 사용하여 표시한다.

(예) ἀκουω 아쿠-오- οὐρανος 우-라노스

(4) 단어의 시작에 위치하는 ρ와 υ

단어의 시작에 위치하는 ρ와 υ에는 항상 강숨표가 붙는다.

(예) ῥημα 흐레마 ὑπο 휘포 ὑπερ 휘페르

(5) 숨표와 강세가 같은 모음에 오는 경우

숨표와 강세가 같은 모음에 오면 숨표를 먼저 표기한다.

(예) αἴρω 아이로- ἄνθρωπος 안드로-포스

(6) 써컴플랙스 강세

숨표와 써컴플랙스 강세가 같은 모음에 위치할 때, 써컴플랙스 강세(῀)는 숨표 바로 위에 표기한다.

(예) οἶκος 오이코스 οἶνος 오이노스

2.3 강세(Accent)

(1) 헬라어 강세의 종류

대부분의 헬라어 단어들은 강세와 함께 표기된다. 강세는 음절의 고저 혹은 어조를 나타낸다. 헬라어의 강세에는 세 가지가 있다:

애큐트(´), 써컴플랙스(῀), 그레이브(`)

(예) λαμβάνει τὸν δοῦλον

ἀκούω τῆς φωνῆς

(2) 강세의 종류와 위치

1. 강세는 강세를 취하는 음절의 모음 위에 위치하며, 중모음에서는 두 번째 모음에 위치한다.
2. 애큐트 강세는 안티피널트, 피널트, 얼티마에 올 수 있다.
3. 써컴플랙스 강세는 피널트와 얼티마에 올 수 있다.
4. 그레이브 강세는 얼티마에만 올 수 있다.

애큐트 : ἄνθρωπος, λέγω, ἀγαθός

써컴플랙스 : δοῦλος, αὐτοῦ

그레이브 : ὁ δὲ ἀγαθὸς ἄνθρωπος

3. 자음(Consonants)과 구두점(Punctuation)

3.1 자음

(1) 유자음(Liquid Consonants)

유자음에는 λ, μ, ν, ρ 등이 있다. 이것들은 공기의 유연한 흐름과 함께 발음된다. 단어의 처음에 오는 ρ는 항상 강숨표를 취하며 따라서 '흐르'(hr) 발음을 한다.

(예) ῥῆμα 흐레-마

(2) 묵자음(Mute Consonants)

이 범주에는 아홉 개의 자음들이 있다. 이 자음들은 공기의 순간적인 닫힘에 의하여 발음된다. 이것들은 입안의 부분들에 따라 다음의 세 가지로 구분된다.

순음(libials)	π	β	φ	(ㅍ 소리)
후음(gutturals)	κ	γ	χ	(ㅋ 소리)
치음(dentals)	τ	δ	θ	(ㄷ 소리)

(3) 동류자음(Sibilants)

이 자음들은 '스'(s) 소리를 가진 자음들이다(σ, ξ, ζ, ψ).
이것들 중에서 ξ, ζ, ψ는 다음과 같은 결과로 나타나는 중자음들이다.

π, β, φ	+	σ	=	ψ	(프스 발음)
κ, γ, χ	+	σ	=	ξ	(크스 발음)
δ	+	σ	=	ζ	(즈 발음)

3.2 헬라어의 구두점

헬라어에는 네 가지 구두점들이 있다. 쉼표(,)와 마침표(.)는 한글이나 영어의 그것들과 거의 동일하다. 헬라어 콜론(·)은 영어의 콜론이나 세미콜른과 같은 역할을 한다. 헬라어 의문 부호(;)는 영어의 세미콜른과 모양이 같다.

제 2 과
현재 능동태 직설법
(Present Active Indicative)

4. 단어

ἄγω	내가 인도한다(lead)
ἀκούω	내가 듣는다(hear)
βλέπω	내가 본다(see, look at)
γινώσκω	내가 안다(know)
γράφω	내가 쓴다(write)
ἔχω	내가 갖는다(have)
εὑρίσκω	내가 발견한다(find)
λαμβάνω	내가 취한다(take, receive)
λέγω	내가 말한다(say)
πέμπω	내가 보낸다(send)
πιστεύω	내가 믿는다(believe)
φαίνω	내가 빛을 발한다(shine)

4.1 관찰

(1) 발음하며 써보기

이 단어들을(숨표와 강세와 함께) 소리 내어 발음하며 써보시오. 숨표와 강세가 같은 모음에 올 때, 숨표가 먼저 표기된 것, 강세가 중모음에 올 때 두 번째 모음에 표기된 것, 또 단어의 처음에 위치한 모음이나 중모음에 숨표가 붙은 것을 관찰하시오.

(2) 피널트에 애큐트 강세

이 단어들은 모두 애큐트 강세 (΄)가 피널트에 위치했다. 동사의 강세는 일반적으로 마지막 음절에서 가능한 한 뒤에 위치한다. 이것을 강세의 역행법이라 한다. 따라서 강세의 위치는 마지막 음절에 의해서 결정된다.

마지막 음절이 장음이면, 강세는 피널트에 온다.
마지막 음절이 단음이면, 강세는 안티피널트에 온다.

4.2 동사의 용법

(1) 동사의 시제, 태, 법

헬라어 동사에는 시제(tense), 태(voice), 법(mood)이 있다. 시제는 행위의 종류 혹은 주어의 상태를 나타낸다. 태는 행위가 주어와 어떻게 연관되는가를 나타낸다. 법은 행위의 진술방법을 나타낸다. 헬라어 시제에는 제 1 시제(현재, 완료, 미래)와 제 2 시제(미완료, 단순과거, 과거완료)가 있다.

(2) 동사의 시간 개념

헬라어 동사는 직설법에서만 시제가 시간 개념을 확실하게 나타낸다. 시제의 주된 기능은 행위의 종류를 가리키는 것이다. 직설법에서조차 시간은 이차적인 개념이다. 현재 시제는 계속되는 혹은 지속적인 행위를 나타낸다. 이런 종류의 행위를 '지속적인'(durative) 혹은 '선적인'(linear) 행위라 한다. 이런 동사의 행위는 "~하고 있다"는 것과 같은 진행적 의미를 갖는다.

(3) 동사의 인칭어미 변화

헬라어 동사는 인칭과 수에 따라 각각 다른 어미를 취한다. 동사를 변화시킨다는 것은 인칭과 수에 따라 그 동사의 어미들을 적절한 순서로 제시하는 것이다. 헬라어 동사의 인칭 변화를 정복하는 것이 신약성서 헬라어를 정복하는 지름길이다.

5. λύω (내가 풀다, I loose)의 인칭 변화

	단수		복수	
1인칭	λύ-ω	내가 풀다	λύ-ομεν	우리가 풀다
2인칭	λύ-εις	네가 풀다	λύ-ετε	너희가 풀다
3인칭	λύ-ει	그(녀)가 푼다	λύ-ουσι	그들이 푼다

5.1 관찰

(1) 어간 λυ-는 시종 변화되지 않고 남아 있다.

(2) 이 어간에 뒤이어 모음이 나온다. 이 모음은 μ 혹은 ν로 시작하는 어미 앞에서는 ο이며, 그 밖의 다른 문자들 앞에서는 ε이다. 이 모음(ο/ε)을 간모음(thematic vowel)이라 한다. 이 간모음이 1인칭과 2인칭 복수에서 분명히 나타난다. 따라서 λύετε를 분석하면, 어간 λυ, 간모음 ε, 그리고 인칭어미 τε로 구성된다.

5.2 제1시제 능동태 인칭어미

(1) 제1시제(현재, 완료, 미래) 능동태 인칭어미

	단수	복수
1인칭	-μι	-μεν
2인칭	-ς(-σι)	-τε
3인칭	-σι(-τι)	-νσι(-ντι)

(2) 능동태 인칭어미들과 간모음(ο/ε)의 결합

1인칭	ο-μι	ο-μεν
2인칭	ε-ς(ε-σι)	ε-τε
3인칭	ε-σι(ε-τι)	ο-υσι(ο-ντι)

(3) 보충적 장음화

1인칭에서는 인칭어미 μι가 떨어지고 간모음 ο가 ω로 길어진다. 2인칭과 3인칭 단수인 εσι와 ετι는 각각 εις와 ει로 된다. 3인칭 복수 ονσι는 ν가 떨어지고 ο가 ου로 길어진다. 이런 모음 변화를 "보충적 장음화"라고 한다.

(4) 인칭어미와 간모음의 결합

따라서 인칭어미와 간모음의 결합으로 생긴 어미들은 다음과 같이 나타난다. 이러한 인칭 어미들을 숙지하시오.

	단수	복수
1인칭	-ω	-ομεν
2인칭	-εις	-ετε
3인칭	-ει	-ουσι

5.3 동사의 분석

어느 동사를 분석한다는 것은 그 동사에 관한 다음의 일곱 가지 정보를 확인하는 것이다 :

시제, 태, 법, 인칭, 수, 원형(1인칭 단수), **의미**

λύετε 현재, 능동태, 직설법, 2인칭, 복수, λύω,
너희들이 풀고 있다

6. 연습

6.1 다음 헬라어 동사들을 발음하고 한글로 번역하시오.

(1) βλέπει	ἀκούομεν	γινώσκετε
(2) λαμβάνουσι	γράφεις	ἔχει
(3) πέμπετε	εὑρίσκει	ἄγετε
(4) πιστεύομεν	ἔχεις	γινώσκουσι
(5) ἄγουσι	λαμβάνει	φαίνομεν

6.2 다음 동사들을 분석하시오.

(1) λαμβάνω	ἔχει	γράφουσι
(2) γινώσκομεν	ἔχετε	ἄγουσι
(3) ἀκούετε	λαμβάνουσι	πέμπεις
(4) βλέπεις	λύουσι	φαίνει
(5) πέμπετε	εὑρίσκομεν	ἄγετε

제 3 과

제2격변화 명사

(Second Declension Nouns)

7. 단어

ἄρτος	빵(bread)	νόμος	율법(law)
θρόνος	보좌(throne)	ὄχλος	무리(crowd)
κόσμος	세상(world)	τόπος	장소(place)
λίθος	돌(stone)	χρόνος	시간(time)
λόγος	말씀(word)	φίλος	친구(friend)

(1) 발음과 쓰기 연습

위 단어들을 여러 번 발음하면서 써 본다.

예를 들면, ἄρτος, 아르토스, 빵(bread)

이 때, 각 단어의 강세와 숨표를 주목한다.

(2) 제2격변화 명사

위에 열거된 모든 단어들은 -ος로 끝난다. -ος로 끝나는 명사들은 제2격변화에 속한다. 이 단어들은 모두 남성이며 피널트에 강세를 취한다.

(3) 헬라어 명사들의 격변화

헬라어 명사들은 세 가지 중의 하나로 격변화를 한다. 제2격변화 명사들은 -ο-로 된 어간을 갖는다. 어간은 한 단어가 갖는 모든 격의 형태에서 변하지 않는 부분이다.

8. λόγος의 격변화: 어간 λογο-

	단수		복수	
주격(Nom.)	λόγος	말씀이	λόγοι	말씀들이
속격(Gen.)	λόγου	말씀의(of)	λόγων	말씀들의
탈격(Abl.)	λόγου	말씀으로부터(from)	λόγων	말씀들로부터
처격(Loc.)	λόγῳ	말씀에서(in, at)	λόγοις	말씀들에서
조격(Ins.)	λόγῳ	말씀으로(with, by)	λόγοις	말씀들로
여격(Dat.)	λόγῳ	말씀에게(to, for)	λόγοις	말씀들에게
대격(Acc.)	λόγον	말씀을	λόγους	말씀들을
호격(Voc.)	λόγε	말씀아	λόγοι	말씀들아

(1) 형태가 같은 격

단수와 복수에서 속격과 탈격의 형태가 같고 또 처격, 조격, 그리고 여격의 형태도 같다. 이 형태들이 완전히 숙지될 때까지 읽으며 외워야 한다.

(2) λόγος의 격변화에서 강세

λόγος의 격변화에서 강세는 격변화 내내 동일 음절 위에 위치한다. 명사의 격변화에서 강세는 가능한 한 단수 주격에서 놓이는 것과 같은 음절에 유지된다.

9. 헬라어 명사의 격(Case)

9.1 격의 기능

(1) 문장의 다른 부분들과의 관계성

격은 명사가 동사 혹은 문장의 다른 부분들과 어떻게 관계하는가를

나타낸다. 이와 같은 기능은 여덟 가지의 다른 형태들을 통하여 구체적으로 제시된다:

주격(Nominative), 속격(Genitive), 탈격(Ablative), 처격(Locative), 조격(Instrumental), 여격(Dative), 대격(Accusative), 호격(Vocative).

(2) 헬라어에서 격의 중요성

영어에서는 격의 관계가 일반적으로 전치사(to, for, at, on, in, by)와 단어의 위치에 의하여 표현된다. 그러나 헬라어의 속격과 탈격은 같은 형태이면서 다른 의미를 전달하고 처격과 조격과 여격도 같은 형태이면서 약간 다른 의미를 전달한다.

9.2 격의 종류

(1) 주격: 행위의 주체를 가리키는 격(~이, 가)

(2) 속격: 소유 혹은 목적을 나타내는 격(~의, ~에 속한)

(3) 탈격: 근원 혹은 기원의 격(~로부터)

(4) 처격: 장소 혹은 위치의 격(~안에, ~에)

(5) 조격: 수단의 격(~에 의하여, ~와 함께)

(6) 여격: 개인적 관심의 격(~에게, ~를 위하여)

(7) 대격: 동사의 행위를 한정하는 격으로서 영어의 직접 목적어에 해당(~을, 를)

(8) 호격: 호칭의 격(호격은 복수에서 주격과 동일한 형태를 취함)

9.3 격과 어순

(1) 한글과 영어에서 어순

한글이나 영어에서는 단어 배열의 순서가 문장의 의미를 전달하는데 중요한 역할을 한다. 한글에서는 대개 주어-목적어-술어의 순서로 배열되지만, 영어에서는 주어-술어-목적어의 순서로 단어들이 배열된다.

(2) 코이네 헬라어에서 어순

헬라어에서는 단어의 배열이 문장의 의미에 영향을 크게 주지 않는다. 동사의 인칭어미들과 명사의 격어미들이 배열의 순서에 상관없이 자연스럽게 문장의 의미를 제공한다.

ἀκούω λόγον = λόγον ἀκούω

내가 말씀을 듣고 있다

βλέπομεν ὄχλους = ὄχλους βλέπομεν

우리가 무리를 보고 있다

10. 명사의 성(Gender)과 수(Number)

(1) 헬라어 명사의 성

헬라어 명사에는 세 가지 성(gender)이 있다 : 남성(masculine), 여성(femine), 중성(neuter). 그러나 헬라어 명사에서 성이 반드시 사물의 성별(sexuality)을 말하는 것은 아니다. 모든 명사들이 성을 취하며 그 성에 따라 문법적 기능을 갖는다.

(2) 헬라어 명사의 수

헬라어에는 두 가지 수가 있다 : 단수(singular)와 복수(plural). 단수는 하나를 가리키며 복수는 둘 혹은 그 이상을 가리킨다.

(3) 헬라어 명사의 분석

헬라어 명사는 성, 수, 격을 취하기 때문에, 문장에서 사용된 명사를 이해하기 위해서는 그 명사를 분석하는 것이 필요하다. 어느 명사의 분석은 다음과 같은 순서의 정보로 제시된다.

성, 수, 격, 원형, 의미

κόσμοις 남성, 복수, 처(조, 여)격, κόσμος,
세상들에서, 세상들에게, 혹은 세상들을 위하여

11. 연습

11.1 다음 단어들을 분석하시오.

(1) λίθῳ	κόσμου	θρόνων
(2) ὄχλους	νόμῳ	λόγοι
(3) νόμον	χρόνοις	ἄρτων
(4) φίλοι	κόσμους	τόπῳ
(5) ὄχλοις	θρόνοις	τόπου

11.2 다음 헬라어 문장을 읽고 한글로 번역하시오.

(1) ἀκούετε λόγον.

(2) βλέπομεν φίλους.

(3) πέμπουσι ὄχλον.

(4) ἀκούεις λόγους νόμου.

(5) λαμβάνομεν ἄρτον κόσμων.

(6) ὄχλος ἀκούει λόγον νόμων.

(7) εὑρίσκετε ἄρτους οὐρανῶν

(8) γράφουσι φίλοις νόμους κόσμου

(9) γινώσκετε χρόνους φίλων

(10) ἔχομεν ἄρτους κόσμου

12. 제2격변화 명사 계속(단어)

ἄγγελος	천사, 사자(messenger)
ἄνθρωπος	인간(human being)
ἀπόστολος	사도(apostle)
διάκονος	집사(servant; deacon)
διδάσκαλος	선생(teacher)
θάνατος	죽음(death)
θεμέλιος	터(foundation)
κύριος	주(lord)
πόλεμος	전쟁(war)
στέφανος	왕관(crown)
ἐν	~에, ~안에(처격과 함께)
ἀπό	~로부터, ~에서부터(탈격과 함께)
καί	~과(와)

(1) ἄγγελος에서 첫째 γ는 '응'(ng)처럼 발음한다.
κ, γ, χ, ξ 앞에 오는 γ는 항상 '응'(ng) 발음을 한다.

(2) 주격이 -ος로 끝나는 제2격변화 명사들은 대부분 남성이다.
그러나 드물게 여성도 있다.

13. 남성 관사 ὁ (그)와 ἄνθρωπος의 격변화

단 수

주격	ὁ	ἄνθρωπος	그 사람이
속격	τοῦ	ἀνθρώπου	그 사람의
탈격	τοῦ	ἀνθρώπου	그 사람으로부터
처격	τῷ	ἀνθρώπῳ	그 사람 안에
조격	τῷ	ἀνθρώπῳ	그 사람에 의해서
여격	τῷ	ἀνθρώπῳ	그 사람을 위하여
대격	τὸν	ἄνθρωπον	그 사람을
호격		ἄνθρωπε	사람아

복 수

주격	οἱ	ἄνθρωποι	그 사람들이
속격	τῶν	ἀνθρώπων	그 사람들의
탈격	τῶν	ἀνθρώπων	그 사람들로부터
처격	τοῖς	ἀνθρώποις	그 사람들 안에
조격	τοῖς	ἀνθρώποις	그 사람들에 의해서
여격	τοῖς	ἀνθρώποις	그 사람들을 위하여
대격	τοὺς	ἀνθρώπους	그 사람들을
호격		ἄνθρωποι	사람들아

(1) 애큐트 강세의 위치 변화

애큐트 강세는 주격에서 안티피널트에 위치한다. 그러나 얼티마가 장음일 때(-ου, -ῳ, -ων, -οις, -ους와 같이), 강세는 피널트에 위치한다.

(2) 애큐트 강세의 변화

마지막 음절에 위치하는 애큐트 강세는 다른 단어가 구두점 없이 이어질 때 그레이브 강세(`)로 변한다. 그래서 대격 관사인 τὸν, τοὺς에는 그레이브 강세가 사용되었다.

(3) 어미 -οι(복수 주격과 호격)는 비록 중모음이지만, 제2격변화에서 강세 위치에 관한 한 단음으로 간주된다.

(4) 주격의 관사는 강세를 취하지 않는 대신 강숨표가 붙었다. 남성 관사 ὁ (그, the)는 형용사적 역할을 한다. 따라서 헬라어의 모든 형용사처럼 그것이 수식하는 단어의 성, 수, 격과 일치하도록 격변화를 한다.

14. 연습

14.1 다음 헬라어 문장을 한글로 번역하시오.

(1) οἱ διδάσκαλοι βλέπουσι τοὺς ἀποστόλους.

(2) ὁ κύριος τοῦ κόσμου γράφει τὸν λόγον τῶν ἀγγέλων.

(3) οἱ φίλοι λέγουσι τοὺς λόγους τῶν ἀποστόλων.

(4) ὁ ἀπόστολος γινώσκει τοὺς νόμους τοῦ κυρίου.

(5) οἱ ἄγγελοι εὑρίσκουσι τοὺς ἄρτους τῶν διδασκάλων.

(6) ὁ ἄγγελος λαμβάνει τοὺς ἄρτους τοῦ θανάτου.

(7) οἱ φίλοι γράφουσι τοὺς λόγους τοῖς ὄχλοις

(8) πεμπετε τοῖς ἀγγέλοις τοὺς θρόνους τοῦ κυρίου

(9) πιστεύει τοὺς λόγους τῶν νόμων τοῦ ἀγγέλου

(10) λέγουσι τὸν θάνατον τῶν ἀνθρώπων

15. 제2격변화 명사 계속(단어)

ἀδελφός	형제(brother)	ἔργον	일(work)
θεός	하나님(God)	ἱερόν	성전(temple)
λαός	백성(chosen people)	ἱμάτιον	의복(garment)
μισθός	품삯(wage)	παιδίον	어린아이(little child)
οὐρανός	하늘(heaven)	πλοῖον	배(ship)
υἱός	아들(son)	τέκνον	자녀(child)

16. οὐρανός의 격변화: 어간 οὐρανο-

	단수	복수
주격	οὐρανός	οὐρανοί
속격, 탈격	οὐρανοῦ	οὐρανῶν
처격, 조격, 여격	οὐρανῷ	οὐρανοῖς
대격	οὐρανόν	οὐρανούς
호격	οὐρανέ	οὐρανοί

(1) 강세 변화

속격, 탈격, 처격, 조격, 여격에서 얼티마의 애큐트 강세가 써컴플랙스 강세로 변화되었다. 속격, 탈격, 처격, 조격, 여격에서 장음 얼티마에 강세가 위치하면, 그 강세는 써컴플랙스 강세이어야 한다.

(2) 중모음의 강세

중모음 -οῦ와 -οῖς에서 써컴플랙스 강세는 둘째 모음 위에 위치해 있다.

17. 중성 명사 ἔργον과 중성 관사 τό의 격변화

	단수		복수	
주격	τὸ	ἔργον	τὰ	ἔργα
속격				
	τοῦ	ἔργου	τῶν	ἔργων
탈격				
처격				
조격	τῷ	ἔργῳ	τοῖς	ἔργοις
여격				
대격	τὸ	ἔργον	τὰ	ἔργα
호격		ἔργον		ἔργα

(1) 제2격변화의 중성 명사

제2격변화의 중성 명사들은 주격 단수 어미 -ον을 취한다. 주격, 대격, 호격 단수에서 동일한 어미 -ον을 취하고 복수에서도 주격, 대격, 호격에서 동일한 어미 -α를 취한다. 중성 복수 어미 -α는 단음이다. 다른 격들의 어형은 제2격변화의 남성 명사들의 변화와 동일하다.

(2) 중성 관사 τό는 주격과 대격에서만 남성 단수와 다르다.

(3) 중성 복수 주어는 3인칭 단수 동사를 취하기도 한다.

1. τὰ τέκνα τοῦ θεοῦ πιστεύει εἰς τὸν κύριον
   그 하나님의 자녀들이 그 주님을 믿고 있다
2. τὰ δαιμόνια πιστεύουσιν καὶ φρίσσουσιν
   귀신들도 믿고 있고 떨고 있다(약 2:19)
3. τὰ γὰρ ἀόρατα αὐτοῦ ἀπὸ κτίσεως κόσμου καθορᾶται
   창세로부터 그의 보이지 않는 것들이 알려졌다(롬 1:20)

18. 연습

18.1 다음 헬라어 문장을 읽고 한글로 번역하시오.

(1) ὁ υἱὸς βλέπει τοὺς ἀποστόλους τοῦ θεοῦ

(2) οἱ ἀπόστολοι εὑρίσκουσι τὸν υἱὸν τοῦ ἀνθρώπου

(3) οἱ ἀδελφοὶ πέμπουσι τοὺς ἀγγέλους τῶν διδασκάλων

(4) ὁ θεὸς τῶν οὐρανῶν γινώσκει τὰ ἔργα τῶν τέκνων

(5) οἱ ἀδελφοὶ ἔχουσι ἄρτον καὶ ἱμάτια τοῖς παιδίοις

(6) οἱ διδάσκαλοι λαμβάνουσιν τὰ ἱμάτια τοῦ ἀδελφοῦ

(7) τὰ παιδία λέγει τοὺς λόγους τοῖς υἱοῖς τοῦ θεοῦ

(8) ὁ λαὸς λαμβάνει τὰ ἔργα τοῦ οὐράνου

(9) τὰ τέκνα εὑρίσκει τοὺς ἀδελφοὺς τῶν ἀποστόλων

(10) οἱ ἄγγελοι πέμπουσι τοὺς νόμους τοῦ θεοῦ

19. 제2격변화 명사 계속(단어)

δοῦλος, ὁ	종(servant)
μισθός, ὁ	품삯(wages), 보상(reward)
οἶκος, ὁ	집(house)
οἶνος, ὁ	포도주(wine)
ὀφθαλμός, ὁ	눈(eye)
κάρπος, ὁ	열매(fruit)
δῶρον, τό	선물(gift)
πλοῖον, τό	작은 배(boat)
ποτήριον, τό	찻잔(cup)
πρόσωπον, τό	얼굴(face)
σάββατον, τό	안식일(Sabbath)
σημεῖον, τό	기적(miracle)

20. δοῦλος(어간, δουλο-)와 δῶρον(어간, δωρο-)의 격변화

	단수	복수	단수	복수
주격	δοῦλος	δοῦλοι	δῶρον	δῶρα
속격, 탈격	δούλου	δούλων	δώρου	δώρων
처격, 조격, 여격	δούλῳ	δούλοις	δώρῳ	δώροις
대격	δοῦλον	δούλους	δῶρον	δῶρα
호격	δοῦλε	δοῦλοι	δῶρον	δῶρα

(1) 강세의 위치

써컴플랙스 강세는 장음절에만 위치하며 얼티마 혹은 피널트에 위치할 수 있다. 써컴플랙스 강세가 피널트에 위치하면, 얼티마는 단음절이다. 얼티마가 장음절이 되면, 피널트의 써컴플랙스 강세는 애큐트 강세로 변한다.

(2) 강세의 종류

얼티마가 단음절이고 피널트가 장음절일 때, 피널트가 강세를 취하면, 그 강세는 써컴플랙스 강세가 된다.

20.1 유동의 ν (Movable ν)

현재 능동태 직설법 동사의 3인칭 복수 인칭어미 -ουσι는 모음으로 시작하는 단어 앞이나 혹은 문장 맨 끝에 올 때에 ν가 붙는 경우가 있다. 이 ν를 유동의 ν라 한다. 따라서 βλέπουσιν ἀποστόλους가 된다. 그러나 어떤 때는 자음으로 시작하는 단어 앞에서도 이 유동의 ν가 붙기도 한다.

21. 연습

21.1 다음 헬라어 문장을 읽고 한글로 번역하시오.

(1) ἐν σαββάτῳ ὁ δοῦλος λαμβάνει τὰ ἔργα τοῦ νόμου.

(2) ὁ κύριος τοῦ οὐρανοῦ ἔχει τὰ δῶρα τοῖς δούλοις.

(3) λαμβάνεις τὸν νόμον καὶ τὸ δῶρον ἀπὸ τῶν διδασκάλων.

(4) εὑρίσκομεν τὰ ποτήρια τῶν ἀδελφῶν ἐν τῷ ἱερῷ.

(5) τὰ παιδία καὶ οἱ υἱοὶ βλέπουσι τὸν ὀφθαλμὸν τοῦ θεοῦ.

(6) οἱ ἀδελφοὶ εὑρίσκουσι τὰ δῶρα ἐν τῷ κόσμῳ.

(7) ὁ διδάσκαλος πέμπει τὸν οἶνον καὶ τὸ ἱμάτιον τοῦ οὐρανοῦ τοῖς δούλοις τοῦ φίλου.

(8) ὁ υἱὸς τοῦ θεοῦ πέμπει τὰ δῶρα τῶν ἀγγελῶν καὶ τὸν ἄρτον τοῦ οὐρανοῦ

(9) οἱ ἀδελφοὶ γινώσκουσι τὸν θάνατον καὶ πιστεύουσιν τοὺς νόμους τοῦ θεοῦ.

(10) ὁ υἱος τοῦ ἀνθρώπου ἔχει τὸν νόμον καὶ οἱ υἱοὶ φευρίσκουσι τοὺς ἀδελφούς.

21.2 다음 헬라어 문장을 연구하시오.

(1) οἱ ἀδελφοὶ τοῦ ἀποστόλου γράφουσι τὸν νόμον τοῖς λαοῖς.

(2) ὁ ἀπόστολος γινώσκει τὸν νόμον τοῦ θεοῦ.

(3) οἱ δοῦλοι βλέπουσι τοὺς φίλους καὶ τοὺς ὄχλους ἐν τῷ ἱερῷ.

(4) ἔχομεν τὰ δῶρα καὶ γράφομεν τοῖς ἀνθρώποις.

(5) γράφετε τοῖς δούλοις τοὺς λόγους τοῦ κυρίου.

(6) οἱ ἄγγελοι ἀκούουσι τοὺς λόγους τοῦ θεοῦ ἐν τῷ οἴκῳ.

(7) ὁ δοῦλος εὑρίσκει τὸν θρόνον καὶ τὸν λίθον ἐν τῷ τόπῳ.

제 4 과

현재 중간태와 수동태 직설법

(Present Middle/Passive Indicative)

22. 단어

ἀγοράζω	사다(buy)
αἴρω	집어들다(take up)
βάλλω	던지다(throw)
βαπτίζω	침례를 주다(baptize)
διδάσκω	가르치다(teach)
δοξάζω	영화롭게 하다(glorify)
ἐγείρω	일으키다(raise)
ἐσθίω	먹다(eat)
κηρύσσω	선포하다(proclaim)
κρίνω	판단하다(judge)
λούω	내가(몸 전체를) 씻다(wash)
νίπτω	내가(몸 일부를) 씻다(wash)
μένω	거하다(abide)
παύω	멈추다(stop)
στέλλω	보내다(send)
σώζω	구원하다(save)
φέρω	가져오다(bring)
φυλάσσω	지키다(keep, guard)
εἰς	전치사, 안으로(대, into)
ὑπό	전치사, 의하여(탈, by), 아래(대, under)

καί	연결사,	... 과(와), 그리고(and)
ἀλλά	연결사,	그러나(but), 그래도(yet)

23. 중간태의 형태

23.1 λύω의 현재 중간태

	단수		복수	
1인칭	λύομαι	내가 나 자신을 위해 풀고 있다	λυόμεθα	우리가 우리 자신들을 위해 풀고 있다
2인칭	λύῃ	네가 너 자신을 위해 풀고 있다	λύεσθε	너희가 너희 자신들을 위해 풀고 있다
3인칭	λύεται	그가 그 자신을 위해 풀고 있다	λύονται	그들이 그들 자신들을 위해 풀고 있다

(1) 제1시제 중간태/수동태 인칭어미

	단수	복수
1인칭	-μαι	-μεθα
2인칭	-σαι	-σθε
3인칭	-ται	-νται

(2) 간모음(o/e)과 중간태 인칭어미의 결합

	단수	복수
1인칭	-ομαι	-ομεθα
2인칭	-ῃ	-εσθε
3인칭	-εται	-ονται

23.2 헬라어 동사의 중간태

(1) 중간태의 의미

중간태는 주어가 그 자신의 행위의 결과에 참여하는 방식으로 행동하는 것을 가리킨다. 이 형태와 정확하게 동일한 한글 어구는 없다.

λούω	λούομαι
내가 씻는다	내가 나 자신을 위하여 씻는다
ἀγοράζω	ἀγοράζομαι
내가 산다	내가 나 자신을 위하여 산다

(2) 중간태 의미 표현의 어려움

중간태가 표현하는 의미를 능동태와 구분하여 정확하게 번역하는 것이 어려울 때가 많다. 더구나 어떤 동사들은 중간태에서 의미가 크게 변하기도 한다.

ἄρχω 내가 지배한다　　ἄρχομαι 내가 시작한다

24. 중간태의 용법

(1) 재귀적 중간태

재귀적 중간태는 행위의 결과가 문장의 주어 자체에 반영되는 것을 가리킨다.

ὁ δοῦλος ἐγείρεται = 그 종이 그 자신을 위하여 일으킨다

καὶ ἀπελθὼν ἀπήγξατο

그리고 나가서 스스로 목을 매었다(마 27:5)

(2) 강조적 중간태

강조적 중간태는 행위의 주체를 강조하기 위하여 사용된다.

ὁ δοῦλος γράφεται τὸν νόμον

바로 그 종이(다름 아닌 그 종이) 그 율법을 쓰고 있다

αἰωνίαν λύτρωσιν εὑράμενος

그는 스스로 영원한 속죄를 이루셨다(히 9:12)

(3) 상호적 중간태

이것은 행위를 주고받는 것에 사용되며 따라서 복수의 형태로 사용된다.

οἱ ἄνθρωποι παρακαλοῦνται

그 사람들이 서로를 위로하고 있다

συνετέθειντο οἱ Ἰουδαῖοι

그 유대인들이 서로가 동의했다(요 9:22)

25. 연습

25.1 다음 헬라어 문장을 한글로 번역하시오.

(1) οἱ ἄγγελοι πέμπονται ἄρτον καὶ κάρπον.

(2) οἱ υἱοὶ τῶν ἀνθρώπων βαπτίζονται ἐν τῷ ἱερῷ.

(3) ὁ δοῦλος ἀγοράζεται τὸ πλοῖον.

(4) τὰ τέκνα τοῦ κόσμου γινώσκεται τὸν θεόν.

(5) φυλάσσεσθε ἀπὸ τοῦ κόσμου καὶ τοῦ θανάτου.

(6) τὰ παιδία κρίνεται ἐν τῷ λόγῳ τοῦ κυρίου.

(7) οἱ ἀδελφοὶ κηρύσσονται τοὺς λόγους τοῖς ὄχλοις.

(8) οἱ ἄνθρωποι τοῦ κόσμου δοξάζονται ἐν τῷ δώρῳ τοῦ θεοῦ.

(9) τοὺς λίθους βαλλόμεθα τοῖς δούλοις ἐν τῷ ἱερῷ.

(10) σωζεσθε τὰ τέκνα τοῦ θεοῦ ἐν τοῖς λόγοις τοῦ κυρίου.

26. 수동태의 형태

26.1 λύω의 현재 수동태

	단수		복수	
1인칭	λύομαι	내가 풀리고 있다	λυόμεθα	우리가 풀리고 있다
2인칭	λύῃ	네가 풀리고 있다	λύεσθε	너희가 풀리고 있다
3인칭	λύεται	그가 풀리고 있다	λύονται	그들이 풀리고 있다

(1) 수동태 인칭어미

수동태는 능동태나 중간태보다 후대의 것이며 수동태를 위한 독자적인 인칭 어미들이 발전되지 않았다.

(2) 문맥 고려의 필요성

중간태와 수동태는 미래와 부정과거 시제를 제외하고는 형태가 동일하다. 따라서 중간태 혹은 수동태인지를 구분하는 것은 문맥을 고려해야 한다.

26.2 수동태의 용법

(1) 주어에 행위를 미치는 원래의 행위자를 규명하기 위하여 이 용법은 흔히 명사의 탈격과 함께 사용되는 전치사 ὑπό를 포함한다.

(예) οἱ νόμοι γράφονται ὑπὸ τοῦ θεοῦ.

그 율법들이 하나님에 의하여 쓰여지고 있다.

(2) 비인칭적 행위자를 규명하기 위하여 이 용법은 대개 전치사 ἐν (혹은 ἐν 없이) + 조격 명사와 함께 사용된다.

ὁ ἀδελφὸς σῴζεται ἐν τῷ λογῷ.

그 형제가 그 말씀에 의하여 구원을 받고 있다.

(3) 때때로 수동태가 아무런 행위자 없이 사용되기도 한다.

καλεῖται 그가 부르심을 받고 있다

καλεῖται τῷ ὀνόματι τούτῳ 이 이름으로 불려진다(눅 1:61)

26.3 현재 직설법 형태들을 완전히 숙지하시오.

	능동태		중간태와 수동태	
	단수	복수	단수	복수
1인칭	λύω	λύομεν	λύομαι	λυόμεθα
2인칭	λύεις	λύετε	λύῃ	λύεσθε
3인칭	λύει	λύουσι	λύεται	λύονται

27. 연습

27.1 다음 헬라어 문장을 한글로 번역하시오.

(1) οἱ υἱοὶ τῶν δούλων βαπτίζονται ὑπὸ τῶν ἀποστόλων.

(2) ὁ διδάσκαλος βάλλεται ὑπὸ τῶν ἀγγέλων τοῦ κυρίου.

(3) οἱ ἄγγελοι τοῦ θεοῦ δοξάζονται ἐν τῷ λόγῳ τῶν νόμων.

(4) οἱ λαοὶ σῴζονται ὑπὸ τοῦ ἀγγέλου τοῦ θεοῦ.

(5) ἐν τῷ ἱερῷ γράφομεν τοὺς λόγους τοῖς ἀδελφοῖς.

(6) οἱ νόμοι τοῦ θεοῦ κηρύσσονται ὑπὸ τοῦ υἱοῦ τοῦ ἀνθρώπου.

(7) οἱ δοῦλοι ἐγείρονται ὑπὸ τῶν ἀποστόλων τοῦ κυρίου ἐκ θανάτου.

(8) οἱ ἀδελφοὶ λύονται ὑπὸ τοῦ ἀγγέλου ἐν τῷ ἱερῷ.

(9) οἱ υἱοὶ τοῦ ἀνθρόπου πέμπονται ὑπὸ τῶν ἀποστόλων τοῦ θεοῦ.

(10) οἱ νόμοι τοῦ θεοῦ κρίνονται ὑπό τῶν δούλων τοῦ κυρίου.

27.2 다음 헬라어 구문을 연구하시오.

(1) τοῖς ἀποστόλοις τοῦ νόμου λέγομεν τοὺς λόγους τοῦ κυρίου.

(2) ὁ υἱὸς γράφει τοῖς ἀποστόλοις νόμον καὶ λόγον.

(3) οἱ ἄγγελοι τῶν ἀποστόλων λαμβάνουσιν ἄρτον καὶ δῶρον ἐν τῷ οἴκῳ.

(4) οἱ ἄνθρωποι τοῦ θανάτου ἐγείρονται ἐκ νέκρων ὑπὸ τοῦ θεοῦ.

(5) ὁ λόγος τοῦ κυρίου διδάσκεται ἐν τῷ ἱερῷ ὑπὸ τῶν ἀγγέλων.

(6) οἱ δοῦλοι στέλλονται εἰς τὸν οἶκον ὑπὸ τοῦ υἱοῦ τοῦ θεοῦ.

(7) τὰ τέκνα πιστεύουσιν εἰς τὸν κύριον καὶ σώζονται ἐν τῷ λόγῳ τοῦ κυρίου.

(8) οἱ φίλοι κρίνονται ὑπὸ τοῦ διδασκάλου, ἀλλ' οἱ ἀπόστολοι κρίνουσι τὸν κόσμον.

(9) τὰ τέκνα τοῦ δούλου σώζεται ἐν τοῖς κόσμοις ὑπὸ τοῦ κυρίου τῶν οὐρανῶν

(10) δικαιοσύνη θεοῦ ἐν αὐτῷ ἀποκαλύπτεται ἐκ πίστεως εἰς πίστιν

제 5 과
전치사(Prepositions)

28. 전치사의 종류

전치사란 명사(혹은 대명사) 앞에 위치하여 명사(혹은 대명사)의 의미를 선명하게 밝혀주는 역할을 하는 품사를 말한다. 헬라어 전치사는 여러 격들과 함께 사용되어 격의 의미를 설명해준다.

28.1 한 개의 격과 사용되는 전치사

(1) 속격과 함께

ἀντί ~위에(over), ~에 대하여(against),
~의 맞은 편에(opposite)

(2) 탈격과 함께

ἀπό ~로부터(from), ~로부터 떨어진(away from)

ἐκ (ἐξ, 모음 앞에서) ~밖으로(out of)

πρό ~전면에(in front of), ~전에(before)

(3) 조격과 함께

σύν ~과 함께(with)

(4) 대격과 함께

ἀνά ~위로(up), ~위에(on), ~바로 위에(upon)

28.2 두 가지 격들과 함께 사용되는 전치사

διά + 속격 ~를 통하여(through)
+ 대격 ~때문에(because of)

ἐν + 처격 ~안에(in), ~위에(on)
+ 조격 ~에 의하여(by)
κατά + 속격 ~밑으로(down)
+ 대격 ~에 따른(according to)
μετά + 속격 ~과 함께(with)
+ 대격 ~후에(after)
περί + 속격 ~에 관하여(about)
+ 대격 ~곁에(beside), ~넘어(beyond)
πρός + 속격 ~에(at, to)
+ 대격 ~에(to), ~를 향하여(toward)
ὑπέρ + 속격 ~를 위하여(in behalf of), ~대신(instead of)
+ 대격 ~위에(over), ~위로(above), ~넘어(beyond)
ὑπό + 속격 ~에 의하여(by)
+ 대격 ~밑에(under)

28.3 세 가지 격들과 함께 사용되는 전치사

ἐπί + 속격 ~바로 위에(upon), ~위에(on)
+ 처격 ~바로 위에(upon), ~위에(on)
+ 대격 ~바로 위에(upon), ~위에(on), ~로(to)
παρά + 속격 ~로부터(from)
+ 처격 ~전에(before), ~곁에(by the side of)
+ 대격 ~곁에(beside), ~넘어(beyond), ~을 따라(along)

28.4 전접사(Proclitics)

어떤 전치사들은 강세를 취하지 않는다. 자신은 강세를 취하지 않으면서 뒤이어 나오는 단어와 합하여 발음되는 단어들을 전접사(proclitics)라 한다. 전치사 ἐκ, ἐν, εἰς 등이 이것에 속한다.

29. 전치사의 용법

(1) 격의 의미를 정의

전치사는 격의 의미를 좀 더 분명하게 정의하기 위하여 사용되는 품사이며 많은 전치사들이 동사들과 합성되어 사용되기도 한다. 전치사들은 원래 고정되지 않은 부사들이었다. 이 부사들이 점차로 명사들과 가까운 관계를 맺게 되었으며 동사들과도 가까운 관계를 맺게 되었다.

(2) 명사의 격이 전치사를 결정

명사는 격의 의미를 좀 더 분명하게 나타내기 위하여 전치사를 초청하여 활용한다. 따라서 전치사가 격의 의미를 결정하는 것이 아니라, 명사의 격이 전치사의 의미를 결정한다고 말하는 것이 타당하다.

τοῦ κόσμου (속격) 그 세상의(of the world)

ἐκ τοῦ κόσμου (탈격) 그 세상으로부터(out of the world)

παρά τῷ δούλῳ (처격) 그 종의 곁에(by the side of)

παρά τοῦ δούλου (탈격) 그 종의 곁으로부터(from the side of)

παρα τόν δοῦλον (대격) 그 종과 나란히(along side of)

(3) 전치사들과 함께 사용되는 격들

전치사들과 함께 사용되는 격들은 속격, 탈격, 처격, 조격, 대격이다. 여격은 ἐγγύς('가까운,' 행 9:38)와 ἐπί와 함께 사용된 것 외에는 신약성서에서 어느 전치사와도 함께 사용되지 않았다.

30. 합성 동사

30.1 합성의 방식

전치사가 동사와 합성될 때, 주로 다음 두 가지 방식을 취한다.

(1) 행위의 방향이나 장소를 나타낸다.

ἐκ-βάλλω (ἐκ + βάλλω) 내던지다(throw out), 추방시키다(cast out)

κατα-βαίνω (κατὰ + βαίνω) 내려가다(go down)

(2) 동사의 개념을 강조하거나 보충한다.

ἐσθίω	먹다	κατεσθίω	먹어치우다
γινώσκω	알다	ἐπιγινώσκω	충분히 알다(숙지하다)
βλέπω	보다	ἐμβλέπω	꿰뚫어보다, 통찰하다

30.2 합성의 법칙

(1) 모음으로 시작하는 동사와 합성

ἀπό와 παρά처럼 모음으로 끝나는 전치사가 모음으로 시작하는 동사와 합성될 때, 전치사의 마지막 모음이 생략된다.

παρά + ἔχω = παρέχω 제공한다(provide), 공급한다(supply)

ἀπό + ἄγω = ἀπάγω 인도하여 간다(lead away)

(2) 합성 동사가 접두모음을 취할 때

합성 동사가 접두모음을 취할 때(제2시제에서), 그 접두 모음 앞에서 전치사의 마지막 모음이 생략된다.

παραλαμβάνω 내가 받는다(I am receiving)

παρελάμβανον 내가 받고 있었다(I was receiving)

(3) 모음을 유지하는 전치사

전치사 πρό와 περί는 마지막 모음을 그대로 유지한다.

προάγω	앞에 가다(go before)
περιάγω	돌아다니다(go around)

30.3 합성 동사들의 예

ἀπέρχομαι	가버리다(go away)
ἀποστέλλω	내보내다(send forth)
διαλογίζομαι	고려하다(consider)
διανοίγω	열다(open), 해설하다(interpret)
εἰσάγω	들여보내다(bring in)
εἰσέρχομαι	들어가다(enter)
ἐκβάλλω	내던지다(throw out)
παραδίδωμι	넘겨주다(hand over)
παραλαμβάνω	받아들이다(receive)
συνάγω	함께 모이다(gather together)
συνεγείρω	함께 일으키다(raise together)

30.4 전치사 도표

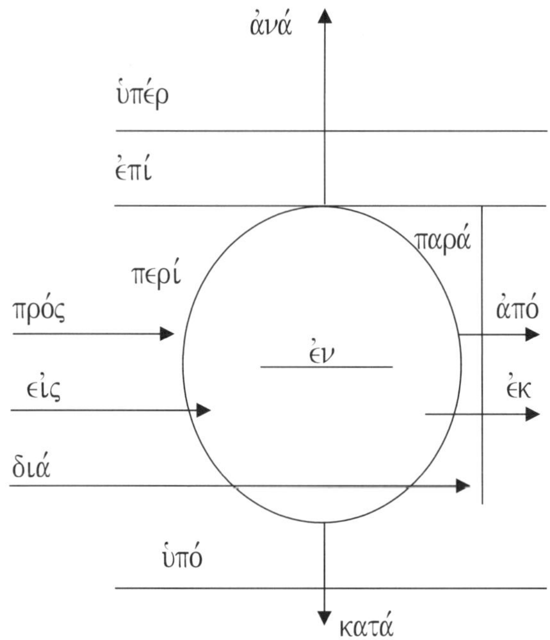

31. 연습

31.1 다음 헬라어 문장을 한글로 번역하시오.

(1) τὰ τέκνα τοῦ θεοῦ μένει ἐν τῷ ἱερῷ καὶ ἀκούει τοὺς λόγους τῶν ἀποστόλων.

(2) οἱ δοῦλοι τοῦ θανάτου βλέπουσι τὰ πρόσωπα τῶν ἀγγέλων ἀπὸ τοῦ θεοῦ.

(3) οἱ διδάσκαλοι εἰσάγουσι τοὺς φίλους εἰς τὸν οἶκον.

(4) ὁ θεὸς παρ᾽ οὐρανοῦ πέμπει τὸν νόμον διὰ τῶν ἀγγέλων.

(5) οἱ ἄρτοι καὶ τὰ δῶρα πέμπονται πρὸς τὸ ἱερὸν ὑπὸ τοῦ δούλου τοῦ κυρίου.

(6) ἀπὸ τῶν τέκνων τοῦ θεοῦ λαμβάνομεν τὸν ἄρτον.

(7) οἱ ὄχλοι ἐκβάλλονται ἐκ τοῦ ἱεροῦ ὑπὸ τῶν ἀδελφῶν τοῦ δούλου.

(8) οἱ ἄγγελοι ἀπὸ τοῦ θεοῦ μένουσιν ἐν τῷ κόσμῳ τοῦ θανάτου.

(9) ὁ θεὸς ἀποστέλλει τοὺς ἀποστόλους καὶ τοὺς διδασκάλους εἰς τὸν κόσμον.

(10) μένομεν ἐν τῷ οἴκῳ μετὰ τῶν δούλων τοῦ κυρίου καὶ δοξάζομεν τὸν θεόν.

(11) οὐδὲ γὰρ ὄνομά ἐστιν ἕτερον ὑπὸ τὸν οὐρανὸν

(12) τὸ γὰρ ὄνομα τοῦ θεοῦ δι᾽ ὑμᾶς βλασφημεῖται ἐν τοῖς ἔθνεσιν

제 6 과
제1격변화 명사
(First Declension Nouns)

32. 단어

ἀλήθεια, ἡ	진리(truth)	ἐξουσία, ἡ	권세(authority power)
ἁμαρτία, ἡ	죄(sin)	ἡμέρα, ἡ	날(day)
ἀσθενεία, ἡ	약함(weakness)	καρδία, ἡ	마음(heart)
βασιλεία, ἡ	왕국(kingdom)	σοφία, ἡ	지혜(wisdom)
ἐκκλησία, ἡ	회중(assembly)	μαχαίρα, ἡ	검(sword)

(1) 주격이 -α 혹은 -η로 되는 제1격변화 명사들은 여성이다.
(2) 명사의 성은 명사 다음에 위치한 관사로 표기된다.
　남성 ὁ, 여성 ἡ, 중성 τό으로 표기된다.

33. 여성 명사의 격변화: 어간(ε, ι, ρ) + α

καρδία(어간, καρδι-), **ἀλήθεια**(어간, αληθει-), 관사 **ἡ**

	단수		복수		단수	복수
주격	ἡ	καρδία	αἱ	καρδίαι	ἀλήθεια	ἀλήθειαι
속격, 탈격	τῆς	καρδίας	τῶν	καρδιῶν	ἀληθείας	ἀληθειῶν
처격, 조격, 여격	τῇ	καρδίᾳ	ταῖς	καρδίαις	ἀληθείᾳ	ἀληθείαις
대격	τὴν	καρδίαν	τὰς	καρδίας	ἀλήθειαν	ἀληθείας
호격		καρδία		καρδίαι	αλήθεια	ἀλήθειαι

(1) ϵ, ι, ρ 다음의 -α는 ἀλήθεια와 같이 단음일 수도 있고, καρδία와 같이 장음일 수도 있다. 단수 주격에서 -α가 단음이면 단수 대격에서도 단음이다. 그러나 복수 대격에서 -α는 장음이다.

(2) 제1격변화 명사의 경우, 복수 속격과 탈격의 강세는 주격에서 강세의 위치와 상관없이 항상 얼티마에 써컴플랙스 강세가 붙는다(-ῶν).

(3) 단수 주격이 -α 혹은 -η로 끝나는 제1격변화 명사들은 여성이고, -ας 혹은 -ης로 끝나는 제1격변화 명사들은 남성이다.

34. 연습

34.1 다음 헬라어 문장을 한글로 번역하시오.

(1) ὁ κύριος διδάσκει περὶ τῆς βασιλείας τοῦ θεοῦ ἐν τῷ κόσμῳ.

(2) ἡ ἐκκλησία τοῦ κυρίου ἔχεται τὴν ἐξουσίαν τοῦ ἀποστόλου ἐν τῷ ἱερῷ τοῦ θεοῦ.

(3) ἐν τῷ κόσμῳ μένουσιν ἡ σοφία καὶ ἡ ἀλήθεια.

(4) ὁ διδάσκαλος πέμπει τὴν μαχαίραν τῆς ἀληθείας εἰς τὸν κόσμον.

(5) ἐν ταῖς ἡμέραις βλέπομεν τὸν κύριον τῶν οὐρανῶν καὶ δοξάζομεν τὸν θεόν.

(6) ἡ ἀλήθεια ἐν τῷ οἴκῳ κηρύσσεται ὑπὸ τῶν δούλων τοῦ θεοῦ ὑπὲρ τῶν τέκνων τοῦ κόσμου.

(7) τὰ τέκνα τοῦ θεοῦ ἔχουσι τὴν ἀλήθειαν καὶ τὴν σοφίαν ἐν ταῖς καρδίαις.

(8) οἱ ἀπόστολοι τῆς ἐκκλησίας λαμβάνουσι τὰ δῶρα καὶ τὴν ἐξουσίαν ἐκ τοῦ θεοῦ

(9) οἱ υἱοὶ τοῦ δούλου βλέπουσι τὴν ζωὴν τῆς ἀλήθειας καὶ λαμβάνουσι τὴν μαχαίραν τῆς βασιλείας

(10) αἱ φωναὶ τῶν οὐρανῶν διδάσκουσι περὶ τῆς βασιλείας ἐν τῇ σοφίᾳ τοῦ κυρίου

35. 제1격변화 명사 계속

35.1 단어

ἀγάπη, ἡ	사랑(love)
ἀρχή, η	시작(beginning)
γραφή, ἡ	서물(writing), 성서
διαθήκη, ἡ	계약(covenant), 언약
διδαχή, ἡ	교훈(teaching)
δικαιοσύνη, ἡ	의(rightousness)
εἰρήνη, ἡ	평화(peace)
ἐντολή, ἡ	계명(commandment)
ζωή, ἡ	생명(life)
κώμη, ἡ	마을(village)
φωνή, ἡ	음성(voice)
ψυχή, ἡ	목숨(life), 혼(soul)

36. 여성 명사의 격변화: 단수 주격 -η

	φωνή (어간, φωνα-)		**κώμη** (어간, κωμα-)	
	단수	복수	단수	복수
주격	φωνή	φωναί	κώμη	κώμαι
속격, 탈격	φωνῆς	φωνῶν	κώμης	κωμῶν
처격, 조격, 여격	φωνῇ	φωναῖς	κώμῃ	κώμαις
대격	φωνήν	φωνάς	κώμην	κώμας
호격	φωνή	φωναί	κώμη	κώμαι

(1) α- 격변화

이 명사들은 어간이 -α로 끝나며, 따라서 α-격변화라 불리운다. 단수 처격, 조격, 여격에서는 ι-하기가 이뤄진다. 주격 복수의 -αι는 강세의 위치와 종류의 결정에 있어서는 단음이다.

(2) 얼티마에 써컴플렉스 강세

얼티마에 애큐트 강세를 갖는 제1격변화 명사들은 속격, 탈격, 처격, 조격, 여격에서 얼티마에 써컴플랙스 강세를 취한다.

(3) 악센트 변화

제1격변화 명사들은 속격과 탈격 복수에서 주격 단수의 강세의 위치나 종류에 상관없이 얼티마에 써컴플랙스 강세를 취한다. 따라서 단수 주격이 κώμη이지만, 복수 속격과 탈격은 κωμῶν이다.

37. 연습

37.1 다음 헬라어 문장을 한글로 번역하시오.

(1) ἐν ταῖς ἡμέραις αἱ ψυχαὶ τῶν ἀνθρώπων σῴζονται ἐν τῇ ἀληθείᾳ τοῦ βασιλείας.

(2) οἱ λόγοι τοῦ κυρίου ἀκούονται ἐν ταῖς καρδίαις τῶν τέκνων τῆς ἀγάπης.

(3) ἡ ἐντολὴ τῆς ζωῆς λέγεται ὑπὸ τοῦ κυρίου ἐν τῷ οἴκῳ τῆς εἰρήνης.

(4) αἱ γραφαὶ εὑρίσκονται ἐν τῇ κώμῃ ὑπὸ τῶν παιδίων τῶν νόμων.

(5) ὁ ἀπόστολος παρὰ τοῦ θεοῦ διδάσκει τὰς διδάχας τῆς εἰρήνης.

(6) ὁ κύριος τῆς σοφίας γράφει τὴν διαθήκην τοῖς ἀνθρώποις ἐν τῷ ἱερῷ.

(7) οἱ λόγοι τοῦ θεοῦ περὶ τῆς βασιλείας καὶ ἐξουσίας διδάσκονται ἐν τῇ ἐκκλησίᾳ.

(8) οἱ ὄχλοι ἐν ταῖς καρδίαις ἔχουσι ζωὴν καὶ ἀγάπην τοῦ κυρίου.

(9) αἱ διαθῆκαι τοῦ θεοῦ γράφονται ὑπὸ τῶν ἀγγέλων τοῦ οὐρανοῦ μετὰ τὰς διδαχὰς τῆς ζωῆς.

(10) ἡ ἀγάφη τῶν φίλων πέμπεται πρὸς τῶν δούλων μετὰ τὰ ἔργα τῆς ἐντολῆς.

38. 제1격변화 명사 계속(단어)

κεφαλή, ἡ	머리(head)
παραβολή, ἡ	비유(parable)
συναγωγή, ἡ	회당(synagogue)
χαρά, ἡ	기쁨(joy)
ὥρα, ἡ	시간(hour)
γλῶσσα, ἡ	혀(tongue)
δόξα, ἡ	영광(glory)
ἐπαγγελία, ἡ	약속(promise)
θάλασσα, ἡ	바다(sea)
οἰκία, ἡ	집(house)
μαθητής, ὁ	제자(disciple)
προφήτης, ὁ	예언자(prophet)
μεσσίας, ὁ	메시야(messiah)
νεανίας, ὁ	청년(youth)

39. γλῶσσα와 δόξα의 격변화

(단수 주격이 ε, ι, ρ 이외의 철자 다음에 -α)

	단수	복수	단수	복수
주격	γλῶσσα	γλῶσσαι	δόξα	δόξαι
속격/탈격	γλώσσης	γλωσσῶν	δόξης	δοξῶν
처격/조격/여격	γλώσσῃ	γλώσσαις	δόξῃ	δόξαις
대격	γλῶσσαν	γλώσσας	δόξαν	δόξας
호격	γλῶσσα	γλῶσσαι	δόξα	δόξαι

(1) 단수 주격의 -α가 ϵ, ι, ρ 아닌 철자 다음에 올 때, 그 -α는 단수 속격, 탈격, 처격, 조격, 여격에서는 -η로 변한다.

(2) 단수 주격의 -α가 단음이면 단수 대격에서도 여전히 단음이다. 그러나 복수 대격의 -α는 장음이다. 그래서 피널트의 써컴플랙스 강세가 애큐트로 바뀌었다.

40. μεσσίας, μαθητής의 격변화

(단수 주격이 **-ας** 혹은 **-ης**로 되는 남성 명사의 격변화)

	단수	복수	단수	복수
주격	μεσσίας	μεσσίαι	μαθητής	μαθηταί
속격, 탈격	μεσσίου	μεσσιῶν	μαθητοῦ	μαθητῶν
처격, 조격, 여격	μεσσίᾳ	μεσσίαις	μαθητῇ	μαθηταῖς
대격	μεσσίαν	μεσσίας	μαθητήν	μαθητάς
호격	μεσσία	μεσσίαι	μαθητά	μαθηταί

(1) 단수 호격은 -α이다. -ας 혹은 -ης로 되는 제1격변화 남성 명사들의 단수 호격은 -α로 된다.

(2) 제1격변화 명사들의 복수 어미 형태들은 모두가 동일하다.

41. 연습

41.1 다음 헬라어 문장을 한글로 번역하시오.

(1) οἱ προφῆται ἀπὸ τοῦ κυρίου λαμβάνονται χαρὰν καὶ εἰρήνην ἐν ταῖς διδαχαῖς τῆς δόξης.

(2) ἐν ταῖς ἡμέραις οἱ μαθηταὶ τοῦ διδασκάλου λέγουσι τὰς παραβολὰς ἐν τῇ συναγωγῇ.

(3) ἐν τῇ γῇ καὶ ἐν τῇ θάλασσῃ δοξάζεται ὁ κύριος τοῦ κόσμου ὑπὸ τῶν μαθητῶν.

(4) ἡ ἀλήθεια τῆς δικαιοσύνης κηρύσσεται ἐν τῇ ἐκκλησίᾳ ὑπὸ τῶν προφήτων παρὰ τοῦ θεοῦ.

(5) λαμβάνετε τὰς ἐπαγγελίας καὶ διαθήκας ἀπὸ τοῦ κυρίου μετὰ τῶν λόγων τῆς ἐντολῆς.

(6) ἀπὸ ἀρχῆς ἄγουσι τὸν νεανίαν ἐκ τῆς ἐπαγγελίας τοῦ κόσμου.

(7) ἐν τῇ ἡμέρα οἱ ἀδελφοὶ κρίνονται ὑπὸ τῆς ἀληθείας τῆς ζωῆς καὶ τῆς δικαιοσύνης τοῦ θεοῦ.

(8) πρὸς τοὺς προφήτας τὴν παραβολὴν λέγεις ἐν τῇ ἐκκλησίᾳ τῶν τέκνων.

(9) ἐν τῇ οἰκία αἱ ψυχαὶ τῶν δούλων ἐγείρονται ὑπὸ τοῦ κυρίου ἐν τῷ διδάχῃ τῆς ἀγάπης.

(10) ἡ δικαιοσύνη τοῦ θεοῦ φαίνεται ἐν τῇ ἐντολῇ τοῦ υἱοῦ τοῦ ἀνθρώπου.

42. 관사의 격변화(ὁ, ἡ, τό)

	단수			복수		
	남성	여성	중성	남성	여성	중성
주격	ὁ	ἡ	τό	οἱ	αἱ	τά
속격, 탈격	τοῦ	τῆς	τοῦ	τῶν	τῶν	τῶν
처격, 조격, 여격	τῷ	τῇ	τῷ	τοῖς	ταῖς	τοῖς
대격	τόν	τήν	τό	τούς	τάς	τά

43. 연습

43.1 다음 헬라어 문장을 연구하시오.

(1) ἐν σαββάτῳ ἄγομεν τοὺς μαθητὰς τοῦ νόμου εἰς τὴν ἐκκλησίαν τῆς ἀληθείας.

(2) ἡ ἀλήθεια καὶ ἡ εἰρήνη τῆς γραφῆς μένουσιν ἐν τῇ οἰκίᾳ τοῦ κυρίου.

(3) ἐν ἀρχῇ ὁ προφήτης βλέπει τὸν μεσσίαν καὶ γινώσκει τὴν ἀγάπην τοῦ θεοῦ.

(4) ἐν θαλάσσῃ ἡ βασιλεία τοῦ θεοῦ κηρύσσεται ὑπὸ τῶν τέκνων τοῦ ἀνθρώπου.

(5) ἡ ἀγάπη καὶ ἡ σοφία τοῦ θεοῦ ἀκούονται ἐν τῷ ἱερῷ ὑπὲρ τῶν ἀδελφῶν τῆς διαθήχης.

(6) διὰ τας ἁμαρτίας τῶν ἀνθρώπων οἱ λόγοι τῆς δικαιοσύνης κηρύσσονται ἐν τῷ κόσμῳ.

(7) ἐν ταῖς καρδίαις τῶν νεανίων ἔχουσιν ζωὴν καὶ εἰρήνην
τῆς μεσσίου τοῦ κόσμου.

(8) αἱ ἐκκλησίαι τῆς ζωῆς σῴζονται ὑπὸ τοῦ μεσσίου
καὶ δοξάζουσι τὸν θεόν τῶν οὐρανῶν.

(9) ἐν τῇ ὥρᾳ τὰ τέκνα τοῦ θεοῦ λαμβάνει τὴν διαθήκην καὶ
τὴν ἐντολὴν ἀπὸ τοῦ κυρίου.

(10) αἱ φωναὶ τῆς ἀληθείας λέγονται ἐν τῇ κώμῃ τῶν προφήτων
ὑπὸ τῶν μαθητῶν τοῦ νεανίου.

제 7 과

εἰμί와 디포넌트 동사

(εἰμί and Deponent Verbs)

44. 단어

ἀπέρχομαι	가버리다(go away)
ἀποκρίνομαι	대답하다(answer)
ἄρχομαι	시작하다(begin)
βούλομαι	원하다(wish)
γίνομαι	되다(become)
διέρχομαι	통과하다(go through)
εἰσέρχομαι	들어간다(enter)
ἐκπορεύομαι	나가다(go out)
ἐξέρχομαι	나가다(go out)
ἔρχομαι	가다(go), 오다(come)
κατέρχομαι	내려가다(go down)
πορεύομαι	가다(go)
προσεύχομαι	기도하다(pray)
συνέρχομαι	함께 가다(오다)

45. εἰμί의 인칭 변화(현재 직설법)

	단수		복수	
1인칭	εἰμί	나는 ~이다	ἐσμέν	우리는 ~이다
2인칭	εἶ	너는 ~이다	ἐστέ	너희는 ~이다
3인칭	ἐστί	그(그녀, 그것)는 ~이다	εἰσί(ν)	그들은 ~이다

(1) εἰμί의 모든 형태들은 εἶ를 제외하고는 후접사이다(62, 63항 참조). 따라서 일반적으로는 강세가 붙지 않은 형태로 사용된다. 강세가 붙은 형태는 후접사의 강세 법칙에 따라 사용된다.

(2) 이인칭 단수 εἶ의 써컴플랙스 강세(ˆ)가 접속사 εἰ(만일)와의 구별점이다.

(3) εἰμί는 상태를 나타내기 때문에 태를 취하지 않는다.

46. εἰμί의 용법

(1) 연결 동사

εἰμί는 연결동사로서, 주어의 의미를 완성하거나 확장하기 위하여 주어를 술어에 연결시킨다. 따라서 εἰμί는 동사로서 서술 주격의 술어를 취한다.

1. ὁ μαθητὴς ἐστὶν ἀγαθός = ἀγαθὸς ὁ μαθητής
   그 제자는 선하다
2. υἱοὶ θεοῦ ἐστε ἐν Χριστῷ Ἰησοῦ
   너희들은 그리스도 예수 안에서 하나님의 자녀들이다
3. ἐγώ εἰμι ἡ ἄμπελος ἡ ἀληθινή, καὶ ὁ πατήρ μου ὁ γεωργός ἐστιν
   나는 참 포도나무요 내 아버지는 농부다(요 15:1)

(2) εἰμί가 없는 경우

신약성서에서는 εἰμί를 사용하는 것을 선호하지만, εἰμί가 없는 경우에는 형용사의 서술 용법으로 간주하는 것이 필요하다.

(3) 두 명사가 나오는 경우

주어와 술어를 구분하는 것은 관사의 위치에 달려 있다.

1. ἀγάπη ἐστὶν ὁ θεός
   그 하나님은 사랑이다
   (관사를 가진 θεός가 주어, 관사가 없는 ἀγάπη는 술어)
2. θεὸς ἦν ὁ λόγος
   그 말씀은 하나님이셨다(요 1:1)
   (관사를 가진 λόγος가 주어, 관사가 없는 θεός는 술어)

47. 디포넌트 동사

디포넌트 동사는 중간태나 수동태의 형태를 갖고 있으면서도 능동태의 의미를 갖는 동사를 말한다.

ἔρχομαι는 중간태/수동태의 형태이지만, "내가 간다" 혹은 "내가 온다"라는 능동태의 의미를 갖는다.

βούλομαι는 λύομαι와 같이 중간태/수동태의 형태이지만, "내가 원한다"라는 능동태의 의미를 취한다.

1. ὄχλος συνέρχεται πρὸς τὸν κύριον
   무리가 그 주님께로 함께 오고 있다
2. ἔρχεται ὥρα καὶ νῦν ἐστιν (요 5:25)
   때가 오고 있는데 그 때는 바로 지금이다
3. ἔρχεται ὁ τοῦ κόσμου ἄρχων
   이 세상의 임금이 오고 있다

48. 동사와 격

(1) 주격의 술어를 취하는 동사

εἰμί와 γίνομαι는 주격의 술어(서술 주격)를 취한다.

εἰμι ἄνθρωπος, 나는 사람이다

γίνομαι ἄνθρωπος, 나는 사람이 되고 있다

(2) 여격의 목적어를 취하는 동사

ἀποκρίνομαι와 πιστεύω는 여격의 목적어를 취한다.

πιστεύω τῷ ἀποστόλῳ 나는 그 사도를 믿는다

πιστεύω εἰς τὸν ἀπόστολον 나는 그 사도를 믿는다

ὁ πιστεύων εἰς ἐμὲ κἂν ἀποθάνῃ ζήσεται
나를 믿는 자마다 죽어도 살 것이다(요 11:25)

ὁ πιστεύων ἔχει ζωὴν αἰώνιον
나를 믿는 자는 영생을 소유하고 있다(요 6:47)

οἱ ἄνθρωποι ἀποκρίνονται τοῖς ἀποστόλοις
그 사람들이 그 사도들에게 대답한다.

(3) 대격이나 속격의 목적어를 취하는 동사

ἀκούω는 대격이나 속격의 목적어를 취한다.

ἀκούω τοὺς λόγους τοῦ θεοῦ
내가 그 하나님의 말씀들을 듣는다(이해를 하면서)

ἀκούουσιν μὲν τῆς φωνῆς μηδένα δὲ θεωροῦσιν
그들은 아무 것도 보지 못하고 그 음성만을 듣는다
(그 음성의 의미를 이해하지 못하면서, 행 9:7)

49. 연습

49.1 다음 헬라어 문장을 한글로 번역하시오.

(1) ἐν τῷ λόγῳ τοῦ ἀποστόλου τὰ τέκνα τῆς ἀγάπης εἰσέρχεται εἰς τὴν βασιλείαν τοῦ θεοῦ.

(2) οἱ υἱοὶ τοῦ δούλου ἀποκρίνονται τοῖς ἀνθρώποις τοῦ θεοῦ ἐν τῷ ἱερῷ.

(3) ἐν τῇ συναγωγῇ ἀκούεις τοὺς λόγους τοῦ μαθητοῦ καὶ πιστεύεις εἰς τὴν ἀλήθειαν τοῦ θεοῦ.

(4) οἱ ὄχλοι σὺν τῶν φίλων τῆς σοφίας ἔρχονται πρὸς τὸν κύριον καὶ λαμβάνουσι δόξαν ἀπὸ θεοῦ.

(5) ἐν ταῖς ἡμέραις σωζόμεθα ἀπὸ τῶν ἁμαρτίων ὑπὸ τοῦ κυρίου τῶν ἐπαγγελίων.

(6) οἱ ἀπόστολοι διέρχονται διὰ τῶν τόπων καὶ εἰσέρχονται εἰς τοὺ οἶκον τῶν μαθητῶν.

(7) ἡ διαθήχη τοῦ θεοῦ γράφεται ὑπὲρ τῶν δούλων τῆς ἁμαρτίας ὑπὸ τοῦ μαθητοῦ τῆς εἰρήνης.

(8) εἰμὶ ἡ ἀλήθεια τῆς ζωῆς καὶ ἐστε αἱ χαραὶ τοῦ κόσμου.

(9) ὁ ἀπόστολος ἀπὸ θεοῦ βαπτίζεται τὰ παιδία τοῦ δούλου ἐν τῇ οἰκίᾳ.(강중)

(10) μετὰ τὰς ἡμέρας τοῦ μεσσίου βλέπομεν τὴν βασιλείαν τῶν οὐρανῶν.

49.2 다음 헬라어 신약성서 구문을 연구하시오.

(1) οἱ υἱοὶ τοῦ θεοῦ πορεύονται πρὸς τὴν ἔρημον καὶ ἀκούουσι τοὺς λόγους τῆς ἀληθείας.

(2) ἐγώ εἰμι ἡ ἄμπελος, ὑμεῖς τὰ κλήματα.

(3) καὶ ὑμεῖς οὖν νῦν μὲν λύπην ἔχετε

(4) ἐκ τοῦ κόσμου οὐκ εἰσὶν καθὼς ἐγὼ οὐκ εἰμὶ ἐκ τοῦ κόσμου

(5) τὴν μαρτυρίαν ἡμῶν οὐ λαμβάνετε

(6) ἐν τῇ δυνάμει τοῦ πνεύματος εἰς Γαλιλαίαν εἰσέρχεται.

(7) γίνεται τὰ ἔσχατα τοῦ ἀνθρώπου ἐκείνου χείρονα τῶν πρώτων

(8) οὐκ ἔρχεται ἡ βασιλεία τοῦ θεοῦ μετὰ παρατηρήσεως

(9) ἡ βασιλεία τοῦ θεοῦ ἐντὸς ὑμῶν ἐστιν

(10) τὰ ἀδύνατα παρὰ ἀνθρώποις δυνατὰ παρὰ τῷ θεῷ ἐστιν

(11) τὸ γνωστὸν τοῦ θεοῦ φανερόν ἐστιν ἐν αὐτοῖς

제 8 과
미완료 직설법
(Imperfect Indicative)

50. 단어

ἀναγινώσκω	읽다(read)
ἀναβλέπω	쳐다보다(look up),
	시력을 회복하다(recover sight)
ἀπέχομαι	삼가다(abstain)
ἀποθνήσκω	죽다(die)
ἀποστέλλω	보내다(send)
συνάγω	함께 모으다(gather together)
ἄρχω	다스리다(rule)
διανοίγω	열다(open), 해설하다(interpret)
διώκω	추격하다(follow after)
	핍박한다(persecute)
πείθω	설득하다(persuade)
ἔρημος, ἡ	광야(desert)
ὁδός, ἡ	길(way)
χριστός, ὁ	그리스도(Christ)
τότε	부사, 그 때(then)
νῦν	부사, 지금(now)

51. 미완료 직설법의 형태

51.1 λύω의 미완료 능동태

	단수	
1인칭	ἔ-λυ-ον	내가 풀고 있었다
2인칭	ἔ-λυ-ες	네가 풀고 있었다
3인칭	ἔ-λυ-ε	그가 풀고 있었다
	복수	
1인칭	ἐ-λύ-ομεν	우리가 풀고 있었다
2인칭	ἐ-λύ-ετε	너희가 풀고 있었다
3인칭	ἔ-λυ-ον	그들이 풀고 있었다

51.1.1 제2시제(미완료, 부정과거, 과거완료) 능동태 인칭어미

	단수	복수
1인칭	-ν	-μεν
2인칭	-ς	-τε
3인칭	-	-ν(σαν)

51.1.2 제2시제 능동태 인칭어미(간모음과 결합된 결과)

	단수	복수
1인칭	-ον	-ομεν
2인칭	-ες	-ετε
3인칭	-ε	-ον(σαν)

51.2 λύω의 미완료 중간태/수동태

	단수	
1인칭	ἐ-λυ-όμην	내가 풀리고 있었다
2인칭	ἐ-λύ-ου	네가 풀리고 있었다
3인칭	ἐ-λύ-ετο	그(녀)가 풀리고 있었다
	복수	
1인칭	ἐ-λυ-όμεθα	우리가 풀리고 있었다
2인칭	ἐ-λύ-εσθε	너희가 풀리고 있었다
3인칭	ἐ-λύ-οντο	그들이 풀리고 있었다

51.2.1 제2시제 중간태/수동태 인칭어미

	단수	복수
1인칭	-μην	-μεθα
2인칭	-σο	-σθε
3인칭	-το	-ντο

51.2.2 제2시제 중간태/수동태 인칭어미(간 모음과 결합)

	단수	복수
1인칭	-ομην	-ομεθα
2인칭	-ου	-εσθε
3인칭	-ετο	-οντο

52. 접두 모음(Augument)

52.1 시제 표시 모음

미완료 시제의 인칭 변화에서 단어의 시작에 공통적으로 나오는 ϵ을 접두 모음이라 한다. 이 ϵ은 그 동사가 제2시제라는 것을 가리키는 **시제 표시어**이다. 제2시제는 과거 시간에 일어난 행위를 나타낸다. 직설법에서는 제2시제들(미완료, 부정과거, 과거완료)이 접두모음을 취한다.

52.2 접두 모음의 부가 원칙

(1) 자음으로 시작하는 동사: 단어의 맨 앞에 접두모음 부가

현재		미완료	
λαμβάνω	내가 받는다	ἐλάμβανον	내가 받고 있었다
βλέπω	내가 본다	ἔβλεπον	내가 보고 있었다

(2) 모음으로 시작하는 동사: 그 모음의 장음화로 대체

	현재	미완료	
ϵ + ϵ = η	ἐγείρω --->	ἤγειρον	일으키고 있었다
ϵ + ο = ω	ὁμολογέω -->	ὡμολόγουν	고백하고 있었다
ϵ + α = η	ἄγω ----->	ἦγον	인도하고 있었다
ϵ + αι(ϵι) = ῃ	αἴρω ----->	ᾖρον	들어 올리고 있었다
ϵ + οι = ῳ	οἰκοδομέω ->	ᾠκοδόμουν	세우고 있었다
ϵ + αυ(ϵυ) = ηυ	εὑρίσκω -->	ηὕρισκον	발견하곤 했다
(예외)	ἔχω ------>	εἶχον	소유하고 있었다
	θέλω ------>	ἤθελον	원하고 있었다

(3) 합성동사의 접두모음

전치사와 합성된 동사들은 전치사와 동사 어간 사이에 접두모음을 부가한다. 모음으로 끝나는 전치사의 경우에는 접두모음 앞에

서 그 모음이 생략된다(περί와 πρό는 예외). 모음으로 시작하는 동사의 경우에는 그 모음이 장음화되고, 그 장음화된 모음 앞에서 전치사의 끝 모음이 생략된다.

현재		미완료	
ἀναβαίνω	올라가다	ἀνέβαινον	올라가고 있었다
καταβαίνω	내려가다	κατέβαινον	내려가고 있었다
ἀποστέλλω	내보내다	ἀπέστελλον	내보내고 있었다
συνάγω	함께 모으다	συνῆγον	함께 모으고 있었다
ἐκβάλλω	추방하다	ἐξέβαλλον	추방하고 있었다
διανοίγω	열다	διήνοιγον	열고 있었다

53. 미완료 시제의 용법

(1) 일반적 용법: 과거 진행적(지속적인) 의미

미완료 시제는 과거 시간에 일어나고 있었던 진행적 행위를 나타낸다. 과거 시간에 있어서 점적인 행위를 나타내는 시제는 부정과거이다.

ἄγω 인도한다(현재) ἦγον 인도하고 있었다(미완료)

(2) εἰμί의 미완료 직설법

	단수		복수	
1인칭	ἤμην	나는 ~였다	ἦμεν	우리는 ~ 였다
2인칭	ἦς	너는 ~였다	ἦτε	너희는 ~ 였다
3인칭	ἦν	그(녀, 것)는 ~였다	ἦσαν	그들은 ~ 였다

(3) 디포넌트 동사의 현재와 미완료 시제

현재 시제에서 디포넌트 동사는 미완료 시제에서도 디포넌트 동사이다.

πορεύομαι	가다	ἐπορευόμην	가고 있었다
ἄρχομαι	시작하다	ἠρχόμην	시작하고 있었다
γίνομαι	되다	ἐγινόμην	되고 있었다

54. 연습

54.1 다음 헬라어 문장을 한글로 번역하시오.

(1) διδασκόμεθα νῦν ὑπὸ τοῦ χρίστου, τότε δὲ ἐδιδάσκομεν τὰς νεανίας ἐν τῇ ὁδῷ.

(2) ὁ ἀπόστολος ἀπὸ τοῦ θεοῦ ἔλεγε τὰς παραβολὰς τῆς ζωῆς τοῖς δούλοις τῆς ἁμαρτίας.

(3) οἱ ἄγγελοι τῶν οὐρανῶν ἐπέμποντο εἰς τὴν ἐκκλησίαν ὑπὸ τοῦ θεοῦ τῆς δόξης.

(4) ὁ κύριος ἔμενε ἐν τῷ κόσμῳ, ἀλλὰ ὁ κόσμος οὐκ ἐγίνωσκεν τὴν ἀλήθειαν τῆς ζωῆς.

(5) ἐν τῇ ὥρα οἱ ἄνθρωποι τῆς ἁμαρτίας ἠγείροντο ἐκ θανάτου ὑπὸ τῶν ἀγγέλων τῆς ἀληθείας.

(6) τὰ δῶρα τοῦ προφήτου ἐφέρετο τοῖς ἀνθρώποις τῆς διαθήκης ἐν τῷ τόπῳ.

(7) ἀνεγινώσκομεν τοὺς λόγους τοῦ μαθητοῦ καὶ ἠκούετε τῆς φωνῆς τοῦ θεοῦ.

(8) οἱ ὄχλοι ἀπεστέλλοντο ὑπὸ τοῦ χριστοῦ εἰς τὸν οἶκον τῶν τέκνων.

(9) ἐν ταῖς ἡμέραις ἐπορευόμεθα πρὸς τὸ ἱερὸν τοῦ θεοῦ,

νῦν δὲ πορευόμεθα πρὸς τὸν κύριον τῆς εἰρήνης.

(10) τότε συνήγες τοὺς ἀδελφοὺς εἰς τὴν ἔρημον, νῦν δὲ ἔρχῃ πρὸς τὴν κώμην.

(11) ἐλέγες ταῖς νεανίαις ἐν τῇ ὁδῷ καὶ διήνοιγες τοῖς παιδίοις τὰς γραφάς

54.2 다음 헬라어 신약성서 구문을 연구하시오.

(1) ἐγένετο ῥῆμα θεοῦ ἐπὶ Ἰωάννην τὸν Ζαχαρίου υἱὸν ἐν τῇ ἐρήμῳ. (눅 3:2)

(2) ἐν ἀρχὴ ἦν ὁ λόγος, καὶ ὁ λόγος ἦν πρὸς τὸν θεόν καὶ θεὸς ἦν ὁ λόγος. (요 1:1)

(3) οὗτος ἦν ἐν ἀρχῇ πρὸς τὸν θεόν (요 1:2)

(4) ἐν αὐτῷ ζωὴ ἦν, καὶ ἡ ζωὴ ἦν τὸ φῶς τῶν ἀνθρώπων· (요 1:4)

(5) ἀπὸ τότε ἡ βασιλεία τοῦ θεοῦ εὐαγγελίζεται καὶ πᾶς εἰς αὐτὴν βιάζεται (눅 16:16)

(6) οὐκ ἠδύνατο ἀπὸ τοῦ ὄχλου, ὅτι τῇ ἡλικίᾳ μικρὸς ἦν

(7) τυφλοὶ ἀναβλέπουσιν καὶ χωλοὶ περιπατοῦσιν

(8) ἐγὼ ἀποστέλλω τὸν ἄγγελόν μου πρὸ προσώπου σου

(9) διὰ τοῦτο ἐδίωκον οἱ Ἰουδαῖοι τὸν Ἰησοῦν

(10) διελέγετο δὲ ἐν τῇ συναγωγῇ κατὰ πᾶν σάββατον, ἔπειθέν τε Ἰουδαίους καὶ Ἕλληνα

제 9 과
형용사(Adjectives)

55. 단어

ἀγαθός	선한(good)
ἀγαπητός	사랑받는(beloved)
ἅγιος	거룩한(holy)
ἄλλος	다른(other, 같은 종류)
δίκαιος	의로운(righteous)
ἔσχατος	마지막(last)
ἕτερος	다른(another, 다른 종류의)
ἴδιος	자기 자신의(one's own)
καινός	새로운(new)
κακός	악한(evil), 나쁜(bad)
καλός	좋은(good), 아름다운(beautiful)
μακάριος	복되다(blessed)
μόνος	오직(only), 홀로(alone)
μικρός	작은(small), 적은(little)
πιστός	신실한(faithful)
πρῶτος	첫째의(first)
πονηρός	악한(evil)
σαρκινός	육신의(of flesh)

(1) 형용사는 명사와 같이 성, 수, 격을 취한다. 형용사를 분석한다는 것은 그 형용사의 성, 수, 격을 아는 것이다.

(2) 모든 형용사들도 격변화를 하는데, 남성과 중성은 제2격변화를 따라 그리고 여성은 제1격변화를 따라 격변화 한다.

56. 형용사의 격변화

56.1 어간이 ε, ι, ρ로 끝나는 형용사

	단수			복수		
	남성	여성	중성	남성	여성	중성
주격	μικρός	μικρά	μικρόν	μικροί	μικραί	μικρά
속격 탈격	μικροῦ	μικρᾶς	μικροῦ	μικρῶν	μικρῶν	μικρῶν
처격 조격 여격	μικρῷ	μικρᾷ	μικρῷ	μικροῖς	μικραῖς	μικροῖς
대격	μικρόν	μικράν	μικρόν	μικρούς	μικράς	μικρά
호격	μικρέ	μικρά	μικρόν	μικροί	μικραί	μικρά

56.2 어간이 ε, ι, ρ 이외의 철자로 끝나는 형용사

	단수			복수		
	남성	여성	중성	남성	여성	중성
주격	ἀγαθός	ἀγαθή	ἀγαθόν	ἀγαθοί	ἀγαθαί	ἀγαθά
속격 탈격	ἀγαθοῦ	ἀγαθῆς	ἀγαθοῦ	ἀγαθῶν	ἀγαθῶν	ἀγαθῶν
처격 조격 여격	ἀγαθῷ	ἀγαθῇ	ἀγαθῷ	ἀγαθοῖς	ἀγαθαῖς	ἀγαθοῖς
대격	ἀγαθόν	ἀγαθήν	ἀγαθόν	ἀγαθούς	ἀγαθάς	ἀγαθά
호격	ἀγαθέ	ἀγαθή	ἀγαθόν	ἀγαθοί	ἀγαθαί	ἀγαθά

* 여성 복수 속격과 탈격의 강세는 제1격변화 명사의 원리를

따르지 않고 일반적인 강세 원리를 따른다.

ἔσχατος의 복수 속격과 탈격은 ἐσχάτων이다.

57. 일치의 원리

(1) 성, 수, 격의 일치

형용사는(형용사에 선행하는 관사가 있다면, 그 관사와 함께) 그 것이 수식하는 명사와 성, 수, 격에서 일치한다.

ὁ ἀγαθὸς ἀπόστολος = 그 선한 사도

(ἀγαθός는 ἀπόστολος와 남성, 단수, 주격으로 일치한다)

ἡ κακὴ ἡμέρα = 그 나쁜 날

τὸ πιστὸν τέκνον = 그 신실한 자녀

ἀκούω τὸν ἀγαθὸν λόγον = 내가 그 좋은 말씀을 듣는다

(ἀγαθόν은 λόγον과 남성, 단수, 대격으로 일치한다)

(2) 전치사 + 관사, 형용사, 명사

οἱ προφῆται κηρύσσουσιν περὶ τῆς κακῆς ἡμέρας

(그 예언자들이 그 나쁜 날에 관하여 전파하고 있다)

전치사 περί가 탈격과 함께 사용되면 "～에 관하여"라는 의미를 갖기 때문에, 그 다음의 관사, 형용사, 명사가 모두 탈격을 취했다.

58. 형용사의 용법

(1) 한정적 용법

형용사는 그것이 수식하는 명사의 수량, 범위, 혹은 성격 등을 묘사한다.

ὁ ἀγαθὸς ἄνθρωπος = ὁ ἄνθρωπος ὁ ἀγαθός
그 좋은 사람
(두 경우 다 형용사가 관사 바로 다음에 위치함을 주목하라)
σὺ εἶ ὁ υἱός μου ὁ ἀγαπητός
너는 내 사랑하는 아들이다(막 1:10)

(2) 서술적 용법

형용사는 주어의 어떤 동작이나 형태, 존재, 성질, 작용 등의 의미를 서술한다.

ἡ ἐκκλησία πιστή = πιστὴ ἡ ἐκκλησία
그 교회는 신실하다(두 경우에 모두 형용사가 명사 다음에 위치하거나 관사 앞에 위치한다)
μακάριοι οἱ καθαροὶ τῇ καρδίᾳ
마음이 청결한 사람들은 복되도다(마 5:8)

(3) 명사적 용법

명사가 생략된 형용사는 때로 명사로서 활용되기도 한다.

ἡ ἀγαθή 그 좋은 여성 τό ἀγαθόν 그 좋은 것
τῇ τρίτῃ 제 삼(일)에 τὰ κακά 그 악한 것들

(4) 기타 용법

전치사구나 부사들이 때때로 한정적 위치의 형용사처럼 사용된다. 여기서 실제 명사는 생략될 수도 있다.

οἱ ἐν τῷ οἴκῳ (ἄνθρωποι) 집에 있는 사람들
τὰ ἐν τοῖς οὐρανοῖς 하늘에 있는 것들

(5) 관사가 없는 경우

관사가 없을 때, 형용사가 한정어인지 서술어인지는 문맥에 따라

결정된다.

πιστὸς δοῦλος = δοῦλος πιστός

여기서 πίστος는 한정적일 수도 있으며(신실한 종) 혹은 서술적일 수도 있다(종은 신실하다).

(6) 특수한 형용사

신약성서에서 ὅλος, -η, -ον (모든, 전체의)은 언제나 서술적 위치에서 한정적 용법으로 사용된다.

τοῦτο ὅλον	이 모든 일이 (마 1:22)
ὅλην τὴν χώραν ἐκείνην	저 마을 전체를 (막 6:55)
ὅλον τὸν οἶκον	온 집 안에 (행 2:2)

59. 연습

59.1 다음 헬라어 문장을 한글로 번역하시오.

(1) οἱ δίκαιοι προφήται ἐλέγοντο περὶ τῆς πρώτης ὥρας.

(2) οἱ μαθηταὶ οἱ ἀγαπητοὶ ἐδίδασκον τὸν καλὸν λόγον ἐν τῷ οἴκῳ τῷ μίκρῳ.

(3) τὰ τέκνα τὰ ἕτερα ηὑρίσκοντο ὑπὸ τοῦ κυρίου τοῦ πιστοῦ ἐν τῇ κακῇ ὁδῷ.

(4) ἐν ταῖς ἐσχάταις ἡμέραις οἱ λόγοι τῶν δικαίων προφητῶν ἠκούοντο ἐν τῇ ἐκκλησίᾳ τῇ πιστῇ.

(5) ὁ λόγος ὁ ἀγαθὸς ἐκηρύσσετο ἐν ὅλῳ τῷ κόσμῳ ὑπὸ τῶν υἱῶν τῶν μακαρίων.

(6) ἐν τῇ ὥρᾳ τῇ ἐσχατῇ οἱ φίλοι οἱ καλοὶ σῴζονται ὑπὸ τοῦ κυρίου τῶν οὐρανῶν.

(7) οἱ ἐν τῷ οἴκῳ ἤσθιον τὸν ἄρτον καὶ ἐδιδάσκοντο

ὑπὸ τῶν ἀποστόλων τῆς σοφίας.

(8) ἐν τῇ πρώτῃ ἡμέρῃ ὁ κύριος ἔκρινε τοὺς κακοὺς δούλους.

(9) τὰ ἀγαθὰ τέκνα τοῦ θεοῦ ἐλάμβανον τὸν μισθὸν καὶ τὴν μαχαίραν ἀπὸ τῶν ἐσχάτων ἀγγέλων.

(10) ὁ ἔσχατος υἱὸς ἐβλέπετο τὰς καλὰς ἐκκλησίας τοῦ μακαρίου κυρίου ἐν τῷ κακῷ κόσμῳ. (재중)

59.2 다음 헬라어 문장을 연구하시오.

(1) ἐν ταῖς κακαῖς ἡμέραις ὁ ἀγαθὸς ἀπόστολος ἐγινώσκετο τὸν δίκαιον νόμον.

(2) οἱ κακοὶ γινώσκουσιν τὰς ἁμαρτίας τοῦ κόσμου καὶ ἄγουσιν τοὺς ἀδελφοὺς εἰς τὴν κακὴν ὁδόν.

(3) ὁ θεὸς ὁ δίκαιος σύνηγεν τοὺς μαθητὰς τοὺς ἄλλους εἰς τὴν βασιλείαν τῆς ζωῆς.

(4) οἱ δίκαιοι υἱοὶ τῆς βασιλείας τοῦ μεσσίου ἐδιδάσκοντο ὑπὸ τῶν ἀγαπητῶν ἀδελφῶν.

(5) δι᾽ ἁμαρτίαν ἡ ἐκκλησία κηρύσσει τὸν λόγον τοῦ θεοῦ ἐν τῷ κακῷ κόσμῳ.

(6) ἐν ταῖς ἐσχάταις ἡμέραις οἱ ἀγαπητοὶ οὐκ ἠκούοντο τὴν κακὴν διδαχήν.(강중)

(7) ἐν πρώτῃ ὥρᾳ οἱ δοῦλοι οἱ πονηροὶ ἠκούοντο περὶ τῶν παραβολῶν τῆς βασιλείας τοῦ θεοῦ.

(8) ἀπ᾽ ἀρχῆς οἱ δοῦλοι οἱ κακοὶ εἰσήρχοντο εἰς τὸν μικρὸν ἱερὸν τοῦ θεοῦ.

(9) ἐν τῇ καινῇ ὁδῷ αἱ δίκαιαι ἐλέγοντο τοὺς ἀγαθοὺς λόγους

τοῖς πιστοῖς μαθηταῖς.(강중)

(10) ἐν τῃ ἐσχάτῃ ἡμέρᾳ ὁ ἀγαθὸς νεανίας ἐγείρει τοὺς δικαίους μαθητὰς τοῦ πιστοῦ κυρίου.

59.3 다음 헬라어 신약성서 본문을 연구하시오.

(1) δοῦλε ἀγαθὲ καὶ πιστέ (마 25:21)

(2) ἐγὼ εἰμι ὁ ποιμὴν ὁ καλός (요 10:11)

(3) ὁ θεὸς νεκροὺς ἐγείρει (행 26:8)

(4) ὁ γὰρ ναὸς τοῦ θεοῦ ἅγιος ἐστιν (고전 3:17)

(5) ἐγὼ ὁ πρῶτος καὶ ὁ ἔσχατος (계 22:13)

(6) τοῦτο τὸ ποτήριον ἡ καινὴ διαθήκη (눅 22:20)

(7) τοῦτο γὰρ ἐστιν δίκαιον (엡 6:1)

(8) ἡ γλῶσσα μικρὸν μέλος ἐστιν (약 3:5)

(9) ἔτι γὰρ σαρκικοὶ ἐστε (고전 3:3)

(10) ὁ ἀγαθὸς ἄνθρωπος ἐκ τοῦ ἀγαθοῦ θησαυροῦ ἐκβάλλει ἀγαθά (마 12:35)

(11) οὐαὶ ὑμῖν τοῖς πλουσίοις, ὅτι ἀπέχετε τὴν παράκλησιν ὑμῶν (눅 6:24)

제 10 과
대명사 I (Pronouns)

60. 단어

60.1 인칭 대명사

단수		복수	
ἐγώ	나	ἡμεῖς	우리들
σύ	너	ὑμεῖς	너희들
αὐτός, αὐτή, αὐτό	그 (그녀, 그것)	αὐτοί, αὐταί, αὐτά	그들 (그녀들, 그것들)

60.2 지시 대명사

단 수

남 성	여 성	중 성	
οὗτος	αὕτη	τοῦτο	이것(this)
ἐκεῖνος	ἐκείνη	ἐκεῖνο	저것(that)

복 수

남 성	여 성	중 성	
οὗτοι	αὗται	ταῦτα	이것들(these)
ἐκεῖνοι	ἐκεῖναι	ἐκεῖνα	저것들(those)

60.3 기타 품사

γάρ 접속사, 왜냐하면(for)

γέ 후치사, 참으로(indeed), 적어도(at least)

δέ 접속사, 그리고(and), 그러나(but), 반면에(on the other hand)

μέν 불변사, 사실 …지만, 그러나(to be sure, but)

οὐ 부정어, ~아니다(not);

οὐκ 연숨표를 가진 모음 앞에서

οὐχ 강숨표를 가진 모음 앞에서

εἰ 접속사, 만일(if)

ὅτι 접속사, ~때문에(because), ~하는 것(that)

60.4 후치사(postpositives)

문장의 맨 처음에 위치할 수 없는 단어를 후치사라 부른다. γάρ, γέ, δέ는 모두 후치사들이다.

61. 인칭 대명사의 격변화

61.1 1인칭 대명사와 2인칭 대명사

1인칭 대명사

	단수		복수	
주격	ἐγώ	내가	ἡμεῖς	우리들이
속격 탈격	ἐμοῦ(μου)	나의	ἡμῶν	우리들의
처격 조격 여격	ἐμοί(μοι)	나에게	ἡμῖν	우리들에게
대격	ἐμέ(με)	나를	ἡμᾶς	우리들을

2인칭 대명사

	단수		복수	
주격	σύ	네가	ὑμεῖς	너희들이
속격 / 탈격	σοῦ(σου)	너의	ὑμῶν	너희들의
처격 / 조격 / 여격	σοί(σοι)	너에게	ὑμῖν	너희들에게
대격	σέ(σε)	너를	ὑμᾶς	너희들을

(1) 인칭 대명사와 후접사

1인칭과 2인칭 대명사의 단수 격변화에서 주격을 제외한 나머지 격에서 강세가 있는 형태와 강세가 없는 형태 두 가지로 나온다. 강세가 없는 형태는 모두 후접사들이다. 강세가 있는 형태들은 주로 강조하거나 대조의 문장에서 사용된다.

(2) 전치사와 후접사

전치사와 함께 쓰일 때는 일반적으로 강세가 있는 형태들이 사용된다. πρός는 예외로서, 일반적으로 πρός με로 쓰인다.

(3) 일반적 용법

인칭대명사들은 강조 혹은 대조가 요구되는 때를 제외하고는 일반적으로 주격에서 사용되지 않는다.

1. τὸν ἄγγελον ἔβλεπον ἐγώ.
   나는 그 천사를 보고 있었다.
   (그 천사를 보고 있었던 사람은 바로 나였다)
2. σὺ εἶ ὁ Χριστός (막 8:29)

당신은 그리스도입니다(바로 당신이 그 그리스도입니다)

3. ὑμεῖς ἐστε τὸ φῶς τοῦ κόσμου

너희들은 세상의 빛이다

(다른 사람들이 아니라 바로 너희가 세상의 빛이다)

4. οὐκ εἰμὶ ἐγὼ ὁ Χριστός

나(나 자신)는 그리스도가 아니다

5. περὶ ἁμαρτίας μέν, ὅτι οὐ πιστεύουσιν εἰς ἐμέ·

죄에 대하여는, 그들이 나를 믿지 않기 때문이다

6. περὶ δικαιοσύνης δέ, ὅτι πρὸς τὸν πατέρα ὑπάγω καὶ οὐκέτι θεωρεῖτέ με·

의에 대하여는, 내가 아버지께로 가며 너희가 더 이상 나를 보지 못하기 때문이다

61.2 3인칭 대명사의 격변화

	단수			복수		
	남성	여성	중성	남성	여성	중성
주격	αὐτός	αὐτή	αὐτό	αὐτοί	αὐταί	αὐτά
속격 / 탈격	αὐτοῦ	αὐτῆς	αὐτοῦ	αὐτῶν	αὐτῶν	αὐτῶν
처격 / 조격 / 여격	αὐτῷ	αὐτῇ	αὐτῷ	αὐτοῖς	αὐταῖς	αὐτοῖς
대격	αὐτόν	αὐτήν	αὐτό	αὐτούς	αὐτάς	αὐτά

1. αὐτοὶ ἐν τῷ κόσμῳ εἰσίν, κἀγὼ πρὸς σὲ ἔρχομαι

그들은 세상에 있고 나는 당신께로 갑니다(요 17:11)

2. αὕτη δέ ἐστιν ἡ κρίσις
   심판은 바로 이것이다
3. ὑμεις γινωσκετε αὐτό, ὅτι παρ' ὑμῖν μένει
   (바로) 너희는 그것을 안다, 그것이 너희 곁에 계시기 때문이다

61.3 지시 대명사의 격변화

[단수]

	이것(this)			그것(that)		
	남성	여성	중성	남성	여성	중성
주격	οὗτος	αὕτη	τοῦτο	ἐκεῖνος	ἐκείνη	ἐκεῖνο
속격, 탈격	τούτου	ταύτης	τούτου	ἐκείνου	ἐκείνης	ἐκείνου
처격, 조격, 여격	τούτῳ	ταύτῃ	τούτῳ	ἐκείνῳ	ἐκείνῃ	ἐκείνῳ
대격	τοῦτον	ταύτην	τοῦτο	ἐκεῖνον	ἐκείνην	ἐκεῖνο

[복수]

	이것들(these)			저것들(those)		
	남성	여성	중성	남성	여성	중성
주격	οὗτοι	αὗται	ταῦτα	ἐκεῖνοι	ἐκεῖναι	ἐκεῖνα
속격, 탈격	τούτων	τούτων	τούτων	ἐκείνων	ἐκείνων	ἐκείνων
처격, 조격, 여격	τούτοις	ταύταις	τούτοις	ἐκείνοις	ἐκείναις	ἐκείνοις
대격	τούτους	ταύτας	ταῦτα	ἐκείνους	ἐκείνας	ἐκεῖνα

62. 후접사(Enclitics)와 전접사(Proclitics)

(1) 후접사

후접사는 그것에 선행하는 단어와 함께 발음되며 사용되는 단어를 말한다. 신약성서에 나오는 후접사로는 μου, μϵ, σου, σοι, σϵ(인칭대명사); τις, τι(부정대명사); πού, ποτϵ́, πώς(부사); τϵ, γϵ(접속사), 그리고 ϵἰμί(동사) 등이 있다.

(2) 전접사

전접사는 그것에 뒤이어 나오는 단어와 함께 발음되고 사용되는 단어를 말한다. 신약성서에 나오는 전접사로는 ὁ, ἡ, οἱ, αἱ(관사); οὐ, οὐκ, οὐχ(부정어); ϵἰς, ἐν(전치사); ϵἰ, ὡς(접속사) 등이 있다.

63. 대명사의 용법

63.1 인칭 대명사의 용법

(1) 대명사의 성격

대명사는 명사의 반복을 피하기 위하여 사용된다. 대명사가 가리키는 명사를 그 대명사의 선행사(antecedent)라 한다. 대명사는 그것의 선행사와 성과 수가 일치한다. 그러나 격은 문장에서 대명사의 용도에 따라 결정된다.

1. ὁ νόμος γράφϵται καὶ διδάσκομϵν αὐτόν
그 율법이 기록되고 있으며 우리가 그것을 가르친다
여기서 αὐτόν의 성과 수는 νόμος와 동일하다(남성, 단수). 그러나 αὐτόν의 격은 대격이다. 왜냐하면 αὐτόν은 διδάσκομϵν의 직접 목적어로 사용되었기 때문이다.
2. γινώσκω τὸν νόμον καὶ μένω ἐν αὐτῷ
내가 그 율법을 알고 있으며 또 그 안에 거하고 있다

여기서 αὐτῷ는 νόμον과 성과 수가 일치하지만, 전치사 ἐν과 함께 처격으로 사용되었다.

(2) 3인칭 대명사 복수

3인칭 대명사 복수도 성이 구별되어 사용된다.

γινώσκω τὰ τέκνα καὶ διδάσκω αὐτά

나는 그 자녀들을 알고 있으며 또 그들을 가르치고 있다

대명사 αὐτά는 중성인데, 그 이유는 선행사 τέκνα가 중성이기 때문이다.

(3) 인칭 대명사가 사용되는 경우

코이네 헬라어에서는 강조하거나 대조를 나타낼 때에는 인칭 대명사를 추가하여 사용한다.

βλέπομεν　　우리가 본다

ἡμεῖς βλέπομεν　　우리가 본다

(다름 아닌, 바로 **우리가** 보고 있음을 강조)

ἡμεῖς βλέπομεν, ὑμεῖς δὲ ἀκούετε

우리는 보는데, 그러나 **너희는** 듣는다(우리와 너희의 대조)

63.2 지시 대명사의 용법

(1) οὗτος와 ἐκεῖνος

οὗτος는 비교적 가까운(거리에 있는) 것을 또 ἐκεῖνος는 비교적 먼(거리에 있는) 것을 가리킨다.

βλέπω τοῦτον τὸν ἄνθρωπον 내가 이 사람을 보고 있다

ἀκούω ταύτην τὴν ἀλήθειαν 내가 이 진리를 듣고 있다

ἀκούω ἐκείνας τὰς γλώσσας 내가 저 방언들을 듣고 있다

βλέπω ἐκεῖνα τὰ ἱερά 내가 저 성전들을 보고 있다

(2) 지시 대명사의 서술적 위치

지시대명사는 서술적 위치에서 관사를 가진 명사의 한정어로 사용된다.

οὗτος ὁ ἀγαθὸς λόγος = ὁ ἀγαθὸς λόγος οὗτος

이 좋은 말씀이

ἐκείνην τὴν πιστὴν σοφίαν = τὴν πιστὴν σοφίαν ἐκείνην

저 신실한 지혜를

(3) 독립적 용법

대명사가 실명사 없이 독자적으로 하나의 명사로서 사용되기도 한다.

οὗτος	이 사람(남성)	ἐκείνη	저 사람(여성)
τοῦτο	이것	ἐκεῖνα	저것들

63.3 αὐτός, αὐτή, αὐτό의 특별 용법

(1) 명사와 함께 한정적 위치로 사용: 동일한(same)

τὸν αὐτὸν λόγον = τὸν λόγον τὸν αὐτόν

그 동일한 말씀을

(2) 명사와 함께 서술적 위치로 사용: 강조적 의미

(oneself 혹은 itself)

ὁ νόμος αὐτός = αὐτὸς ὁ νόμος 그 율법 자체가

αὐτὸς ὁ πατὴρ φιλεῖ ὑμᾶς

그 아버지 자신이 너희들을 사랑하신다

(3) αὐτός를 다른 인칭대명사와 함께 사용:

여기서는 인칭대명사가 동사의 주어이며, 따라서 동사와 성과 수가 일치한다. αὐτός는 인칭대명사를 강조한다.

αὐτὸς σὺ ἀκούεις = αὐτὸς ἀκούεις

네 자신이 듣고 있다

αὐτοὶ ἡμεῖς λέγομεν = αὐτοὶ λέγομεν

우리 자신들이(다름 아닌 우리가) 말하고 있다

αὐτοὶ ὑμεῖς μοι γράφετε

너희(바로 너희)가 나에 관하여 기록한다

αὐτὸς υἱὸς Ἀβραάμ ἐστιν

그 자신이 아브라함의 아들이다

(4) 그 밖의 격

인칭대명사의 속격, 탈격, 처격, 조격, 여격, 대격은 단순하게 3인칭 대명사로 사용된다.

βλέπω αὐτόν 내가 그를 본다

πέμπομεν αὐτούς 우리가 그들을 보낸다

64. οὐ와 δέ의 용법

(1) οὐ 일반적 부정어

οὐ는 일반적으로 부정하는 단어 바로 앞에 위치한다.

οὐ γινώσκω αὐτόν 내가 그를 알지 못한다

ἐγὼ οὐκ εἰμὶ ὁ χριστός 나는 그리스도가 아니다

(2) δέ 후치적 연결사

δέ는 주로 μέν과 함께 사용되며 문장에서 그것이 분리하는 것

사이에 간단한 대조를 가리킨다. δέ는 일반적으로 '그러나' 혹은 '그런데'로 번역될 수 있다. 그렇지만 δέ는 강세적 대조어인 ἀλλά(그러나)보다는 약한 부정의 의미를 갖는다.

1. ὁ ἀπόστολος γινώσκει τὸν κύριον μέν,
   ὁ δὲ κύριος εὑρίσκει τὸν ἀπόστολον.
   한 편으로 그 사도는 그 주님을 알고 있으며(있지만),
   그리고(그러나) 그 주님은 그 사도를 발견하고 있다
2. ἐκεῖνον δεῖ αὐξάνειν, ἐμὲ δὲ ἐλαττοῦσθαι
   그는 흥하여야 하겠지만, 그러나 나는 쇄하여야 할 것이다(요 3:30).

(3) δέ보다 더 강한 대조

δέ보다 더 강한 대조는 ἀλλά를 사용하여 표현한다.

1. ὁ ἀπόστολος διδάσκει τὸν νόμον, ἀλλ᾽ ὁ κύριος διδάσκει ἀγάπην.
   그 사도는 그 율법을 가르치지만, 그러나 그 주님은 사랑을 가르치신다(여기서 ἀλλά의 마지막 -α는 모음 앞에서 없어지고 두 번째 λ 다음에 ' 표가 붙는다).
2. τὴν φωνὴν αὐτοῦ ἀκούεις, ἀλλ᾽ οὐκ οἶδας πόθεν ἔρχεται
   네가 그 소리를 듣지만, 그러나 너는 그것이 어디서 오고 있는지를 알지 못한다(요 3:8).

65. 후접사와 강세

65.1 후접사에 선행하는 단어의 강세

(1) 선행어가 안티피널트에 애큐트 강세:

선행어의 얼티마에 추가로 애큐트 강세가 붙는다.

ὁ διδάσκαλός μου　　나의 선생

ὁ διδάσκαλός ἐστιν ἀγαθός　　그 선생은 선하다

(2) 선행어가 피널트에 애큐트 강세:

선행어의 강세는 영향을 받지 않는다. 다만 단음절 후접사는 강세를 상실하지만, 두 음절 후접사는 강세를 유지한다.

ὁ λόγος μου　　나의 말

ἡ καρδία σου　　너의 마음

ὁ λόγος ἐστὶν αἰώνιος　　그 말씀은 영원하다

(3) 선행어가 얼티마에 애큐트 강세:

얼티마의 애큐트가 그레이브로 변하지 않는다.

ὁ ἀδελφός σου　　너의 형제

οἱ ἀδελφοί εἰσι πιστοί　　그 형제들은 신실하다

(4) 선행어가 피널트에 써컴플랙스 강세:

선행어의 얼티마에 추가로 애큐트 강세가 붙는다.

ὁ δοῦλός μου　　나의 종

ὁ δοῦλός ἐστι δίκαιος　　그 종은 의롭다

(5) 선행어가 얼티마에 써컴플랙스 강세:

선행어의 강세는 그대로 유지된다

ὁ υἱὸς τοῦ ἀδελφοῦ μου　　내 형제의 아들

οἱ δοῦλοι τοῦ θεοῦ ἐσμεν　　우리는 하나님의 종들이다

65.2 후접사 자체의 강세

다음의 경우에 후접사는 강세를 유지한다.

(1) 후접사 자체를 강조할 경우

후접사 자체를 강조할 경우 혹은 후접사가 문장의 맨 처음에 올 경우: 후접사 고유의 강세를 유지한다.

1. 문장의 맨 처음에 올 때,
   (예외) 다음과 같은 경우에는 ἐστί가 ἔστι로 된다.
2. οὐκ, μή, εἰ, ὡς, καί, ἀλλά, τοῦτο의 바로 다음에 오는 경우
3. 존재하다(exist) 혹은 가능하다(be possible)의 의미로 쓰일 때.

(2) 두 음절의 후접사

두 음절의 후접사가 피널트에 애큐트 강세를 가진 단어 다음에 오는 경우:

ὥρα ἐστὶν ὡς ἕκτη 시각은 육시경이다

(3) 전접사 혹은 후접사 다음에 또 다른 후접사가 오는 경우:

앞에 있는 전접사나 후접사의 얼티마에 애큐트 강세를 붙인다.

ὁ γὲ δοῦλός μού ἐστι δίκαιος

참으로 나의 종은 의롭다

66. 연습

66.1 다음 헬라어 문장을 한글로 번역하시오.

(1) ὑμεῖς ἐστε τὰ ἀγαπητὰ τέκνα τοῦ θεοῦ, ἡμεῖς δὲ γινώσκομεν τὸν κύριον τὸν δίκαιον.

(2) ἡ γὲ ἀλήθεια τῆς ἐξουσίας οὐκ ἔστιν ἐν αὐτοῖς, ἀλλ᾽ ἔχομεν τὴν καινὴν εἰρήνην τοῦ θεοῦ.

(3) ἐγώ εἰμι ἡ ὁδὸς καὶ ἡ ἀλήθεια καὶ ἡ ζωή.

(4) τοῦτο ἔστιν τὸ ἔργον τοῦ θεοῦ, ὑμεῖς δὲ ἐν τοῖς λόγοις τοῖς ἐσχάτοις σώζεσθε.

(5) αὐτοὶ ἡμεῖς οὐκ ἐκρινόμεθα ἐν τῷ καινῷ νόμῳ, ἀλλ᾽ ἐκρίνομεν ἐκεῖνα τὰ ἔργα τῶν πονερῶν.

(6) ὁ αὐτὸς μαθητὴς ἐλάμβανε τὰ τέκνα τῆς ἀληθείας καὶ ἐδίδασκεν αὐτά.

(7) οἱ προφῆται τῆς ζωῆς μένουσιν ἐν αὐτῷ καὶ ζωὴν καινὴν ἔχουσιν ἐν τῷ πιστῷ λόγῳ τούτῳ.

(8) τότε ἔλεγεν ὁ διδάσκαλος μου ὅτι οἱ δοῦλοι τοῦ κυρίου ἐδόξαζον αὐτόν.

(9) τοῦτο τὸ τέκνον εἰσήρχετο εἰς τὸν οἶκον ἐκεῖνον, ἐκεῖνος δὲ ὁ δοῦλος ἀπέρχεται εἰς τὴν ὁδόν.

(10) ἐν ἐκείναις ταῖς ἡμέραις κακοὶ προφηταὶ διήρχοντο τὰς κακὰς κώμας.

66.2 다음 헬라어 문장을 연구하시오.

(1) γινώσκω τοὺς ἀδελφούς μου καὶ διδάσκομεν αὐτούς.

(2) οἱ δοῦλοι ὑμῶν ἐλάμβανον ἡμᾶς εἰς τοὺς οἴκους αὐτῶν.

(3) τὰ τέκνα σου βλέπει τὸ ἱερὸν μεθ’ ὑμῶν.

(4) οἱ μαθηταί μου ἠκούοντο τὸν λόγον τοῦ κυρίου. (강중)

(5) οὗτος ὁ μαθητὴς ἐγίνωσκεν ἐκεῖνον τὸν ἄγγελον τῶν οὐρανῶν.

(6) ὁ ἀπόστολος αὐτὸς κηρύσσει ταύτας τὰς παραβολὰς περὶ ἁμαρτίας καὶ θανάτου.

(7) οἱ ἀδελφοὶ ἡμῶν βαπτίζουσι τὰ τέκνα εἰς τὴν βασιλείαν του οὐρανοῦ.

(8) ἐκεῖνοι οἱ προφηταὶ ἄγουσι τοὺς δούλους αὐτῶν πρὸς τὴν ἀλήθειαν τὴν καινήν.

(9) ἡμεῖς ἐλαμβανόμεθα τοὺς λόγους αὐτοῦ ἀπὸ τοῦ ἀποστόλου.

(10) ἐγὼ ἔλεγον τοῖς τέκνοις σου τοὺς νόμους τοῦ θεοῦ τότε, νῦν σὺ δὲ γράφεις αὐτούς.

(11) οὐ πιστεύεις ὅτι ἐγὼ ἐν τῷ πατρὶ καὶ ὁ πατὴρ ἐν ἐμοί ἐστιν;

(12) ὑμεῖς γινώσκετε αὐτό, ὅτι παρ’ ὑμῖν μένει καὶ ἐν ὑμῖν ἔσται

(13) καὶ οὐκ εἰμὶ μόνος, ὅτι ὁ πατὴρ μετ’ ἐμοῦ ἐστιν

(14) εὑρίσκει οὗτος πρῶτον τὸν ἀδελφὸν τὸν ἴδιον Σίμωνα καὶ λέγει αὐτω

(15) σὺ εἶ ὁ υἱὸς τοῦ θεοῦ, σὺ βασιλεὺς εἶ τοῦ Ἰσραήλ.

(16) σὺ εἶ ὁ διδάσκαλος τοῦ Ἰσραὴλ καὶ ταῦτα οὐ γινώσκεις;

(17) ὑμεῖς ἐστε οἱ υἱοὶ τῶν προφητῶν καὶ τῆς διαθήκης

제 11 과
부정사 I (Infinitives)

67. 단어

ἁμαρτάνω	내가 범죄하다(sin)
ἁμαρτωλός, ὁ	죄인(sinner)
ἀναβαίνω	내가 올라간다(go up)
βαίνω	내가 간다(go)
βούλομαι	내가 바라다(wish)
δεῖ	필요하다(it is necessary) 해야 한다(it must)
θέλω	내가 원한다(want)
κελεύω	내가 명령한다(command)
ἐπαγγελία, ἡ	약속(promise)
εὐαγγέλιον, τό	복음(gospel, good news)
σωτηρία, ἡ	구원(salvation)
χαρά, ἡ	기쁨(joy)
ἔξεστι(ν)	합당하다(it is lawful) 가능하다(it is possible)
μέλλω	~하려 한다(be about to)
ὀφείλω	빚지다(owe, be indebted) ~해야 한다(ought)

68. 현재 부정사의 형태

(1) 규칙 동사

능동태	중간태	수동태
λύειν	λύεσθαι	λύεσθαι
푸는 것	자신을 푸는 것	풀리우는 것

(2) -εω, -αω, -οω 동사

능동태	중간태	수동태
λαλεῖν	λαλεῖσθαι	λαλεῖσθαι
τιμᾶν	τιμᾶσθαι	τιμᾶσθαι
πληροῦν	πληροῦσθαι	πληροῦσθαι

(3) εἰμί의 부정사 : εἶναι

69. 부정사의 용법

부정사는 동사적 명사로서 동사의 성격을 가지며 동시에 명사의 성격도 지닌다. 부정사는 동사로서 시제와 태를 갖지만, 인칭과 수를 갖지 않는다. 부정사는 주어에 의하여 제한을 받지 않기 때문에, 그 형태는 부정형으로서 인칭 어미를 따로 취하지 않는다.

69.1 동사적 용법

(1) 목적: 부정사는 동사의 목적어로 사용된다

ἔρχομεν σωζεῖν αὐτόν

우리가 그를 구원하기 위하여 온다

(2) 결과: 부정사는 결과를 나타내기 위하여 사용된다

βούλομαι ἐλθεῖν πρὸς ὑμᾶς

내가 너희에게 가기를 바라고 있다

69.2 명사적 용법

(1) 주어: 부정사는 동사의 주어로 사용된다

τὸ γὰρ θέλειν παράκειταί μοι

왜냐하면 원하는 것이 내게 있기 때문이다(롬 7:18)

(2) 목적어: 부정사는 동사의 목적어로 사용되기도 한다

κηρύσσετε τὸ εὐαγγέλιον διδασκεῖν σωτηρία

너희가 구원을 가르치기 위하여 복음을 전파한다

(3) 수식어: 부정사는 수식어의 역할을 한다

ἔδωκεν αὐτοῖς ἐξουσίαν τέκνα θεοῦ γενέσθαι

그가 그들에게 하나님의 자녀가 되는 권세를 주었다(요 1:12)

69.3 부정사의 시제

부정사의 시제는 시간성을 포함하지 않고 다만 행위의 종류를 나타낸다. 따라서 현재 부정사는 진행적 행위 혹은 계속된 행위를 나타내고 부정과거 부정사는 일회적인 행위 혹은 점적인 행위를 나타낸다.

(1) 현재 능동태 부정사:

ἄρχομαι διδάσκειν τὰ τέκνα.

나는 그 자녀들을 가르치기를 시작한다.

(2) 현재 중간태 부정사:

ἀρχόμεθα διδάσκεσθαι.
우리는 우리 자신들을 가르치기를 시작한다.

(3) 현재 수동태 부정사:

ἄρχεται διδάσκεσθαι ὑπὸ τοῦ κυρίου.
그는 주님에 의하여 가르침을 받기를 시작한다.

69.4 불완전 동사의 의미 보충

δύναμαι(할 수 있다), βούλομαι(원한다), ὀφείλω(책임이 있다), θέλω(바란다), ἄρχομαι(시작하다) 등 불완전 동사의 의미를 보충하기 위하여 사용된다.

1. ἐβουλόμην ἀκούειν τοὺς λόγους τοῦ θεοῦ.
   나는 하나님의 말씀들을 계속하여 듣기를 원하고 있었다
2. οὐκ ὀφείλει τὰ τέκνα τοῖς γονεῦσι θησαυρίζειν.
   자녀들이 부모를 보살필 의무가 있는 것이 아니다
3. πῶς δύναται Σατανᾶς Σατανᾶν ἐκβάλλειν;
   사탄이 어떻게 사탄을 쫓아낼 수 있는가?
4. τίς δύναται ἁμαρτίας ἀφεῖναι εἰ μὴ μόνος ὁ θεός;
   하나님 외에 누가 죄를 사할 수 있는가?
5. ἤρξαντο λαλεῖν ἑτέραις γλώσσαις
   다른 언어들로 말하기를 시작하고 있었다(행 2:4)

70. 관사 + 부정사

(1) 부정사의 명사적 성격

부정사는 명사적 성격을 가짐으로 다른 명사처럼 관사를 취하는데, 그 때 부정사는 불변하는 명사처럼 취급됨으로 중성 관사를 취한다.

1. καλόν ἐστι τὸ ἀποθανεῖν ὑπὲρ τῶν ἀδελφῶν.
   그 형제들을 위하여 죽는 것은 좋은 것이다
   여기서 ἐστι의 주어는 τὸ ἀποθανεῖν이다
2. τὸ γὰρ θέλειν παράκειταί μοι
   원하는 것이 내게 있다(롬 7:18)
3. ἔδωκεν αὐτοῖς ἐξουσίαν τέκνα θεοῦ γενέσθαι
   그가 그들에게 하나님의 자녀가 되는 권세를 주었다

(2) 전치사와 함께

관사를 가진 부정사가 전치사와 함께 사용되는 경우

μετὰ τὸ λῦσαι　　푼 후에(푸는 행동 후에)
ἐν τῷ λύειν　　풀고 있는 동안에(과정에)
διὰ τὸ λύειν　　풀기 때문에(이유)

(3) 부정사의 부정어: μή

κατεῖχον αὐτὸν τοῦ μὴ πορεύεσθαι ἀπ᾽ αὐτῶν
그가 그들에게서 떠나가지 않도록 막았다
οὐκ ἔχετε διὰ τὸ μὴ αἰτεισθαι ὑμᾶς
너희가 얻지 못함은 구하지 않기 때문이다

71. καί의 용법

헬라어에서 가장 일상적인 접속사가 καί이다. καί는 ‘그리고’ 라는 의미 외에도 여러 가지 의미로 해석될 수 있다.

(1) ~도 역시(also)

καὶ γὰρ ἐγὼ ἄνθρωπός εἰμι ὑπὸ ἐξουσίαν.
왜냐하면 나도 역시 권위 아래 있는 사람이기 때문이다(마 8:9)

(2) 또한 그러나(and yet)

καὶ ὁ θεὸς τρέφει αὐτούς.

또한 그러나 하나님은 그들을 먹이신다(눅 12:24)

(3) 심지어 ~도(even)

γινώσκουσι καὶ ἁμαρτωλοὶ τὸν νόμον.

심지어 죄인들도 그 율법을 안다.

(4) 그러나(but)

καὶ ἐφοβήθησαν τὸν λαόν.

그러나 그들이 그 백성을 두려워한다(눅 20:19)

(5) ~뿐만 아니라, ~도(both ~ and)

καὶ οἱ μαθηταὶ καὶ οἱ προφῆται γινώσκουσι τοῦτο.

그 제자들뿐만 아니라 그 예언자들도 이것을 알고 있다.

72. 연습

72.1 다음 헬라어 문장을 한글로 번역하시오.

(1) ἄρχομαι ἀναγινώσκειν τὸ βιβλίον τῆς ζωῆς καὶ δοξάζειν τὸν θεόν τὸν πιστόν.

(2) οἱ μαθηταὶ οἱ δίκαιοι ἔθελον ἀκούειν τὴν φωνὴν τοῦ θεοῦ ἀπὸ τοῦ οὐρανοῦ.

(3) οἱ διδάσκαλοι μέλλουσι κηρύσσειν τὸ εὐαγγέλιον τῆς ζωῆς ὑπὲρ τοῖς δούλοις τῆς ἁμαρτίας.

(4) ὁ δίκαιος διδάσκαλος οὗτος ἤρξατο διδάσκειν αὐτοὺς ὅτι δεῖ τὸν υἱὸν τοῦ ἀθρώπου ἀπέλθειν.

(5) ἡμεῖς τὸν νόμον τοῦ θεοῦ ἔχομεν καὶ κατὰ αὐτὸν ὀφείλει

ἀποθανεῖν ὁ ἁμαρτολός.

(6) ἐκεῖνος ὁ δίκαιος δοῦλος βούλεται διδάσκειν τοὺς ἀδελφοὺς αὐτοῦ περὶ τοὺς ἁμαρτωλούς αὐτῶν.

(7) ἐν ἐκείναις ταῖς ἡμέραις αἱ ἀδελφαὶ αἱ πισταὶ ἤρχοντο ἀκούειν τὸ εὐαγγέλιον τῆς βασιλείας.

(8) ἡ χαρὰ τοῦ χρίστου μέλλει κηρύσσεσθαι ὑπὸ τῶν νεανίων ἐν ἐκείναις ταῖς πονηραῖς ἡμέραις.

(9) οἱ μαθηταί σου θέλουσι λέγειν ὅτι οὐκ ἔξεστιν ἀναβαίνειν ἐν σαββάτῳ.

(10) ὁ υἱὸς τοῦ ἀνθρώπου δεῖ ἔρχεσθαι ἐν δόξῃ μετὰ τῶν ἀγγέλων αὐτου.

72.2 다음 헬라어 신약성서 구문을 번역하시오.

(1) οὐκ ἔξεστιν ποιεῖν ἐν σαββάτῳ.

(2) ἤρξατο ὁ Ἰησοῦς κηρύσσειν καὶ λέγειν.

(3) οὐ δύναται δένδρον ἀγαθὸν καρποὺς πονηροὺς ποιεῖν.

(4) μὴ καὶ ὑμεῖς θέλετε αὐτοῦ μαθηταὶ γενέσθαι;

(5) οὐκ εἰμὶ ικανὸς καλεῖσθαι ἀπόστολος.

(6) πρὸς τὸν δυνάμενον σώζειν αὐτὸν ἐκ θανάτου.

(7) θεὸς γὰρ ἐστιν ἐν ὑμῖν καὶ τὸ θέλειν καὶ τὸ ἐνεργεῖν ὑπὲρ τῆς εὐδοκίας.

(8) ἔλεγεν γὰρ ὁ Ἰωάννης αὐτῷ, οὐκ ἔξεστιν σοι ἔχειν αὐτήν.

(9) σήμερον γὰρ ἐν τῷ οἴκῳ σου δεῖ με μεῖναι.

(10) περὶ δὲ τῆς φιλαδελφίας οὐ χρείαν ἔχετε γράφειν ὑμῖν.

(11) ἦλθεν γὰρ ὁ υἱὸς τοῦ ἀνθρώπου ζητῆσαι καὶ σῶσαι
τὸ ἀπολωλός

(12) δεῖ γὰρ ταῦτα γενέσθαι πρῶτον, ἀλλ᾽ οὐκ εὐθέως τὸ τέλος

제 12 과
단축 동사(Contract Verbs)

73. 단어(-εω 동사)

εὐλογέω	축복하다(bless)
ζητέω	추구하다(seek)
θεωρέω	바라보다(behold)
καλέω	부르다(call)
λαλέω	말하다(speak)
μαρτυρέω	증거하다(bear witness)
μετανοέω	회개하다(repent)
οἰκοδομέω	세우다(build up)
ὁμολογέω	고백하다(confess)
παρακαλέω	위로하다(comfort)
περιπατέω	걷다(walk)
ποιέω	행하다(do), 만들다(make)
τηρέω	지키다(keep)
φιλέω	사랑하다(love)
φωνέω	부르다(call, speak aloud)

74. 단축의 원리

(1) 어간이 -ε으로 끝나는 동사의 단축 원리

현재와 미완료에서 간모음 ο/ε와 결합하여 단축된다.

	단수	복수
1인칭	ε + ω = ω	ε + ο = ου
2인칭	ε + ει = ει	ε + ε = ει
3인칭	ε + ει = ει	ε + ο = ου

(2) ποιέω의 현재 직설법

	능동태		중간태/수동태	
	단수	복수	단수	복수
1인칭	ποιῶ	ποιοῦμεν	ποιοῦμαι	ποιούμεθα
2인칭	ποιεῖς	ποιεῖτε	ποιῇ	ποιεῖσθε
3인칭	ποιεῖ	ποιοῦσι	ποιεῖται	ποιοῦνται

(3) ποιέω의 미완료 직설법

	능동태		중간태/수동태	
	단수	복수	단수	복수
1인칭	ἐποίουν	ἐποιοῦμεν	ἐποιούμην	ἐποιούμεθα
2인칭	ἐποίεις	ἐποιεῖτε	ἐποιοῦ	ἐποιεῖσθε
3인칭	ἐποίει	ἐποίουν	ἐποιεῖτο	ἐποιοῦντο

(4) ποιέω의 현재 부정사:

능동태 -----------> ποιεῖν

중간태/수동태 -----> ποιεῖσθαι

75. 연습

75.1 다음 헬라어 문장을 한글로 번역하시오.

(1) νῦν θεωρεῖτε τὸν θεὸν τῆς δόξης ἐν τῷ ἱερῷ, τότε δὲ παρεκαλεῖτε τοὺς ἀδελφούς τῆς βασιλείας.

(2) ἐν ἐκείνῃ τῇ ὁδῷ ὁ κύριος ἐλάλει τοῖς μαθηταῖς αὐτοῦ περὶ τῆς βασιλείας τοῦ θεοῦ.

(3) ὁ διδάσκαλος ἐποιεῖ ὑπὲρ ὑμῶν τὰ δῶρα καὶ νῦν εὐλογεῖτε αὐτόν.

(4) οἱ μαθηταὶ ἐκαλοῦντο τοὺς ὄχλους καὶ ἐλάλουν αὐτοῖς τὸ εὐαγγέλιον τοῦ χρίστου.

(5) μετὰ ταῦτα περιεπάτει Ἰησοῦς ἐν τῇ Γαλιλαίᾳ μετὰ τῶν μαθητῶν αὐτοῦ.

(6) ἐν ταῖς ἐσχάταις ἡμέραις τὰ τέκνα τοῦ θεοῦ ἐζήτουν τὴν ἀλήθειαν ἐν τῇ κάκῃ ὁδῷ.

(7) ὁ κύριος αὐτὸς ἐφιλεῖτο τοὺς μαθητὰς αὐτοῦ ὑπὲρ τῆς δόξης τοῦ θεοῦ.

(8) σὺ ἐμαρτύρεις τὴν ἀλήθειαν μὲν, ἐγὼ δὲ ἐτήρουν τὰς ἐντολὰς τοῦ θεοῦ.

(9) Κύριε, θεωρῶ ὅτι ὁ προφήτης ἀπὸ οὐρανοῦ εἶ σύ.

(10) οἱ προφῆται ὡμολόγουν τὰς ἁμαρτίας αὐτῶν καὶ οἱ μαθηταὶ ᾠκοδομοῦν τὰς ἐκκλησίας.

75.2 다음 신약성서 헬라어 구문을 연구하시오.

(1) Ὀυδὲ ἐγὼ λέγω ὑμῖν ἐν ποίᾳ ἐξουσίᾳ ταῦτα ποιῶ.

(2) μετανοεῖτε καὶ πιστεύετε ἐν τῷ εὐαγγελίῳ.

(3) ὑμεῖς δὲ μαρτυρεῖτε, ὅτι ἀπ᾽ ἀρχῆς μετ᾽ ἐμοῦ ἐστε.

(4) διὰ τοῦτο ἐν παραβολαῖς αὐτοῖς λαλῶ

(5) ὁ πατὴρ ἐγείρει τοὺς νεκροὺς καὶ ζῳοποιεῖ

(6) οἰκοδομεῖτε τοὺς τάφους τῶν προφητῶν

(7) καρδίᾳ γὰρ πιστεύεται εἰς δικαιοσύνην, στόματι δε ὁμολογεῖται εἰς σωτηρίαν

(8) ἔτι μικρὸν καὶ ὁ κόσμος με οὐκέτι θεωρεῖ, ὑμεῖς δὲ θεωρεῖτέ με

(9) ἐν ἐκείνῃ τῇ ἡμέρᾳ γνώσεσθε ὑμεῖς ὅτι ἐγὼ ἐν τῷ πατρί μου καὶ ὑμεῖς ἐν ἐμοὶ κἀγὼ ἐν ὑμῖν

(10) σὺ γινώσκεις ὅτι φιλῶ σε

76. 단어(-αω 동사)

ἀγαπάω	사랑하다(love)
γεννάω	낳다(give birth to)
ἐπερωτάω	질문하다(question)
ἐρωτάω	묻다, 요청하다(ask)
ζάω	살다(live)
νικάω	승리하다(conquer)
ὁράω	보다(초월적 존재; see, perceive)
πλανάω	미혹시키다(lead astray)
τελευτάω	끝마치다(finish)
τιμάω	존경하다(honor)
τολμάω	감히 ~하다(dare)

77. 단축의 원리

(1) 어간이 -α로 끝나는 동사의 단축 원리

	단수	복수
1인칭	α + ω = ω	α + ο = ω
2인칭	α + ει = ᾳ	α + ε = α
3인칭	α + ει = ᾳ	α + ο = ω

(2) τιμάω의 현재 직설법

	능동태		중간태/수동태	
	단수	복수	단수	복수
1인칭	τιμῶ	τιμῶμεν	τιμῶμαι	τιμώμεθα
2인칭	τιμᾷς	τιμᾶτε	τιμᾷ	τιμᾶσθε
3인칭	τιμᾷ	τιμῶσι	τιμᾶται	τιμῶνται

(3) τιμάω의 미완료 직설법

	능동태		중간태/수동태	
	단수	복수	단수	복수
1인칭	ἐτίμων	ἐτιμῶμεν	ἐτιμώμην	ἐτιμώμεθα
2인칭	ἐτίμας	ἐτιμᾶτε	ἐτιμῶ	ἐτιμᾶσθε
3인칭	ἐτίμα	ἐτίμων	ἐτιμᾶτο	ἐτιμῶντο

(4) τιμάω의 현재 부정사:

능동태 τιμᾶν (예외, <--- τιμᾷν)

중간태/수동태 τιμᾶσθαι

78. 연습

78.1 다음 헬라어 문장을 한글로 번역하시오.

(1) ἀγαπῶμεν τὸν κύριον καὶ τὴν βασιλείαν αὐτοῦ ὅτι ὁ θεὸς ἀγαπᾷ ἡμᾶς.

(2) οἱ μαθηταὶ τοῦ χριστοῦ τολμῶσι κηρύσσειν ἐν τῷ κόσμῳ περὶ τῆς εἰρήνης αὐτοῦ.

(3) οἱ ἀπόστολοι αὐτοῦ ἐπηρωτῶντο ὑπὸ τῶν διδασκάλων τοῦ νόμου ἐν τῷ ἱερῷ.

(4) ἐν τῇ πρώτῃ ὥρᾳ ἠρώτων τοῖς μαθηταῖς τοῦ μεσσίου περὶ τοῦ λόγου τοῦ θεοῦ.

(5) ἐνικᾶτε ἀντὶ τὰ πονερὰ τέκνα ὅτι ἤρχεσθε διδάσκεσθαι ὑπὸ τῶν μαθητῶν τοῦ κυρίου.

(6) ὁ μεσσίας τελευτᾷ λέγειν τὴν παραβολὴν περὶ τοῦ βασιλείας παρὰ τὴν θάλασσαν.

(7) οἱ ἀπόστολοι ἐτελεύτων τὰ ἔργα τοῦ θεοῦ ὅτι σώζουσιν ἀνθρώπους ἐκ θανάτου.

(8) οἱ πονεροὶ ἐν τοῖς πονηροῖς λόγοις ἐπλάνων τοὺς ἀγγέλους τοῦ θεοῦ ἐν τῇ ἐρήμῳ.

(9) οἱ δοῦλοι οἱ πιστοὶ ἠγαπῶντο τὸν κύριον μετὰ πάσης τῆς καρδίας αὐτῶν.

(10) ὁ πίστος μαθητὴς ἀπὸ τοῦ θεοῦ τιμᾷ τὸν υἱὸν τοῦ θεοῦ ὅτι λέγει τὴν ἀλήθειαν τῆς ζωῆς.

78.2 다음 신약성서 헬라어 구문을 연구하시오.

(1) ὁ μὴ τιμῶν τὸν υἱὸν οὐ τιμᾷ τὸν πατέρα τὸν πέμψαντα αὐτόν.

(2) σὺ γινώσκεις ὅτι φιλῶ σε.

(3) λέγει αὐτῷ ὁ Ἰησοῦς, Πορεύου· ὁ υἱός σου ζῇ.

(4) καὶ ὑμεῖς δὲ μαρτυρεῖτε, ὅτι ἀπ' ἀρχῆς μετ' ἐμοῦ ἐστε.

(5) τί με ἐρωτᾷς περὶ τοῦ ἀγαθοῦ;

(6) ἡ γυνή σου Ἐλισάβετ γεννήσει υἱόν σοι καὶ καλέσεις τὸ ὄνομα αὐτοῦ Ἰωάννην

(7) ἠρώτων αὐτὸν μεῖναι παρ' αὐτοῖς

(8) πολλοὶ ἐλεύσονται ἐπὶ τῷ ὀνόματί μου λέγοντες ὅτι Ἐγώ εἰμι, καὶ πολλοὺς πλανήσουσιν

(9) οὐδεὶς δὲ ἐτόλμα τῶν μαθητῶν ἐξετάσαι αὐτόν, Σὺ τίς εἶ; εἰδότες ὅτι ὁ κύριός ἐστιν

(10) ἐν αὐτῷ γὰρ ζῶμεν καὶ κινούμεθα καὶ ἐσμέν

79. 단어(-οω 동사)

δηλόω	보여주다(show)
δικαιόω	의롭게 하다(justify), 공의를 행하다(do justice)
ζηλόω	시기하다(be jealous)
ὁμοιόω	같게 만들다(make alike)
πληρόω	성취하다(fulfill)
σταυρόω	십자가에 못박다(crucify)

τελειόω	완성하다(complete)
φανερόω	나타내다(make manifest)
βιός, ὁ	생명(life)
διακονία, ἡ	섬김(service)
ἐπιθυμία, ἡ	욕정(lust)
ἐνώπιον	전치사, ~의 면전에서(in front of)
ἱλασμός, ὁ	대속(redemption)
Ἰησοῦς, ὁ	예수(Jesus)
λῃστής, ὁ	강도(robber)
στρατιώτης, ὁ	군병(soldier)

80. 단축의 원리

(1) 어간이 -o으로 끝나는 동사의 단축 원리

	단수	복수
1인칭	ο + ω = ω	ο + ο = ου
2인칭	ο + ει = οι	ο + ε = ου
3인칭	ο + ει = οι	ο + ο = ου

(2) δηλόω의 현재 직설법

	능동태		중간태/수동태	
	단수	복수	단수	복수
1인칭	δηλῶ	δηλοῦμεν	δηλοῦμαι	δηλούμεθα
2인칭	δηλοῖς	δηλοῦτε	δηλοῖ	δηλοῦσθε
3인칭	δηλοῖ	δηλοῦσι	δηλοῦται	δηλοῦνται

(3) δηλόω의 미완료 직설법

	능동태		중간태/수동태	
	단수	복수	단수	복수
1인칭	ἐδήλουν	ἐδηλοῦμεν	ἐδηλούμην	ἐδηλούμεθα
2인칭	ἐδήλους	ἐδηλοῦτε	ἐδηλοῦ	ἐδηλοῦσθε
3인칭	ἐδήλου	ἐδήλουν	ἐδηλοῦτο	ἐδηλοῦντο

(4) δηλόω의 현재 부정사 :

능동태	δηλοῦν (예외, <--- δηλοῖν)
중간태/수동태	δηλοῦσθαι

81. 연습

81.1 다음 헬라어 문장을 한글로 번역하시오.

(1) ἀπ' ἀρχῆς ὁ ἁγιὸς θεὸς ἐπλήρου τὴν ἐπαγγελίαν αὐτοῦ ὑπὲρ τῶν λαῶν τοῦ οὐρανοῦ.

(2) οἱ πιστοὶ μαθηταὶ ζητοῦσι τὴν βασιλείαν τοῦ θεοῦ καὶ φανεροῦσι τὴν δικαιοσύνην αὐτοῦ.

(3) ἐν τῇ ἡμέρῃ ἐδικαιούμεθα ἐν τοῖς λόγοις τῆς ἀληθείας περὶ τοῦ Ἰησοῦ Χρίστου.

(4) ἐν ἐκείνῃ τῇ ὥρᾳ ὁ κύριος τῆς ζωῆς ἐσταυροῦτο ὑπὸ τῶν πονηρῶν στρατιώτων.

(5) ἐν τῷ μικρῷ οἴκῳ τὸ εὐαγγέλιον τῆς βασιλείας ἐφανεροῦτο ὑπὸ τῶν πιστῶν μαθητῶν.

(6) ἐν ἐκείναις ταῖς ἡμέραις τὰ ἔργα τοῦ θεοῦ ἐτελειοῦντο ὑπὸ τοῦ κυρίου τοῦ ἁγιοῦ.

(7) ἐν ἐκείνῃ τῇ ὥρᾳ ὁ χρίστος ἐσταυροῦτο σώζειν ἡμᾶς ἐκ τῆς ὀργῆς τοῦ θεοῦ.

(8) οἱ λῃσταὶ ἐπλήρουν τὴν κοινωνίαν μετὰ τοῦ θεοῦ, οὐ δὲ ἐδυνάμεθα μένειν ἐν τῇ ἁμαρτίᾳ.

(9) οἱ στρατιῶται σταυροῦσιν δύο λῃστὰς σὺν αὐτῷ ἐνώπιον τῶν ὄχλων.

(10) οἱ πονηροὶ ἐδικαιοῦντο ἐκ τῶν ἁμαρτίων αὐτῶν ὑπὸ τῆν διακονίαν τοῦ κυρίου.

85.2 다음 신약성서 헬라어 구문을 연구하시오.

(1) οὐ δικαιοῦται ἄνθρωπος ἐξ ἔργων νόμου

(2) ποῖον καιρὸν ἐδήλου τὸ ἐν αὐτοῖς πνεῦμα Χριστοῦ

(3) ὁ δὲ θεός μου πληρώσει πᾶσαν χρείαν ὑμῶν

(4) Τότε σταυροῦνται σὺν αὐτῷ δύο λῃσται

(5) ποιήσω τὸ θέλημα τοῦ πέμψαντός με καὶ τελειώσω αὐτοῦ τὸ ἔργον.

(6) ὁ πατὴρ πάντα φανεροῖ περὶ τοῦ υἱοῦ Ἰησου

(7) παρεθεωροῦντο ἐν τῇ διακονίᾳ τῇ καθημερινῇ αἱ χῆραι αὐτῶν

(8) ἐγὼ ἄνθρωπός εἰμι ὑπὸ ἐξουσίαν, ἔχων ὑπ' ἐμαυτὸν στρατιώτας

(9) ζηλῶ γὰρ ὑμᾶς θεοῦ ζήλω

(10) τίνι δὲ ὁμοιώσω τὴν γενεὰν ταύτην;

제 13 과
미래 능동태와 중간태
(Future Active and Middle)

82. 단어

ἁγιάζω	거룩하게 하다(sanctify)	μαρτυρέω	증거한다(testify)
ἀκολουθέω	따르다(follow)	παρακαλέω	권면한다(exhort)
ἀποκτείνω	죽이다(kill)	πεινάω	굶주리다(hunger)
ἐκτείνω	뻗치다(stretch out)	σκηνόω	거주한다(dwell)

ἄξω	(ἄγω의 미래)	내가 인도할 것이다
ἀκούσω	(ἀκούω의 미래)	내가 들을 것이다
βλέψω	(βλέπω의 미래)	내가 볼 것이다
γνώσομαι	(γινώσκω의 미래)	내가 알 것이다
γενήσομαι	(γίνομαι의 미래)	내가 될 것이다
διδάξω	(διδάσκω의 미래)	내가 가르칠 것이다
δοξάσω	(δοξάζω의 미래)	내가 영화롭게 할 것이다
ἕξω	(ἔχω의 미래)	내가 가질 것이다
ἐλεύσομαι	(ἔρχομαι의 미래)	내가 올 것이다
κηρύξω	(κηρύσσω의 미래)	내가 선포할 것이다
λήμψομαι	(λαμβάνω의 미래)	내가 취할 것이다
λύσω	(λύω의 미래)	내가 풀 것이다
οἴσω	(φέρω의 미래)	내가 가져올 것이다
ὄψομαι	(ὁράω의 미래)	내가 볼 것이다
σώσω	(σώζω의 미래)	내가 구원할 것이다

83. 미래 시제의 구성

헬라어 동사의 미래 시제는 동사에 따라 현재 어간 위에서 구성되기도 하며 부정과거 어간 위에서 구성되기도 하는데, 후자의 경우는 사전을 참고하는 것이 필요하다. 현재 어간 위에서 구성될 경우, 미래 능동태와 중간태는 동사의 현재 어간에 미래 시제 접미어 σ가 첨가되어 미래 어간이 되고, 미래 어간에 제1시제 인칭 어미들을 붙여 만들어진다.

(1) λύω의 미래 능동태

	단수		복수	
1인칭	λύ-σ-ω	내가 풀 것이다	λύ-σ-ομεν	우리가 풀 것이다
2인칭	λύ-σ-εις	네가 풀 것이다	λύ-σ-ετε	너희가 풀 것이다
3인칭	λύ-σ-ει	그(녀)가 풀 것이다	λύ-σ-ουσι	그들이 풀 것이다

(2) λύω의 미래 중간태

	단수	복수
1인칭	λύ-σ-ομαι	λυ-σ-όμεθα
2인칭	λύ-σ-ῃ	λύ-σ-εσθε
3인칭	λύ-σ-εται	λύ-σ-ονται

* 현재 시제와는 달리, 미래 시제에서는 중간태와 수동태의 형태가 매우 다르게 변형된다.

(3) 동사 어간 끝자음의 변형

동사의 어간이 자음으로 끝날 때, 미래 시제 접미어 σ의 가입은 미래 어간에서 문자의 변형을 가져온다.

(순 음)	π,	β,	φ	+	σ	=	ψ
(구개음)	κ,	γ,	χ	+	σ	=	ξ
(설 음)	τ,	δ,	θ	+	σ	=	σ

(4) βλέπω의 미래 능동태 βλέψω, 미래 중간태 βλέψομαι
ἄγω의 미래 능동태는 ἄξω, 미래 중간태 ἄξομαι

(5) 동사의 불규칙 어간

어떤 동사들은 현재 어간이 단순히 ω를 제외한 부분이 아니다. 예를 들어, βαπτίζω의 현재 어간은 βαπτιζ-가 아니라 βαπτιδ-이며 따라서 미래 능동태는 βαπτίσω이다. 따라서 헬라어 동사의 주요부분들(principal parts)을 사전에서 확인하는 것이 필요하다. 동사의 주요부분들은 현재 능동태, 미래 능동태, 부정과거 능동태, 완료 능동태, 완료 수동태, 부정과거 수동태를 말한다.

(예) λύω의 주요부분들:

λύω, λύσω, ἔλυσα, λέλυκα, λέλυμαι, ἐλύθην

84. 미래 시제의 특별 형태

84.1 단축 동사의 미래

(1) 미래 시제 접미어 σ의 역할

단축 동사는 미래 시제에서 미래 시제 접미어 σ가 어간의 마지막 모음(α, ε, ο)과 간모음(ο/ε)을 분리시키기 때문에 단축이 일어나지 않는다. 다만 미래 시제 접미어 σ앞에서 단모음이 장음화된다.

(예) εὐλογέω의 미래 능동태 -----> εὐλογήσω
미래 중간태 -----> εὐλογήσομαι

(2) λαλέω의 미래 인칭 변화

	능동태		중간태	
	단수	복수	단수	복수
1인칭	λαλήσω	λαλήσομεν	λαλήσομαι	λαλησόμεθα
2인칭	λαλήσεις	λαλήσετε	λαλήσῃ	λαλήσεσθε
3인칭	λαλήσει	λαλήσουσι	λαλήσεται	λαλήσονται

84.2 불규칙 형태의 미래

(1) 일부 디포넌트 동사의 미래

어떤 동사들은 미래에서 디포넌트 동사의 형태를 취한다.

현재		미래
γινώσκω	----------->	γνώσομαι
λαμβάνω	----------->	λήμψομαι
ὁράω	---------->	ὄψομαι

1. ἀπὸ τῶν καρπῶν αὐτῶν ἐπιγνώσεσθε αὐτούς
   너희들은 그들의 열매들을 통하여 그들을 알 것이다
2. πάλιν ἔρχομαι καὶ παραλήμψομαι ὑμᾶς πρὸς ἐμαυτόν
   내가 다시 와서 너희를 내 자신에게로 영접할 것이다
3. μικρὸν καὶ οὐ θεωρεῖτέ μέ, καὶ πάλιν μικρὸν ὄψεσθέ με
   조금 있으면 너희가 나를 보지 못할 것이지만 또 조금 있으면 너희가 나를 볼 것이다

(2) εἰμί의 미래

	단수	복수
1인칭	ἔσομαι	ἐσόμεθα
2인칭	ἔσῃ	ἔσεσθε
3인칭	ἔσται	ἔσονται

84.3 유음 동사의 미래

(1) 유음 동사의 미래 형태

어간이 유음(λ, μ, ν, ρ)으로 끝나는 동사들은 어간에 -ϵ을 부가하여 미래 형태를 형성한다. 이 ϵ이 어간 모음 -ο/ϵ와 결합하여 단축 동사의 형태를 취한다.

(2) κρίνω의 미래 인칭 변화

능동태

	단수	복수
1인칭	κρινῶ	κρινοῦμεν
2인칭	κρινεῖς	κρινεῖτε
3인칭	κρινεῖ	κρινοῦσι

중간태

	단수	복수
1인칭	κρινοῦμαι	κρινούμεθα
2인칭	κρινῇ	κρινεῖσθε
3인칭	κρινεῖται	κρινοῦνται

85. 미래 시제의 용법

미래 시제에서 시간 개념은 분명히 미래를 나타낸다. 그러나 행위의 종류는 지속적이거나 점적인 행위를 나타내는데, 그것은 문맥을 통하여 구분하게 된다. 신약성서에서 미래 시제의 사용에는 몇 가지 용법이 있다.

85.1 예견적/일반적 미래

이것은 신약성서에서 가장 흔한 것이다. 이것은 미래의 어느 시점에 일어날 행위를 가리킨다. 신약성서에서 미래 시제는 많은 경우에 단순히 막연한 미래가 아니라, 현재로 침투해 들어오는 미래 개념 즉 **현재적 미래 개념**을 갖는다.

1. ἐκεῖνος ὑμᾶς διδάξει πάντα.
   저(사람)가 모든 것을 너희에게 가르칠 것이다(요 14:26)
2. ἀλλὰ καὶ τῆς ἀναστάσεως ἐσόμεθα
   우리가 부활에 연합한 자가 될 것이다(롬 6:5)
3. τὸ γὰρ ἅγιον πνεῦμα διδάξει ὑμᾶς ἐν αὐτῇ τῇ ὥρᾳ
   성령께서 바로 그 시각에 너희를 가르칠 것이다

85.2 명령적 미래

명령을 표현하기 위하여 미래 시제가 활용되기도 한다.
(이 용법은 명령법과는 구분된다)

1. καλέσεις τὸ ὄνομα αὐτοῦ Ἰησοῦν
   너는 그의 이름을 예수라 부를 것이다(눅 1:31)
2. κύριον τὸν θεόν σου προσκυνήσεις καὶ αὐτῷ μόνῳ λατρεύσεις
   주 너의 하나님을 경배하며 오직 그 만을 섬기라(마 4:10)
3. οὐ φονεύσεις
   살인하지 말라(마 5:21)

4. ἀγαπήσεις τὸν πλησίον σου ὡς σεαυτόν
   네 이웃을 네 자신과 같이 사랑하라(롬 13:9)
5. οὐκ ἐκπειράσεις κύριον τὸν θεόν σου
   주 너희 하나님을 시험하지 말라(눅 4:12)

85.3 수사적 미래

행위의 방향에 관한 수사적 질문을 구성하기 위하여 미래 시제가 사용된다.

1. πρὸς τίνα ἀπελευσόμεθα;
   우리가 누구에게로 가겠습니까?(요 6:68)
2. τὶ οὖν ἐροῦμεν;
   그러면 우리가 무엇을 말하겠느냐?(롬 6:1; 7:7)

86. 연습

86.1 다음 헬라어 문장을 한글로 번역하시오.

(1) ἐν τούτοις τοῖς λόγοις τῆς ζωῆς γνώσεσθε τὸν κύριον καὶ γενήσεσθε οἱ μαθηταὶ αὐτοῦ.

(2) ἐν τῇ ἐσχάτῃ ἡμέρῃ ὁ χριστὸς ἐλεύσεται ἀπὸ τοῦ οὐρανοῦ μετὰ τῶν ἀγγελῶν αὐτοῦ.

(3) οἱ πιστοὶ ἄξουσιν τοὺς ἁμαρτολοὺς εἰς τὸν οὐρανὸν διὰ τὴν ἀγάπην τοῦ θεοῦ.

(4) αἱ ἀγαθαὶ ἔσονται ἐν τῇ βασιλείᾳ τοῦ θεοῦ ἐν ταῖς ἐσχάταις ἡμέραις.

(5) ἐκεῖνος ὁ δίκαιος φίλος διδάξει τοὺς μακαρίους ἀδελφοὺς καὶ λαλήσετε τοῖς ἄλλοις.

(6) ἀρξόμεθα γινώσκεσθαι ὑπὸ τῶν μαθητῶν τοῦ κυρίου

ἐν τῇ ἐκκλησίᾳ αὐτοῦ.

(7) οἱ ἀπόστολοι ἐν τοῖς λόγοις τῆς ἐξουσίας κηρύξουσιν ταύτην τὴν ὁδὸν τῆς εἰρήνης.

(8) τὰ τέκνα τῆς βασιλείας τοῦ θεοῦ βλέψει τὸν ἄγγελον τοῦ κυρίου ἐν ἐκείνῃ τῇ ἐκκλησίᾳ.

(9) τότε βουλήσῃ λαμβάνειν τὸ δῶρον τὸ ἐν τῷ οἴκῳ τοῦ ἀδελφοῦ σου.

(10) ἀποστελῶ εἰς τὸν κόσμον προφήτας καὶ ἀποστόλους μου, καὶ αὐτοὺς διώξουσιν οἱ πονεροί στρατίωται.

86.2 다음 헬라어 신약성서 구문을 연구하시오.

(1) τελειώσω τὸν δρόμον μου καὶ τὴν διακονίαν

(2) πολλοὶ ἐλεύσονται ἐπὶ τῷ ὀνόματί μου λέγοντες ὅτι Ἐγώ εἰμι, καὶ πολλοὺς πλανήσουσιν.

(3) δοκεῖς ὅτι οὐ δύναμαι παρακαλέσαι τὸν πατέρα μου

(4) ἐκεῖνος ὑμᾶς διδάξει πάντα καὶ ὑπομνήσει ὑμᾶς πάντα ἃ εἶπον ὑμῖν

(5) νικήσεις ἐν τῷ κρίνεσθαί σε.

(6) Ὁ δὲ δίκαιος ἐκ πίστεως ζήσεται.

(7) οὕτως καὶ ἡμεῖς ἐν καινότητι ζωῆς περιπατήσωμεν

(8) καὶ εὑρήσετε ἀνάπαυσιν ταῖς ψυχαῖς ὑμῶν

(9) ἐκεῖνος ὑμᾶς διδάξει πάντα καὶ ὑπομνήσει ὑμᾶς πάντα

(10) μικρὸν καὶ οὐκέτι θεωρεῖτέ με, καὶ πάλιν μικρὸν καὶ ὄψεσθέ με

(11) καὶ πρὸς αὐτὸν ἐλευσόμεθα καὶ μονὴν παρ’ αὐτῷ ποιησόμεθα

(12) ἀλλὰ ταῦτα πάντα ποιήσουσιν εἰς ὑμᾶς διὰ τὸ ὄνομά μου

(13) ἐκεῖνος ἐμὲ δοξάσει, ὅτι ἐκ τοῦ ἐμοῦ λήμψεται
καὶ ἀναγγελεῖ ὑμῖν

(14) κλαύσετε καὶ θρηνήσετε ὑμεῖς, ὁ δὲ κόσμος χαρήσεται.

(15) ὑμεῖς λυπηθήσεσθε, ἀλλ᾽ ἡ λύπη ὑμῶν εἰς χαρὰν γενήσεται

(16) πάλιν δὲ ὄψομαι ὑμᾶς, καὶ χαρήσεται ὑμῶν ἡ
καρδία, καὶ τὴν χαρὰν ὑμῶν οὐδεὶς αἴρει ἀφ᾽ ὑμῶν

(17) ἔρχεται ὥρα ὅτε οὐκέτι ἐν παροιμίαις λαλήσω ὑμῖν, ἀλλὰ
παρρησίᾳ περὶ τοῦ πατρὸς ἀπαγγελῶ ὑμῖν

(18) ἐν ἐκείνῃ τῇ ἡμέρᾳ ἐν τῷ ὀνόματί μου αἰτήσεσθε

(19) ἔρχεται ὥρα ὅτε οὔτε ἐν τῷ ὄρει τούτῳ οὔτε ἐν
Ἱεροσολύμοις προσκυνήσετε τῷ πατρί

(20) καὶ ὄψεται πᾶσα σὰρξ τὸ σωτήριον τοῦ θεοῦ

(21) μὴ ἡ ἀπιστία αὐτῶν τὴν πίστιν τοῦ θεοῦ καταργήσει

(22) ὁ δὲ δίκαιος ἐκ πίστεως ζήσεται

제 14 과

제1부정과거 능동태와 중간태

(First Aorist Active and Middle)

87. 단어

ἀλλάσσω, ἀλλάξω, ἤλλαξα	바꾸다(change)
ἀπολύω, ἀπολύσω, ἀπέλυσα	놓아주다(release)
βασιλεύω βασιλεύσω ἐβασίλευσα	다스리다(reign)
δαιμόνιον, τό	귀신(demon)
ἐπιστρέφω, ἐπιστρέψω, ἐπέστρεψα	돌이키다(turn)
ἑτοιμάζω, ἑτοιμάσω, ἡτοίμασα	준비하다(prepare)
θαυμάζω, θαυμάσω, ἐθαύμασα	이상하게 여기다(wonder)
θεάομαι, ἐθεασάμην	보다(look at, behold)
θεραπεύω, θεραπεύσω, ἐθεράπευσα	고치다(heal)
καθαρίζω, καθαρίσω, ἐκαθάρισα	깨끗하게 하다(purify)
καταλύω καταλύσω κατέλυσα	파괴하다(destroy)
λείπω λείψω ἔλιπον	떠나다(leave)
οὐκέτι	더 이상 ~아닌(no longer)
πείθω, πείσω, ἔπεισα	설득시키다(persuade)
ὑποστρέφω, ὑποστρέψω, ὑπεστρέψα	돌아가다(return)
τυφλόω, ἐτύφλωσα	눈멀다(blind), 눈멀게 하다(make blind)

88. 헬라어의 과거 시제

(1) 미완료와 부정과거

헬라어에는 미완료와 부정과거의 두 가지 과거 시제가 있다. 이 두 가지 과거 시제들은 모두 과거 시간과 관련되지만, 그 차이는 행위의 종류에 있다.

(2) 행위의 차이

미완료가 과거 시간에서 지속적인 행위를 표현하는 반면에, 부정과거는 과거 시간에서 점적인 혹은 일회적인 행위를 표현한다. 점적인 행위는 일단 끝마쳐진 행위로서 간주된다.

미완료 : ὁ ἀπόστολος ἔλυε τὸν δοῦλον.
그 사도는 그 종을 해방시키고 있었다.
(과거의 지속적인 행위)

부정과거 : ὁ ἀπόστολος ἔλυσε τὸν δοῦλον.
그 사도는 그 종을 해방시켰다.
(과거의 일회적인 행위)

89. λύω의 제1부정과거 직설법

89.1 제1부정과거 능동태

	단수		복수	
1인칭	ἔ-λυ-σα	내가 풀었다	ἐ-λύ-σαμεν	우리가 풀었다
2인칭	ἔ-λυ-σας	네가 풀었다	ἐ-λύ-σατε	너희가 풀었다
3인칭	ἔ-λυ-σε(ν)	그가 풀었다	ἔ-λυ-σαν	그들이 풀었다

제1부정과거 능동태 부정사: λῦσαι

(1) 제1부정과거는 제2시제에 속하기 때문에, 접두모음 -ε을 취한다. 제1부정과거에서 접두모음을 붙이는 원리는 미완료에서의 원리와 동일하다(64항을 참고).

(2) 제1시제에서 어간과 어미 사이에 위치하는 간모음(ο/ε) 대신에, 제1부정과거 시제 접미어 -σα가 붙었다. 3인칭 단수에서 σα는 σε가 되었고, 그 다음에 유동의 ν가 붙는다.

(3) ἐλύσαμεν을 분해: ε은 제2시제 접두모음, λυ는 동사 어간, σα는 제1부정과거 시제 접미어, μεν은 제2시제 능동태 1인칭 복수 어미이다.

89.2 제1부정과거 중간태

	단수	복수
1인칭	ἐ-λυ-σάμην	ἐ-λυ-σάμεθα
2인칭	ἐ-λύ-σω	ἐ-λύ-σασθε
3인칭	ἐ-λύ-σατο	ἐ-λύ-σαντο

제1부정과거 중간태 부정사: λύσασθαι

(1) 제1부정과거 시제 접미어 σα가 붙었고 제2시제 중간태 인칭어미가 붙었다. 부정과거에서도 미래와 같이 중간태와 수동태의 형태는 크게 달라진다.

(2) 부정과거의 형태는 동사의 주요 부분(principal parts)의 세 번째에 나온다.

90. 제1부정과거에서 어간의 변화

90.1 단축 동사의 부정과거

(1) 시제 접미어 -σα 앞에서 장음화

어간이 단모음 α, ϵ, ο로 끝나는 동사들은 시제 접미어 -σα 앞에서 장음화된다.

α -------> η (단 ϵ, ι, ρ 다음의 α는 α로 장음화)
ϵ -------> η
ο -------> ω

(예) 현재 제1부정과거
ἀγαπάω -----------> ἠγάπησα
ποιέω -----------> ἐποίησα
πληρόω -----------> ἐπλήρωσα

(2) καλέω(내가 부르다)와 τελέω(내가 끝마치다)

이와 같은 소수의 동사들은 시제 접미어 -σα 앞에서 모음이 장음화되지 않는다.

καλέω --------> ἐκάλεσα
τελέω --------> ἐτέλεσα

(3) 순음, 구개음, 치음 어간 동사들

어간이 순음(π, β, φ), 구개음(κ, γ, χ), 치음(τ, δ, θ)으로 끝나는 동사들은, 미래 시제에서와 같이, 제1부정과거에서도 σα와 결합하여 변화한다.

π, β, φ + σα = ψα

πέμπω ---> ἔπεμψα γράφω ---> ἔγραψα

κ, γ, χ + σα = ξα

διώκω ---> ἐδίωξα διαλέγω ---> ἐδιάλεξα

τ, δ, θ + σα = σα

σώζω ---> ἔσωσα πείθω ----> ἔπεισα

90.2 유음 동사의 부정과거

(1) 모음의 장음화

어간이 유음(λ, μ, ν, ρ)으로 끝나는 동사들은 어간에 포함된 모음이 장음화되고 시제 접미어 -σα 대신 -α만을 부가하여 부정과거 능동태와 중간태를 형성한다. 이 때 어간의 α는 η로(그러나 ρ 앞에서는 장음의 α로) 그리고 ϵ는 ϵι로 장음화된다.

(2) 인칭어미: 제1부정과거 인칭어미에서 -σ가 없는 형태

-α, -ας, -ϵ, -αμϵν, -ατϵ, -αν

μένω의 부정과거 능동태 ------> ἔμεινα

κρίνω의 부정과거 중간태 ------> ἐκρινάμην

(3) μένω의 현재 능동태와 부정과거 능동태 인칭변화

	현재 능동태		제1부정과거 능동태	
	단수	복수	단수	복수
1인칭	μένω	μένομεν	ἔμεινα	ἐμείναμεν
2인칭	μένεις	μένετε	ἔμεινας	ἐμείνατε
3인칭	μένει	μένουσι	ἔμεινε(ν)	ἔμειναν

(4) μένω의 현재 중간태와 부정과거 중간태 인칭변화

	현재 중간태		제1부정과거 중간태	
	단수	복수	단수	복수
1인칭	μένομαι	μενόμεθα	ἐμεινάμην	ἐμεινάμεθα
2인칭	μένῃ	μένεσθε	ἐμείνω	ἐμείνασθε
3인칭	μένεται	μένονται	ἐείνατο	ἐμείναντο

(5) 다음 유음 동사들의 미래와 부정과거 형태를 숙지하시오.

현재(어간)	미 래	부정과거
ἀγγέλω (ἀγγελ-)	ἀγγελῶ	ἤγγειλα
αἴρω (ἀρ-)	ἀρῶ	ἦρα
ἀποκτείνω(ἀπο-κτεν-)	ἀποκτενῶ	ἀπέκτεινα
ἀποστέλλω(ἀπο-στελ-)	ἀποστελῶ	ἀπέστειλα
ἐγείρω (ἐγερ-)	ἐγερῶ	ἤγειρα
κρίνω (κριν-)	κρινῶ	ἔκρινα
μένω (μεν-)	μενῶ	ἔμεινα

91. 부정과거의 용법

부정과거는 일반적으로 단순(점적인) 행위 혹은 일회적인 행위를 나타낸다.

(1) 총체적 행위:

행위의 시작이나 결과를 묻지 않고 전체적으로 하나의 행위를 나타낸다.

ἐκ τοῦ πληρώματος αὐτοῦ ἡμεῖς ἐλάβομεν

그의 충만함으로부터 우리 자신들이 받았다

τεσσεράκοντα καὶ ἓξ ἔτεσιν οἰκοδομήθη ὁ ναὸς οὗτος

이 성전은 사십육 년 동안에 건축되었다(요 2:20)

(2) 진입적 행위:

행위의 시작에 역점을 둔다

ὁ λόγος σὰρξ ἐγένετο

그 말씀이 육신이 되셨다

δι᾽ ὑμᾶς ἐπτώχευσεν

그가 너희를 위하여 가난하게 되었다(고후 8:9)

(3) 결과적 행위 :

행위의 결과에 역점을 둔다

ἐσκήνωσεν ἐν ἡμῖν

그가 우리 가운데 거하셨다

πολλοὶ ἐπεχείρησαν ἀνατάξασθαι διήγησιν

많은 사람들이 내력을 저술하려고 붓을 들었다(눅 1:1)

92. 연습

92.1 다음 헬라어 문장을 한글로 번역하시오.

(1) ἐν τῇ ὁδῷ τὰ δαιμόνια ὑπέστρεψε εἰς ταῖς καρδίαις τῶν πονηρῶν ἁμαρτωλῶν.

(2) οἱ ἄνθρωποι ἐπίστευσαν τὴν διδάχην τοῦ χριστοῦ καὶ ἐκήρυξαν τὸ ἐυαγγέλιον.

(3) ἔπεισα τοὺς ἁμαρτωλοὺς ὁμολογεῖν τὰς ἁμαρτίας αὐτῶν καὶ ζητεῖν τὴν σωτηρίαν τοῦ θεοῦ.

(4) ἐν τῇ ἡμέρᾳ ἀπελύσαμεν ἐκείνους τοὺς σαρκινοὺς ὄχλους ἐκ τῆς κακῆς βασιλείας.

(5) ὁ πιστὸς ἀδελφὸς ἔκρινε τοὺς δούλους τῆς ἁμαρτίας ἐν ἐκείνη τῇ μικρῇ ὁδῷ.

(6) καὶ οἱ κακοὶ ἤκουσαν τῶν φωνῶν τοῦ κυρίου καὶ ἐπίστευσαν εἰς αὐτόν.

(7) οἱ ἀπόστολοι ἐθεράπευσαν τὰς ἀσθενείας τῶν μαθητῶν αὐτῶν ἐν τῷ οἴκῳ.

(8) ἠκούσατε τῆς φωνῆς αὐτοῦ καὶ ἡτοιμάσατε τὰ δῶρα τοῖς τέκνοις τοῦ οὐρανοῦ.

(9) ἐν τῇ κακῇ ὁδῷ ὁ μακαριος κύριος ἔσωσέ ἡμᾶς ἀπὸ τῶν ἁμαρτιῶν ἡμῶν.

(10) ἐπείσατε ἄγειν τὰ τέκνα ἐκ τοῦ οἴκου καὶ ἀποστέλλειν αὐτὰ εἰς τὸ ἱερόν.

92.2 다음 헬라어 신약성서 구문을 연구하시오.

(1) ἀπέλυσεν αὐτοῖς τὸν Βαραββᾶν

(2) δεῖ γὰρ αὐτὸν βασιλεύειν

(3) Καὶ ἐπέστρεψα βλέπειν τὴν φωνὴν

(4) καὶ ἐποίησαν οἱ μαθηταὶ ὡς συνέταξεν αὐτοῖς ὁ Ἰησοῦς καὶ ἡτοίμασαν τὸ πάσχα

(5) οἱ δὲ ἄνθρωποι ἐθαύμασαν

(6) οὕτως ἐλεύσεται ὃν τρόπον ἐθεάσασθε αὐτὸν

πορευόμενον εἰς τὸν οὐρανόν

(7) καθὼς ἠγάπησέν με ὁ πατήρ, κἀγὼ ὑμᾶς ἠγάπησα·

(8) οὐχ ὑμεῖς με ἐξελέξασθε, ἀλλ' ἐγὼ ἐξελεξάμην ὑμᾶς

(9) ἀλλ' ἐγὼ ἐξελεξάμην ὑμᾶς ἐκ τοῦ κόσμου, διὰ τοῦτο μισεῖ ὑμᾶς ὁ κόσμος

(10) εἰ ἐμὲ ἐδίωξαν, καὶ ὑμᾶς διώξουσιν·

(11) ταῦτα δὲ ὑμῖν ἐξ ἀρχῆς οὐκ εἶπον, ὅτι μεθ' ὑμῶν ἤμην

(12) οὐχ ὡς θεὸν ἐδόξασαν ἢ ηὐχαρίστησαν

(13) ἤλλαξαν τὴν δόξαν τοῦ ἀφθάρτου θεοῦ ἐν ὁμοιώματι εἰκόνος φθαρτοῦ ἀνθρώπου

(14) ἕως ἄρτι οὐκ ᾐτήσατε οὐδὲν ἐν τῷ ὀνόματί μου

(15) ἐν τούτῳ πιστεύομεν ὅτι ἀπὸ θεοῦ ἐξῆλθες

(16) ἐπίστευσαν ὅτι σύ με ἀπέστειλας

(17) καθὼς ἐμὲ ἀπέστειλας εἰς τὸν κόσμον,
κἀγὼ ἀπέστειλα αὐτοὺς εἰς τὸν κόσμον·

(18) ὁ λόγος σὰρξ ἐγένετο καὶ ἐσκήνωσεν ἐν ἡμῖν,
καὶ ἐθεασάμεθα τὴν δόξαν αὐτου

(19) ἦλθαν οὖν καὶ εἶδαν ποῦ μένει καὶ παρ' αὐτῷ
ἔμειναν τὴν ἡμέραν ἐκείνην·

(20) ἤγγισαν εἰς τὴν κώμην οὗ ἐπορεύοντο, καὶ αὐτὸς
προσεποιήσατο πορρώτερον πορεύεσθαι

(21) καὶ παρεβιάσαντο αὐτὸν λέγοντες, Μεῖνον μεθ' ἡμῶν, ὅτι πρὸς ἑσπέραν ἐστὶν καὶ κέκλικεν ἤδη ἡ ἡμέρα καὶ εἰσῆλθεν τοῦ μεῖναι σὺν αὐτοῖς

(22) ποσάκις ἠθέλησα ἐπισυνάξαι τὰ τέκνα σου ὃν τρόπον ὄρνις τὴν ἑαυτῆς νοσσιὰν ὑπὸ τὰς πτέρυγας, καὶ οὐκ ἠθελήσατε

(23) ἔσται ὁ οἶκός μου οἶκος προσευχῆς, ὑμεῖς δὲ αὐτὸν ἐποιήσατε σπήλαιον λῃστῶν

(24) ἄνθρωπός [τις] ἐφύτευσεν ἀμπελῶνα καὶ ἐξέδετο αὐτὸν γεωργοῖς καὶ ἀπεδήμησεν χρόνους ἱκανούς

제 15 과

제2부정과거 능동태와 중간태

(Second Aorist Active and Middle)

93. 단어

ἀπέθανον	내가 죽었다	(ἀποθνήσκω의	제2부정과거)
ἔβαλον	내가 던졌다	(βάλλω의	〃)
ἐγενόμην	내가 되었다	(γίνομαι의	〃)
εἶδον	내가 보았다	(βλέπω의	〃)
εἶπον	내가 말했다	(λέγω의	〃)
ἔσχον	내가 가졌다	(ἔχω의	〃)
ἔλαβον	내가 취했다	(λαμβάνω의	〃)
ἔλιπον	내가 떠났다	(λείπω의	〃)
εὗρον	내가 발견했다	(εὑρίσκω의	〃)
ἔφαγον	내가 먹었다	(ἐσθίω의	〃)
ἤγαγον	내가 인도했다	(ἄγω의	〃)
ἦλθον	내가 왔다	(ἔρχομαι의	〃)
ἤνεγκον	내가 가져왔다	(φέρω의	〃)
παρέλαβον	내가 받았다	(παραλαμβάνω의	〃)

(1) ἔρχομαι는 현재 시제에서는 디포넌트이지만, 부정과거는 ἦλθον으로서 능동태의 형태를 취한다.

(2) φέρω는 제1부정과거와 제2부정과거 둘 다 취하는데, 제1부정과거 접미어는 -σα가 아니라 -κα이며 제2부정과거의 형태는

ἤνεγκον이다. 이와 같이 매우 적은 수의 동사가 제1부정과거와 제2부정과거를 둘 다 취한다.

βλέπω의 부정과거 ------> ἔβλεψα 혹은 εἶδον (내가 보았다)

94. 제2부정과거의 형태

(1) 제1부정과거와 제2부정과거의 차이

제1부정과거와 제2부정과거는 다만 형태가 다를 뿐이며, 의미와 용법은 동일하다. 행위의 종류는 둘 다 과거 시간에 일어난 점적인 행위를 나타낸다.

(2) 제2부정과거의 형성

제2부정과거는 제2부정과거 어간 위에서 형성된다.

λαμβάνω의 현재 어간은 λαμβαν-이지만,
제2부정과거 어간은 λαβ-이다.

βάλλω의 현재 어간은 βαλλ-이지만,
제2부정과거 어간은 βαλ-이다.

λείπω의 현재 어간은 λειπ-이지만,
제2부정과거 어간은 λιπ-이다.

(3) λαμβάνω의 제2부정과거 능동태

	단수		복수	
1인칭	ἔ-λαβ-ον	내가 받았다	ἐ-λάβ-ομεν	우리가 받았다
2인칭	ἔ-λαβ-ες	네가 받았다	ἐ-λάβ-ετε	너희가 받았다
3인칭	ἔ-λαβ-ε(ν)	그(녀)가 받았다	ἔ-λαβ-ον	그들이 받았다

(4) λαμβάνω의 제2부정과거 중간태

	단수	
1인칭	ἐ-λαβ-όμην	내가 나를 위해 받았다
2인칭	ἐ-λάβ-ου	네가 너를 위해 받았다
3인칭	ἐ-λάβ-ετο	그(녀)가 그(녀)를 위해 받았다

	복수	
1인칭	ἐ-λαβ-όμεθα	우리가 우리를 위해 받았다
2인칭	ἐ-λάβ-εσθε	너희가 너희들을 위해 받았다
3인칭	ἐ-λάβ-οντο	그들이 그들을 위해 받았다

제2부정과거 능동태 부정사: λαβεῖν
제2부정과거 중간태 부정사: λαβέσθαι

(5) 제2부정과거와 미완료 어미

제2부정과거 능동태와 중간태 인칭 어미들은 미완료 능동태와 중간태 인칭 어미들과 동일하다. 다만 미완료는 현재 어간 위에서, 그리고 제2부정과거는 제2부정과거 어간 위에서 형성되는 것이 다르다. 미완료와 부정과거의 의미의 차이는 행위의 종류에 있다.

미완료	제2 부정과거
ἐλείπομεν 우리가 떠나고 있었다	ἐλίπομεν 우리가 떠났다
ἐβάλλομεν 우리가 던지고 있었다	ἐβάλομεν 우리가 던졌다

(6) 어떤 유음 동사들은 제2부정과거를 취하기도 한다.

βάλλω (βαλ-)	βαλῶ	ἔβαλον

95. 연습

95.1 다음 헬라어 문장을 한글로 번역하시오.

(1) ἐν τῇ πρώτῃ ἐκκλησίᾳ ὁ χριστὸς ἐξέβαλε τὰ δαιμόνια ἐν τῷ εὐαγγελίῳ τῆς ἀληθείας.

(2) οἱ ἀπόστολοι τῆς ἐξουσίας ἐλάβοντο ἄρτον καὶ κάρπον ἀπὸ τῶν ἀγγέλων τοῦ θεοῦ.

(3) ἐν ἐκείνῃ τῇ ἡμέρᾳ οἱ πιστοὶ μαθηταὶ ἤνεγκον τὰς καλὰς διδάχας τοῦ κυρίου.

(4) ἐν τῇ ἐσχάτῃ οἴκῳ εὕρετε τὴν ζωὴν καὶ εἰρήνην τῆς βασιλείας τῶν οὐρανῶν.

(5) ὁ πιστὸς ἀδελφὸς ἤγαγε τοὺς δούλους τῆς ἁμαρτίας εἰς τὴν ὁδὸν τῆς ἀγάπης.

(6) αὐτοὶ ἡμεῖς παρελάβομεν τὴν ἀλήθειαν τοῦ κυρίου καὶ ἐπιστεύσατε εἰς αὐτόν.

(7) ἐν ταύτῃ τῇ θαλάσσῃ τὰ τέκνα ἔλαβε τὰ καλὰ δῶρα τῆς σωτηρίας ἀπὸ τῶν ἀποστόλων.

(8) οἱ ἄγγελοι οἱ πιστοὶ εἶπον ὅτι ὁ χριστὸς δῶρα ἔπεμψε ὑπὲρ τῶν ἰδίων δούλων.

(9) μετὰ τῶν μαθητῶν τοῦ κυρίου εἰσήλθομεν εἰς τὸν οἶκον τοῦ δικαίου διδασκάλου.

(10) ἐν ἐκείνῃ τῇ ὁδῷ ὁ διδάσκαλος τῆς σοφίας ἐδίδαξεν τοὺς νεανίας περὶ τῆς ἀγάπης τοῦ θεοῦ.

95.2 다음 헬라어 신약성서 구문을 연구하시오.

(1) καὶ ἡμεῖς εἴδομεν τὸν κύριον καὶ ἠκούσαμεν τοὺς

λόγους αὐτοῦ.

(2) οὐδὲ γὰρ εἰσῆλθες εἰς τοὺς οἴκους αὐτῶν οὐδὲ εἶπες αὐτοῖς παραβολήν.

(3) ἐν ἐκείνῃ τῇ ὥρᾳ ἐγένοντο μαθηταὶ τοῦ κυρίου.

(4) τὰ μὲν δαιμόνια ἐξεβάλετε, τὰ δὲ τέκνα ἐθεραπεύσατε.

(5) τοὺς πονηροὺς συνηγάγετε ὑμεῖς εἰς τοὺς οἴκους ὑμῶν.

(6) ἐπιστεύσαμεν εἰς τὸν κύριον οἱ γὰρ μαθηταὶ ἤγαγον ἡμᾶς πρὸς αὐτόν.

(7) ταῦτα μὲν εἶπον ὑμῖν ἐν τῷ ἱερῷ, ἐκεῖνα δὲ οὔπω λέγω.

(8) τότε ὀψόμεθα τὸν κύριον ἐν τῇ δόξῃ αὐτοῦ, ἐπιστεύσαμεν γὰρ εἰς αὐτόν.

(9) ὁ μὲν κύριος ἐξῆλθε τότε ἐκ τοῦ κόσμου, οἱ δὲ μαθηταὶ αὐτοῦ ἔτι μένουσιν ἐν αὐτῷ.

(10) ἤλθετε πρὸς τὸν κύριον καὶ παρελάβετε παρ᾽ αὐτοῦ ταῦτα.

(11) ἠκούσατε ὅτι ἐγὼ εἶπον ὑμῖν, ὑπάγω καὶ ἔρχομαι πρὸς ὑμᾶς.

(12) διὰ τοῦτο εἶπον ὅτι ἐκ τοῦ ἐμοῦ λαμβάνει καὶ ἀναγγελεῖ ὑμῖν

(13) αὐτοὶ ἔλαβον καὶ ἔγνωσαν ἀληθῶς ὅτι παρὰ σοῦ ἐξῆλθον

(14) πάτερ δίκαιε, καὶ ὁ κόσμος σε οὐκ ἔγνω, ἐγὼ δέ σε ἔγνων, καὶ οὗτοι ἔγνωσαν ὅτι σύ με ἀπέστειλας·

(15) τὸ φῶς ἐν τῇ σκοτίᾳ φαίνει, καὶ ἡ σκοτία αὐτὸ οὐ κατέλαβεν

(16) ἐν τῷ κόσμῳ ἦν, καὶ ὁ κόσμος δι᾽ αὐτοῦ ἐγένετο, καὶ ὁ κόσμος αὐτὸν οὐκ ἔγνω

(17) εἰς τὰ ἴδια ἦλθεν, καὶ οἱ ἴδιοι αὐτὸν οὐ παρέλαβον

(18) Ὀπίσω μου ἔρχεται ἀνὴρ ὃς ἔμπροσθέν μου γέγονεν,
ὅτι πρῶτός μου ἦν

(19) ἀπεκρίθη Ἰησοῦς καὶ εἶπεν αὐτῷ, Ὅτι εἶπόν σοι
ὅτι εἶδόν σε ὑποκάτω τῆς συκῆς, πιστεύεις;

(20) μετὰ ταῦτα ἐξῆλθεν καὶ ἐθεάσατο τελώνην ὀνόματι
Λευὶν καθήμενον ἐπὶ τὸ τελώνιον, καὶ εἶπεν αὐτῷ,
ἀκολούθει μοι

(21) δοκεῖτε ὅτι εἰρήνην παρεγενόμην δοῦναι ἐν τῇ γῇ;
οὐχί, λέγω ὑμῖν, ἀλλ᾽ ἢ διαμερισμόν

제 16 과

부정과거 수동태와 미래 수동태

(Aorist Passive and Future Passive)

96. 단어

ἀναλαμβάνω	내가 들어올린다(lift up)		
ἀποκαλύπτω	내가 나타내다(reveal)		
ἀπεστάλην	보내졌다	(ἀποστέλλω의	부정과거 제2수동태)
ἐβλήθην	던져졌다	(βάλλω의	부정과거 제1수동태)
ἐγενήθην	되었다	(γίνομαι의	″)
ἐγνώσθην	알려졌다	(γινώσκω의	″)
ἐγράφην	쓰여졌다	(γράφω의	부정과거 제2수동태)
ἐδιδάχθην	가르쳐졌다	(διδάσκω의	부정과거 제1수동태)
ἐκηρύχθην	선포되었다	(κηρύσσω의	″)
ἐλήμφθην	취하여졌다	(λαμβάνω의	″)
ἠγέρθην	일으켜졌다	(ἐγείρω의	″)
ἠκούσθην	들려졌다	(ἀκούω의	″)
ἠνέχθην	데려가졌다	(φέρω의	″)
ἤχθην	인도되었다	(ἄγω의	″)
ὤφθην	보여졌다	(ὁράω의	″)

97. 부정과거 수동태의 형태

97.1 λύω의 부정과거 수동태

	단수		복수	
1인칭	ἐ-λύ-θη-ν	내가 풀렸다	ἐ-λύ-θη-μεν	우리가 풀렸다
2인칭	ἐ-λύ-θη-ς	네가 풀렸다	ἐ-λύ-θη-τε	너희가 풀렸다
3인칭	ἐ-λύ-θη	그(녀)가 풀렸다	ἐ-λύ-θη-σαν	그들이 풀렸다

* 부정과거 수동태 부정사 : λυθῆναι

(1) 부정과거 수동태 어간

부정과거 수동태와 미래 수동태는 부정과거 수동태 어간에서 형성된다. 부정과거 수동태 어간은 동사 어간에 -θη를 첨가하여 이뤄진다. 따라서 λύω의 부정과거 수동태 어간은 λυθη-이다.

(2) 부정과거 수동태 인칭어미

부정과거 수동태 인칭어미는 제1시제 능동태 인칭 어미들을 취하는데, 3인칭 복수에서만 -σαν으로 된다.

ἠγέρθη διὰ τὴν δικαίωσιν ἡμῶν

우리들의 의로움을 위하여 그가 살아나셨다(롬 4:25)

ὤφθησαν αὐτοῖς διαμεριζόμεναι γλῶσσαι ὡσεὶ πυρὸς

불같은 혀들이 갈라지는 것들이 그들에게 보였다(행 2:4)

97.2 동사의 어간이 자음으로 끝나는 경우

동사의 어간이 자음으로 끝날 때는, 부정과거 수동태 접미어 -θη와의 결합으로 변형이 일어난다.

(1) 어간이 유자음(liquid consonants)으로 끝나는 경우

ν는 θ 앞에서 생략 : κρίνω ------> ἐκρίθην

λ와 ρ는 θ 앞에서 유지 : ἀγγέλλω ----> ἠγγέλθην

(2) 어간이 묵자음(mute consonants)으로 끝나는 경우

κ, γ --- θ 앞에서 χ로 변화되고, χ는 θ 앞에서 유지

ἄγω ----> ἤχθην

διδάσκω ----> ἐδιδάχθην

διανοίγω ---> διηνοίχθην

π, β --- θ 앞에서 φ로 변화되고, 이때의 θ는 유지

그러나 φ 다음의 θ는 생략된다 :

πέμπω ---> ἐπέμφθην

γράφω ----> ἐγράφην

τ, δ, θ --- θ 앞에서 σ로 변화

πείθω ----> ἐπείσθην

βαπτίζω ----> ἐβαπτίσθην

98. 부정과거 제2수동태

(1) 부정과거 제2수동태의 형태

부정과거 제2수동태는 부정과거 제1수동태와 동일하게 형성되지만, 부정과거 제1수동태의 시제 표시어인 -θ가 생략된다. 대부분의 동사가 부정과거 제1수동태를 취하지만, 부정과거 제2수동태를 취하는 동사들도 때때로 나오기 때문에, 사전에서 주요부분(principal parts) 여섯 번째를 확인하는 것이 필요하다.

(2) γράφω의 부정과거 제2수동태

	단수		복수	
1인칭	ἐ-γράφ-ην	내가 쓰여졌다	ἐ-γράφ-ημεν	우리가 쓰여졌다
2인칭	ἐ-γράφ-ης	네가 쓰여졌다	ἐ-γράφ-ητε	너희가 쓰여졌다
3인칭	ἐ-γράφ-η	그가 쓰여졌다	ἐ-γράφ-ησαν	그들이 쓰여졌다

부정과거 제2수동태 부정사 : γραφῆναι

(3) 부정과거 제1수동태와 제2수동태의 구분

부정과거 수동태에서 제1수동태 혹은 제2수동태의 구분은 부정과거 시제가 제1부정과거, 혹은 제2부정과거로 구분되는 것과는 별개의 것으로서, 다만 부정과거 수동태의 시제 접미어인 -θ가 있든지(제1수동태) 혹은 -θ가 없든지(제2수동태)의 차이를 나타낸다.

(4) 부정과거 제2수동태의 실례들

στρέφω --------> ἐστράφην 돌이키다(turn)
κρύπτω --------> ἐκρύβην 숨기다(hide)
σπείρω --------> ἐσπάρην 심다(sow)
ἀποστέλλω -----> ἀπεστάλην 내보내다(send out)
φθείρω --------> ἐφθάρην 부패하다(corrupt)
τρέφω ---------> ἐσράφην 먹이다(feed)
χαίρω ---------> ἐχάρην 기뻐하다(rejoice)

99. 부정과거 수동태의 용법

부정과거 수동태는 과거 시간에서 주어가 받은 행위의 완료된 상태를 가리킨다.

현재	미완료	부정과거
λύομαι	ἐλυόμην	ἐλύθην
내가 풀리고 있다	내가 풀리고 있었다	내가 풀렸다

100. 디포넌트 동사의 부정과거 수동태

(1) 부정과거에서 수동태의 형태를 취하는 디포넌트 동사들

ἀποκρίνομαι 내가 대답한다 ἀπεκρίθην 내가 대답했다

ἀπεκρίθη Θωμᾶς καὶ εἶπεν αὐτῷ·

도마가 대답하여 그에게 말했다(요 20:28)

(2) 부정과거에서 중간태와 수동태를 둘 다 취하는 동사들

γίνομαι ----> ἐγενόμην, ἐγενήθην 내가 되었다

πορεύομαι ----> ἐπορευσάμην, ἐπορεύθην 내가 갔다

101. 미래 수동태

(1) 미래 수동태의 형태

미래 수동태 직설법은 부정과거 제1수동태 어간 위에서 형성된다. 미래 시제는 제1시제이기 때문에 접두모음이 붙지 않고, 그 대신에 미래 시제 접미어 σ와 어간모음(ο/ε), 그리고 제1시제 수동태 인칭어미가 붙는다.

(2) λύω의 미래 수동태

	단수	
1인칭	λυ-θή-σ-ομαι	내가 풀릴 것이다
2인칭	λυ-θή-σ-ῃ	네가 풀릴 것이다
3인칭	λυ-θή-σ-εται	그(녀)가 풀릴 것이다

	복수	
1인칭	λυ-θη-σ-όμεθα	우리가 풀릴 것이다
2인칭	λυ-θή-σ-εσθε	너희가 풀릴 것이다
3인칭	λυ-θή-σ-ονται	그들이 풀릴 것이다

(3) 불규칙 형태의 동사들

부정과거 수동태와 미래 수동태에서 불규칙 형태를 취한다.

현재	부정과거 제1수동태	미래 수동태
ἀκούω	ἠκούσθην	ἀκουσθήσομαι
βάλλω	ἐβλήθην	βληθήσομαι
γινώσκω	ἐγνώσθην	γνωσθήσομαι
ἐγείρω	ἠγέρθην	ἐγερθήσομαι
καλέω	ἐκλήθην	κληθήσομαι
λαμβάνω	ἐλήμφθην	λημφθήσομαι
βλέπω ὁράω ὀπτάνομαι	ὤφθην	ὀφθήσομαι

(4) 부정과거 제2수동태의 어간을 취하는 동사들

미래 수동태에서 부정과거 제2수동태 어간을 취하는 동사

ἀνοίγω	ἠνοίγην	ἀνοιγήσομαι	열다(open)
κόπτω	ἐκόπην	κοπήσομαι	치다(beat, strike)
φαίνω	ἐφάνην	φανήσομαι	빛을 발하다(shine)

1. κρούετε καὶ ἀνοιγήσεται ὑμῖν
   문들 두드려라 그러면 너희에게 열려질 것이다

2. τότε φανήσεται τὸ σημεῖον τοῦ υἱοῦ τοῦ ἀνθρώπου ἐν οὐρανῷ
   그 때에 인자의 징조가 하늘에서 보여질 것이다
3. ταῦτα πάντα προστεθήσεται ὑμῖν
   이 모든 것들이 너희에게 더하여질 것이다

102. 연습

102.1 다음 헬라어를 한글로 번역하시오.

(1) ἐν ἐκείναις ταῖς ἐσχάταις ἡμέραις ὁ χριστὸς ἀπεστάλη εἰς τὸν κόσμον σώζειν ἁμαρτωλούς.

(2) τότε ἐν ταύτῃ τῇ ἐκκλησίᾳ οἱ μακάριοι λόγοι ἐκηρύχθησαν ὑπὸ τῶν μαθητῶν αὐτοῦ.

(3) οἱ πονεροὶ δοῦλοι γνωσθήσονται και κληθήσονται ἐν τῷ οἴκῳ ὑπὸ τοῦ δικαίου κυρίου.

(4) ἐν τῷ τόπῳ ἐδιδάχθησαν και ἐπιστεύθησαν οἱ λόγοι τῆς διαθήκης ὑπὸ τῶν μαθητῶν τοῦ χριστοῦ.

(5) αἱ διδαχαὶ τῆς δικαιοσύνης ἐγράφησαν ἐν τῇ ἐκκλησίᾳ ὑπὸ τῶν προφήτων τοῦ θεοῦ.

(6) αἱ ἀδελφαὶ αἱ πισταὶ ἐπιστεύσαν εἰς τὸν κύριον καὶ ἐγέρθησαν ὑπ᾽ αὐτοῦ ἐκ θανάτου.

(7) ἐλήμφθησαν οἱ πιστοὶ δοῦλοι εἰς τὸν οὐρανὸν, ἐξεβλήθησαν δὲ ἐξ αὐτοῦ οἱ ἄγγελοι οἱ ποιηροί.

(8) αἱ φοναὶ τοῦ οὐρανοῦ ἠκούσθησαν ἐν τῇ ἐκκλησίᾳ καὶ οἱ ἅγιοι ἄγγελοι ὤφθησαν.

(9) ἐπορεύθημεν εἰς ἕτερον τόπον, οὐ γὰρ ἐδέξαντο ἡμᾶς

οὗτοι οἱ κακοὶ δοῦλοι.

(10) εἶδον ἐκεῖνοι οἱ πονεροὶ δοῦλοι τὸ πρόσωπον τοῦ κυρίου καὶ ἐγενήθησαν οἱ προφήται αὐτοῦ.

(11) ἐν ἐκείνῃ τῇ ὁδῷ δὲ διηνοίχθησαν οἱ ὀφθαλμοὶ αὐτῶν καὶ ἐπέγνωσαν τόν κύριον τῆς ζωῆς.

102.2 다음 헬라어 신약성서 구문을 연구하시오.

(1) διὸ ἐκλήθη ὁ ἀγρὸς ἐκεῖνος Ἀγρὸς Αἵματος ἕως τῆς σήμερον

(2) τότε ἐπληρώθη τὸ ῥηθὲν διὰ Ἰερεμίου τοῦ προφήτου

(3) πολλὰ σώματα τῶν κεκοιμημένων ἁγίων ἠγέρθησαν

(4) συνήχθησαν οἱ ἀρχιερεῖς καὶ οἱ Φαρισαῖοι πρὸς Πιλᾶτον

(5) ἐγενήθησαν ὡς νεκροι

(6) οἱ δὲ λαβόντες τὰ ἀργύρια ἐποίησαν ὡς ἐδιδάχθησαν

(7) Οἱ δὲ ἕνδεκα μαθηταὶ ἐπορεύθησαν εἰς τὴν Γαλιλαίαν

(8) διὰ νόμου κριθήσονται

(9) ἀλλ᾽ οἱ ποιηταὶ νόμου δικαιωθήσονται

(10) μὲν ὅτι ἐπιστεύθησαν τὰ λόγια τοῦ θεοῦ

(11) νῦν ἐν τῷ αἵματι αὐτοῦ σωθησόμεθα δι᾽ αὐτοῦ ἀπὸ τῆς ὀργῆς

(12) εἰς τὸν θάνατον αὐτοῦ ἐβαπτίσθημεν

(13) εὑρέθη μοι ἡ ἐντολὴ ἡ εἰς ζωὴν

(14) αὐτὴ ἡ κτίσις ἐλευθερωθήσεται ἀπὸ τῆς δουλείας τῆς φθορᾶς

(15) ὁ Ἰησοῦς ἀνήχθη εἰς τὴν ἔρημον ὑπὸ τοῦ πνεύματος

(16) ὁ δὲ ἀγαπῶν με ἀγαπηθήσεται ὑπὸ τοῦ πατρός μου,

κἀγὼ ἀγαπήσω αὐτὸν καὶ ἐμφανίσω αὐτῷ ἐμαυτόν·

(17) ἐν τούτῳ ἐδοξάσθη ὁ πατήρ μου

(18) σὺ κληθήσῃ Κηφᾶς ὃ ἑρμηνεύεται Πέτρος

(19) ὅτε οὖν ἠγέρθη ἐκ νεκρῶν, ἐμνήσθησαν οἱ μαθηταὶ
αὐτοῦ ὅτι τοῦτο ἔλεγεν, καὶ ἐπίστευσαν τῇ γραφῇ

(20) αὐτῶν δὲ διηνοίχθησαν οἱ ὀφθαλμοὶ καὶ ἐπέγνωσαν
αὐτόν· καὶ αὐτὸς ἄφαντος ἐγένετο ἀπ' αὐτῶν

(21) καὶ αὐτοὶ ἐξηγοῦντο τὰ ἐν τῇ ὁδῷ καὶ ὡς ἐγνώσθη
αὐτοῖς ἐν τῇ κλάσει τοῦ ἄρτου

(22) πᾶσα φάραγξ πληρωθήσεται καὶ πᾶν ὄρος καὶ βουνὸς
ταπεινωθήσεται, καὶ ἔσται τὰ σκολιὰ εἰς εὐθείαν
καὶ αἱ τραχεῖαι εἰς ὁδοὺς λείας

(23) ἔκστασις ἔλαβεν ἅπαντας καὶ ἐδόξαζον τὸν θεόν καὶ
ἐπλήσθησαν φόβου λέγοντες ὅτι εἴδομεν παράδοξα σήμερον

(24) τὸ καταπέτασμα τοῦ ναοῦ ἐσχίσθη ἀπ' ἄνωθεν ἕως
κάτω εἰς δύο καὶ ἡ γῆ ἐσείσθη καὶ αἱ πέτραι ἐσχίσθησαν

(25) οὐ γάρ ἐστιν κρυπτὸν ὃ οὐ φανερὸν γενήσεται οὐδὲ
ἀπόκρυφον ὃ οὐ μὴ γνωσθῇ καὶ εἰς φανερὸν ἔλθῃ

제 17 과
제3격변화 명사(1)
(Third Declension: Liquid and Mute Nouns)

103. 단어

αἰών, αἰῶνος, ὁ	시대(age)
ἀμπελών, ἀμπελῶντος, ὁ	포도원(vineyard)
ἀνήρ, ἀνδρός, ὁ	남자(man)
ἄρχων, ἄρχοντος, ὁ	통치자(ruler)
ἐλπίς, ἐλπίδος, ἡ	희망(hope)
ἡγεμών, ἡγεμόνος, ὁ	지도자(leader)
νύξ, νυκτός, ἡ	밤(night)
μάστιξ, μάστιγος, ἡ	회초리(whip)
μήτηρ, μητρός, ἡ	어머니(mother)
πατήρ, πατρός, ὁ	아버지(father)
ποιμήν, ποιμένος, ὁ	목자(shepherd)
σάλπιγξ, σάλπιγγος, ἡ	나팔(trumpet)
σάρξ, σαρκός, ἡ	육체(flesh)
σωτήρ, σωτῆρος, ὁ	구원자(saviour)
χάρις, χάριτος, ἡ	은혜(grace)
χείρ, χειρός, ἡ	손(hand)
εἰς τὸν αἰῶνα	영원히(forever)
εἰς τοὺς αἰῶνας τῶν αἰώνων	세세무궁토록 (for ever and ever)

104. 제3격변화 명사의 특성

(1) 헬라어 명사는 세 가지 형태로 격변화 한다.

제1격변화 = 어간이 α 혹은 η 소리로 끝날 때

제2격변화 = 어간이 ο 소리로 끝날 때

제3격변화 = 어간이 자음, ι, υ, 혹은 중모음으로 끝날 때

(2) 자음 격변화

제3격변화는 자음격변화라고 불리어지기도 하는데, 그 이유는 대부분의 제3격변화 명사들의 어간이 자음으로 끝나기 때문이다. 물론 제3격변화의 어떤 명사들은 어간이 모음 혹은 중모음으로 끝나기도 한다.

(3) 제3격변화 명사의 네 가지 형태

유음 명사, 묵음 명사, 모음 어간 명사, 중성 명사

(4) 네 가지 형태에 동일한 어미가 적용된다.

	단수			복수		
	남성	여성	중성	남성	여성	중성
주격	ς(없음)	ς(없음)	없음	ες	ες	α
속격, 탈격	ος	ος	ος	ων	ων	ων
처격, 조격, 여격	ι	ι	ι	σι	σι	σι
대격	α(ν)	α(ν)	없음	ας	ας	α

* 호격은 주격과 같거나 없음(사전을 참고)

* 단수 대격과 복수 대격의 α는 모두 단모음이다.

(5) 제3격변화 명사의 어간

제3격변화 명사의 어간은 단수 속격에 따라 결정된다. 사전에서 제3격변화 명사들은 단수 주격과 속격이 나란히 제시된다.

ἐλπίς, ἐλπίδος, ἡ -----> ελπιδ-

χάρις, χάριτος, ἡ -----> χαριτ-

νύξ, νυκτός, ἡ -----> νυκτ-

(6) 제3격변화 명사들의 끝자음의 변형

어간이 자음으로 끝나는 제3격변화 명사들은 복수 처격, 조격, 여격에서 격어미 -σι와의 결합으로 그 끝자음이 다음과 같이 변형된다.

π,	β,	φ	+	σι	=	ψι
κ,	γ,	χ	+	σι	=	ξι
τ,	δ,	θ	+	σι	=	σι (τ, δ, θ가 생략됨)
		ν	+	σι	=	σι (ν가 생략됨)
		ρ	+	σι	=	ρσι (ρ는 유지됨)

105. 유음 어간 명사

이 명사들은 대부분 남성이지만 여성도 일부 있다. 어간은 대개 단수 속격에서 마지막 -ος를 제외한 부분이다. 유음 어간 명사들에는 두 가지 형태가 있다.

105.1 어간이 λ, μ, ν, ρ로 끝나는 명사

	단 수		
주격	αἰών	ἡγεμών	ποιμήν
속격/탈격	αἰῶνος	ἡγεμόνος	ποιμένος

처격 / 조격 / 여격	αἰῶνι	ἡγεμόνι	ποιμένι
대격	αἰῶνα	ἡγεμόνα	ποιμένα

복 수

주격	αἰῶνες	ἡγεμόνες	ποιμένες
속격 / 탈격	αἰώνων	ἡγεμόνων	ποιμένων
처격 / 조격 / 여격	αἰῶσι(ν)	ἡγεμόσι(ν)	ποιμέσι(ν)
대격	αἰῶνας	ἡγεμόνας	ποιμένας

105.2 어간이 -ερ로 끝나는 명사

이 명사들은 남성도 있고 여성도 있다. 어간은 단수 속격의 -ος를 제외하고 ρ 앞에 ε을 첨가한 것이다.

단 수

주격	πατήρ	ἀνήρ	σωτήρ
속격 / 탈격	πατρός	ἀνδρός	σωτῆρος
처격 / 조격 / 여격	πατρί	ἀνδρί	σωτῆρι
대격	πατέρα	ἄνδρα	σωτῆρα

복 수

주격	πατέρες	ἄνδρες	σωτῆρες
속격 / 탈격	πατέρων	ἀνδρῶν	σωτήρων
처격 / 조격 / 여격	πατράσι(ν)	ἀνδράσι	σωτῆρασι
대격	πατέρας	ἀνδράς	σωτῆρας

(1) 단수 속격, 탈격, 처격, 조격, 여격에서는 어간 모음인 ϵ이 생략되었으며 또 복수 처격, 조격, 여격에서는 어간 모음인 ϵ이 생략된 반면에 어미 σι 앞에 α가 첨가되었다

(2) πατήρ의 호격 단수는 πάτερ이고 복수는 πατέρες이다.

ἀνήρ의 호격 단수는 ἄνερ이고 복수는 ἄνδρες이다.

(3) μήτηρ(어머니)와 θυγάτηρ(딸)도 πατήρ와 같이 격변화한다.

106. 묵음 어간 명사

이 명사도 남성과 여성이 있다. 어간은 단수 속격에서 -ος을 제외한 부분이다. 여기에도 두 가지 형태가 있다.

106.1 νύξ, σάρξ, μάστιξ

단 수

주격	νύξ	σάρξ	μάστιξ
속격, 탈격	νυκτός	σαρκός	μάστιγος
처격, 조격, 여격	νυκτί	σαρκί	μάστιγι
대격	νύκτα	σάρκα	μάστιγα

복 수

주격	νύκτες	σάρκες	μάστιγες
속격, 탈격	νυκτῶν	σαρκῶν	μάστιγων
처격, 조격, 여격	νυξί(ν)	σαρξί(ν)	μάστιξι(ν)
대격	νύκτας	σάρκας	μάστιγας

* 단수 주격은 어간(νυκτ-)에 σ가 결합하여 형성된다. τ가 σ 앞에서 생략되고 κσ가 합하여 ξ로 되었다. 복수 처격, 조격, 여격에서도 같은 현상이 일어난다.

106.2 다른 묶음 어간 명사들

단 수

주격	ἐλπίς	χάρις	ἄρχων
속격, 탈격	ἐλπίδος	χάριτος	ἄρχοντος
처격, 조격, 여격	ἐλπίδι	χάριτι	ἄρχοντι
대격	ἐλπίδα	χάριν	ἄρχοντα

복 수

주격	ἐλπίδες	χάριτες	ἄρχοντες
속격, 탈격	ἐλπίδων	χαρίτων	ἀρχόντων
처격, 조격, 여격	ἐλπίσι(ν)	χάρισι(ν)	ἄρχουσι(ν)
대격	ἐλπίδας	χάριτας	ἄρχοντας

107. 연습

107.1 다음 헬라어를 한글로 번역하시오.

(1) οἱ ἀπόστολοι ἐκήρυξαν τὸ εὐαγγέλιον ἡμῖν, ἐλπίδα δὲ οὐκ ἔσχομεν ἐν ταῖς καρδίαις ἡμῶν.

(2) ἐν τῇ σάρκι ἡμῶν οὐ γινώσκομεν τὸν υἱὸν τοῦ θεοῦ, ἀλλὰ γνωσθήσεται αὐτὸς ἐν τῷ καινῷ αἰῶνι.

(3) ἤνεγκον οἱ μαθηταὶ τοῦ χριστοῦ τὴν ἐλπίδα τῆς χάριτος ἐν τῷ κόσμῳ τῆς νυκτός.

(4) καὶ ὁ πατήρ καὶ ὁ υἱὸς μένουσιν ἐν ταῖς καρδίαις ἡμῶν εἰς τοὺς αἰῶνας.

(5) οὐκ παρέλαβον τὴν ἐλπίδα καὶ τὴν χάριν ἀπὸ τοῦ σωτῆρος ὅτι οὐκ ἠγαπήσαμεν τὸν κύριον.

(6) ἐκηρύχθη ὑπὸ τῶν ποιμένων ἡ ἀλήθεια ὅτι ὁ θεός ἐστιν ὁ πατὴρ ὅλου τοῦ κόσμου.

(7) ἡ μήτηρ καὶ ἡ θυγάτηρ ἐβαπτίσθησαν ὑπὸ τῶν τέκνων τοῦ πατρὸς τῆς χαριτός.

(8) ἐν τῇ χειρὶ τῆς χάριτος οἱ μαθηταὶ οἱ πιστοὶ οὐκέτι γνώσονται Ἰησοῦν κατὰ σάρκα.

(9) ἐν ἐκείνῃ τῇ νύκτι εἴδετε τοὺς ἀμπελῶνας τοῦ πονηροῦ ἄρχοντος.

(10) οἱ ἄρχοντες τῆς σαρκὸς ἐπίστευσαν εἰς τὸν κύριον καὶ οἱ ἄλλοι ἤχθησαν πρὸς αὐτόν.

107.2 다음 헬라어 신약성서 구문을 연구하시오.

(1) ἀνὴρ ὀνόματι Ἰωσὴφ βουλευτὴς ὑπάρχων [καὶ] ἀνὴρ ἀγαθὸς καὶ δίκαιος

(2) ἡ σάρξ μού ἐστιν ὑπὲρ τῆς τοῦ κόσμου ζωῆς

(3) ἐλάλησεν διὰ στόματος τῶν ἁγίων ἀπ' αἰῶνος προφητῶν αὐτοῦ

(4) ἀπέκτειναν αὐτόν καὶ ἐξέβαλον αὐτὸν ἔξω τοῦ ἀμπελῶνος

(5) οἱ δὲ Φαρισαῖοι ἔλεγον, Ἐν τῷ ἄρχοντι τῶν

δαιμονίων ἐκβάλλει τὰ δαιμόνια

(6) Χριστὸς ἐν ὑμῖν ἐστιν ἡ ἐλπὶς τῆς δόξης

(7) ἐκ σοῦ γὰρ ἐξελεύσεται ἡγούμενος, ὅστις ποιμανεῖ τὸν λαόν
μου τὸν Ἰσραήλ

(8) οὗτος ἦλθεν πρὸς αὐτὸν νυκτὸς καὶ εἶπεν αὐτῷ

(9) οὗτος ἀδελφός μου καὶ ἀδελφὴ καὶ μήτηρ ἐστίν

(10) ἐγώ εἰμι ὁ ποιμὴν ὁ καλός καὶ γινώσκω τὰ ἐμὰ
καὶ γινώσκουσί με τὰ ἐμά

(11) ἀποστελεῖ τοὺς ἀγγέλους αὐτοῦ μετὰ σάλπιγγος μεγάλης

(12) ἐγώ εἰμι ἡ ἄμπελος ἡ ἀληθινή, καὶ ὁ πατήρ μου
ὁ γεωργός ἐστιν

(13) τούτου ὁ θεὸς ἀπὸ τοῦ σπέρματος κατ᾽ ἐπαγγελίαν
ἤγαγεν τῷ Ἰσραὴλ σωτῆρα Ἰησοῦν

(14) οὕτως καὶ ἡ χάρις βασιλεύσῃ διὰ δικαιοσύνης εἰς
ζωὴν αἰώνιον διὰ Ἰησοῦ Χριστοῦ τοῦ κυρίου ἡμῶν

(15) δότε δακτύλιον εἰς τὴν χεῖρα αὐτοῦ καὶ ὑποδήματα
εἰς τοὺς πόδας

제 18 과
제3격변화 명사(2)
(Third Declension: Vowel and Neuter Nouns)

108. 단어

αἷμα, -ματος, τό	피(blood)
ἀνάστασις, -σεως, ἡ	부활(resurrection)
ἄφεσις, -σεως, ἡ	용서(remission)
βασιλεύς, -λεως, ὁ	왕(king)
γένος, -νους, τό	인종(race)
γνῶσις, -σεως, ἡ	지식(knowledge)
γραμματεύς, -τεως, ὁ	서기관(scribe)
δύναμις, -μεως, ἡ	권능(power)
ἔθνος, -νους, τό	나라(nation)
ἔλεος, -εους, ἡ	자비(mercy)
θέλημα, -ματος, τό	뜻(will)
θλῖψις, -εως, ἡ	환난(tribulation)
ἱερεύς, -εως, ὁ	제사장(priest)
κρίσις, -εως, ἡ	심판(judgment)
κτίσις, -εως, ἡ	창조(creation)
ὄνομα, -ατος, τό	이름(name)
παράκλησις, -εως, ἡ	위로(comfort), 권면(exhortation)
πίστις, -εως, ἡ	신앙(faith)
πόλις, -εως, ἡ	도시(city)
ῥῆμα, -ατος, τό	말씀(word)

σπέρμα, -ατος, το — 씨(seed)
στάχυς, -υος, ὁ — 낱알(곡식, head)
σῶμα, -ατος, τό — 몸(body)
τέλος, -ους, τό — 끝(end), 종결(consumation)

109. 제3격변화 중성 명사

109.1 ματ- 어간 명사

	단 수	복 수	단 수	복 수
주격	ὄνομα	ὀνόματα	σῶμα	σώματα
속격, 탈격	ὀνόματος	ὀνομάτων	σώματος	σωμάτων
처격, 조격, 여격	ὀνόματι	ὀνόμασι(ν)	σώματι	σώμασι(ν)
대격	ὄνομα	ὀνόματα	σῶμα	σώματα

109.2 ες- 어간 명사

	단 수	복 수	단 수	복 수
주격	γένος	γένη	ἔθνος	ἔθνη
속격, 탈격	γένους	γενῶν	ἔθνους	ἔθνων
처격, 조격, 여격	γένει	γένεσι(ν)	ἔθνει	ἔθνεσι(ν)
대격	γένος	γένη	ἔθνος	ἔθνη

* 단수 속격의 원래의 형태는 γένεσος인데, εσ의 σ가 생략되고 εο가 ου로 변형되었다. 여기에 속한 명사들은 대부분 중성이다.

110. 제3격변화 모음 어간 명사

제3격변화의 유음(105항), 묵음(106항), 그리고 중성(109항) 명사들은 모두가 자음으로 끝나는 어간을 소유한다. 제3격변화의 모음어간 명사들은 어간이 ι, υ, 혹은 ευ로 끝나는 명사들이다. 각 형태에서 어간은 단수 주격에서 ς를 생략한 것이다.

110.1 ι- 어간 명사 (πόλις, -εως)

	단 수	복 수	단 수	복 수
주격	πόλις	πόλεις	κρίσις	κρίσεις
속격, 탈격	πόλεως	πόλεων	κρίσεως	κρίσεων
처격, 조격, 여격	πόλει	πόλεσι(ν)	κρίσει	κρίσεσι(ν)
대격	πόλιν	πόλεις	κρίσιν	κρίσεις

(1) 여기에 속한 명사들은 모두 여성이다.

(2) πόλις의 어간은 πολι-인데, 단수 주격과 대격을 제외하고는 ε이 ι를 대신하여 사용되었다. 복수 주격과 대격의 εις는 각각 ε + ες와 ε + ας가 단축된 것이다.

110.2 υ- 어간 명사 (στάχυς, -υος)

	단 수	복 수
주격	στάχυς	στάχυες
속격, 탈격	στάχυος	σταχύων
처격, 조격, 여격	στάχυι	στάχυσι(ν)
대격	στάχυν	στάχυας

(1) 여기에 속한 명사들은 대부분 남성이고 소수의 여성이 있다.

(2) 이 명사의 어간은 σταχυ-이며, 단수 주격에서 α 대신에 ν가 사용되었다.

110.3 ευ- 어간 명사 (βασιλεύς, -εως)

	단 수	복 수
주격	βασιλεύς	βασιλεῖς
속격 탈격	βασιλέως	βασιλέων
처격 조격 여격	βασιλεῖ	βασιλεῦσι(ν)
대격	βασιλέα	βασιλεῖς

(1) 여기에 속한 명사들은 모두 남성이다.

(2) 이 명사의 어간은 βασιλευ-이다. ευ 다음에 바로 모음이 올 때, 그 모음 앞에서 υ가 생략되었다. 복수 주격과 대격의 εις는 각각 ε + ες와 ε + ας가 단축된 것이다.

110.4 형용사 πᾶς, πᾶσα, πᾶν의 격변화(156.3 참조)

111. 연습

111.1 다음 헬라어를 한글로 번역하시오.

(1) τοῦτο γὰρ ἦν τὸ θέλημα τοῦ πατρός μου ὅτι πιστεύομεν τὴν ἀνάστασιν τοῦ χριστοῦ ἐκ νεκρῶν.

(2) ἡ κρίσις τοῦ θεοῦ ἐλεύσεται ἐπὶ ὅλων τῶν ἐθνῶν ἐν τῷ τέλει τοῦ αἰῶνος.

(3) ὁ θεὸς ἔσωσε ἡμᾶς ἐν τῇ δυνάμει τοῦ αἵματος τοῦ χριστοῦ ἐκ τῆς ὀργῆς τῆς θλίψεως.

(4) ἐν ἐκείνῃ τῇ νυκτὶ ὁ χριστὸς ὤφθη τοῖς μαθηταῖς αὐτοῦ ἐν τῇ ἀναστάσει αὐτοῦ.

(5) τὸ ὄνομα τοῦ χριστοῦ ἐθεράπευσεν τὰς σάρκας τῶν βασιλέων ἐν ταῖς πόλεσιν αὐτῶν.

(6) ἔσχομεν τὴν γνῶσιν καὶ τὴν παράκλησιν περὶ τοῦ θεοῦ διὰ τοῦ ἐλέους τοῦ υἱοῦ αὐτοῦ.

(7) ὁ κύριος τῆς κτίσεως ἦλθεν φέρειν τὴν ἄφεσιν τῶν ἁμαρτίων ἐν τῇ πίστει τοῦ ῥήματος.

(8) τὸ θέλημα τοῦ θεοῦ ἐγνώσθη τοῖς βασιλεῦσιν ὑπὸ τῆς δυναμέως τοῦ γραμματέως.

(9) τὸ σῶμα τοῦ ἡγεμόνος ἐλήμφθη ἀπὸ τῆς πόλεως τοῦ αἵματος ὑπὸ τῶν ὄχλων.

(10) ὁ λόγος σάρξ ἐγένετο καὶ ἐσκήνωσεν ἐν ἡμῖν καὶ ἐθεασάμεθα τὴν δόξαν αὐτοῦ.

111.2 다음 헬라어 신약성서 구문을 연구하시오.

(1) τὸ μὲν ἐλπίδα τοῦ θεοῦ ἔχεσθε, τὸ δὲ πνεῦμα τὸ ἅγιον λαμβάνομεν ἀπ᾽ αὐτοῦ.

(2) κατὰ τὸ θέλημα τοῦ χρίστου ἤνεγκαν ταῦτα οἱ μαθηταὶ τοῦ κυρίου.

(3) οἱ ἱερεῖς ἠκούοντο τὰ ῥήματα τοῦ ἁγίου πνεύματος ἐν τῷ ἱερῷ.

(4) ἐγράφη τὰ ὀνόματα ἡμῶν ὑπὸ τοῦ θεοῦ ἐν τῷ βιβλίῳ

τῆς ζωῆς.

(5) εἶπεν αὐτῇ ὁ Ἰησοῦς· ἐγώ εἰμι ἡ ἀνάστασις καὶ ἡ ζωή.

(6) τὴν θλίψιν καὶ κτίσιν εἶπον ἐκεῖνοι οἱ ἀπόστολοι τοῖς ἄρχουσιν.

(7) μικρὸν καὶ οὐκέτι θεωρεῖτέ με, καὶ πάλιν μικρὸν καὶ ὄψεσθέ με.

(8) ἐν τῇ σαρκὶ ὑμῶν εἴδετε τὸν θάνατον, ἀλλὰ διὰ τοῦ ἁγίου πνεύματος ἔχομεν τὴν εἰρήνην τοῦ θεοῦ.

(9) ἐβλεπόμεθα τὸ πρόσωπον τοῦ κυρίου καὶ ἐν νυκτὶ καὶ ἐν ἡμέρᾳ.

(10) ταῦτα τὰ ῥήματα ἐκηρύχθη ἐν ταύτῃ τῇ νυκτὶ τοῖς δούλοις τοῦ ἄρχοντος.

(11) οὐκ ἦν ἐκεῖνος τὸ φῶς, ἀλλ᾽ ἵνα μαρτυρήσῃ περὶ τοῦ φωτός

(12) ἀπὸ τοῦ νῦν δὲ ἔσται ὁ υἱὸς τοῦ ἀνθρώπου καθήμενος ἐκ δεξιῶν τῆς δυνάμεως τοῦ θεοῦ

(13) αὐτοὶ γὰρ ἠκούσαμεν ἀπὸ τοῦ στόματος αὐτοῦ

(14) ἦν ἤδη ὡσεὶ ὥρα ἕκτη καὶ σκότος ἐγένετο ἐφ᾽ ὅλην τὴν γῆν ἕως ὥρας ἐνάτης

(15) οὗτος προσελθὼν τῷ Πιλάτῳ ᾐτήσατο τὸ σῶμα τοῦ Ἰησοῦ

(16) ἐφάνησαν ἐνώπιον αὐτῶν ὡσεὶ λῆρος τὰ ῥήματα ταῦτα, καὶ ἠπίστουν αὐταῖς

(17) πᾶς ὁ λαὸς εἶπεν, Τὸ αἷμα αὐτοῦ ἐφ᾽ ἡμᾶς καὶ ἐπὶ τὰ τέκνα ἡμῶν

(18) πῶς λέγουσιν ἐν ὑμῖν τινες ὅτι ἀνάστασις νεκρῶν

οὐκ ἔστιν;

(19) ἀπέσταλκέν με, κηρύξαι αἰχμαλώτοις ἄφεσιν καὶ τυφλοῖς ἀνάβλεψιν

(20) ἀπὸ δὲ ἀρχῆς κτίσεως ἄρσεν καὶ θῆλυ ἐποίησεν αὐτούς

제 19 과
현재 분사(Present Participles)

112. 단어

ἀποκτείνω, ἀποκτενῶ, ἀπέκτεινα 내가 죽이다(kill)

θεραπεύω, θεραπεύσω, ἐθεράπευσα 내가 치료하다(heal)

δουλεύω 내가 섬기다(serve)

ἤ 접속사, 혹은(or)

κράββατος, -ου, ὁ 침상(bed)

λύων, λύουσα, λύον λύω의 현재 능동태 분사

μέν -- δέ 한편으로 ~ 다른 한편으로
(on the one hand ~ on the other hand)

σκάνδαλον, τό 걸려 넘어지게 하는 것(stumbling block)

σκοτία, -ας, ἡ 어두움(darkness)

σκότος, -ους, τό 어두움(darkness)

τυφλός, -ή, -όν 눈 먼(blind)

φανερός, -ά, -όν 나타난(manifest)

φαίνω, φαινοῦμαι(φανήσομαι), ἐφαινόμην,
ἔφανα(ἐφάνην) 비추다(shine), 나타나다(appear)

χαίρω, χαρήσομαι, -- 내가 기뻐하다(rejoice)

ψεύδομαι, --, ἐψευσάμην 내가 거짓말하다(lie)

ψεύστης, ὁ 거짓말쟁이(liar)

ὤν, οὖσα, ὄν εἰμί의 현재 분사

113. 현재 분사의 형태

113.1 λύω의 현재 능동태 분사

단 수

	남 성	여 성	중 성
주격	λύων	λύουσα	λῦον
속격, 탈격	λύοντος	λυούσης	λύοντος
처격, 조격, 여격	λύοντι	λυούσῃ	λύοντι
대격	λύοντα	λύουσαν	λῦον

복 수

	남 성	여 성	중 성
주격	λύοντες	λύουσαι	λύοντα
속격, 탈격	λυόντων	λυουσῶν	λυόντων
처격, 조격, 여격	λύουσι(ν)	λυούσαις	λύουσι(ν)
대격	λύοντας	λυούσας	λύοντα

* 남성과 중성은 제3격변화를 따라 그리고 여성은 제1격변화를 따라 격변화를 한다.

113.2 λύω의 현재 중간태/수동태 분사

단 수

	남 성	여 성	중 성
주격	λυόμενος	λυομένη	λυόμενον
속격/탈격	λυομένου	λυομένης	λυομένου
처격/조격/여격	λυομένῳ	λυομένῃ	λυομένῳ
대격	λυόμενον	λυομένην	λυόμενον

복 수

	남 성	여 성	중 성
주격	λυόμενοι	λυόμεναι	λυόμενα
속격/탈격	λυομένων	λυομένων	λυομένων
처격/조격/여격	λυομένοις	λυομέναις	λυομένοις
대격	λυομένους	λυομένας	λυόμενα

(1) 남성과 중성은 제2격변화를 따라 그리고 여성은 제1격변화를 따라 격변화를 한다.

(2) 현재 중간태/수동태 분사 접미어 -μεν이 공통으로 들어 있다.

113.3 λύω의 미래 능동태 분사

단 수

	남 성	여 성	중 성
주격	λύσων	λύσουσα	λῦσον
속격, 탈격	λύσοντος	λυσούσης	λύσοντος
처격, 조격, 여격	λύσοντι	λυσούσῃ	λύσοντι
대격	λύσοντα	λύσουσαν	λῦσον

복 수

	남 성	여 성	중 성
주격	λύσοντες	λύσουσαι	λύσοντα
속격, 탈격	λυσόντων	λυσουσῶν	λυσόντων
처격, 조격, 여격	λύσουσι(ν)	λυσούσαις	λύσουσι(ν)
대격	λύσοντας	λυσούσας	λύσοντα

* 남성과 중성은 제3격변화를 따라 그리고 여성은 제1격변화를 따라 격변화를 한다.

* 미래 시제 접미어 -σ가 공통으로 들어있다.

113.4 λύω의 미래 중간태 분사

단 수

	남 성	여 성	중 성
주격	λυσόμενος	λυσομένη	λυσόμενον
속격, 탈격	λυσομένου	λυσομένης	λυσομένου
처격, 조격, 여격	λυσομένῳ	λυσομένῃ	λυσομένῳ
대격	λυσόμενον	λυσομένην	λυσόμενον

복 수

	남 성	여 성	중 성
주격	λυσόμενοι	λυσόμεναι	λυσόμενα
속격, 탈격	λυσομένων	λυσομένων	λυσομένων
처격, 조격, 여격	λυσομένοις	λυσομέναις	λυσομένοις
대격	λυσομένους	λυσομένας	λυσόμενα

(1) 남성과 중성은 제2격변화를 따라 그리고 여성은 제1격변화를 따라 격변화를 한다.

(2) 미래 시제 접미어 -σ와 미래 중간태 분사 접미어 -μεν이 공통으로 들어 있다.

113.5 λύω의 미래 수동태 분사

단 수

	남 성	여 성	중 성
주격	λυθησόμενος	λυθησομένη	λυθησόμενον
속격 / 탈격	λυθησομένου	λυθησομένης	λυθησομένου
처격 / 조격 / 여격	λυθησομένῳ	λυθησομένῃ	λυθησομένῳ
대격	λυθησόμενον	λυθησομένην	λυθησόμενον

복 수

	남 성	여 성	중 성
주격	λυθησόμενοι	λυθησόμεναι	λυθησόμενα
속격 / 탈격	λυθησομένων	λυθησομένων	λυθησομένων
처격 / 조격 / 여격	λυθησομένοις	λυθησομέναις	λυθησομένοις
대격	λυθησομένους	λυθησομένας	λυθησόμενα

113.6 εἰμί의 현재 분사

	단 수			복 수		
	남 성	여 성	중 성	남 성	여 성	중 성
주격	ὤν	οὖσα	ὄν	ὄντες	οὖσαι	ὄντα
속격 / 탈격	ὄντος	οὔσης	ὄντος	ὄντων	οὐσῶν	ὄντων
처격 / 조격 / 여격	ὄντι	οὔσῃ	ὄντι	οὖσι(ν)	οὔσαις	οὖσι(ν)
대격	ὄντα	οὖσαν	ὄν	ὄντας	οὔσας	ὄντα

114. 분사의 성격

(1) 동사적 형용사

분사는 하나의 동사적 형용사이다. 분사의 이러한 이중적 성격 때문에, 분사는 동사의 성격(시제와 태)과 아울러 형용사적 성격(성, 수, 격)을 취한다. 따라서 분사는 한편으로 하나의 동사로서 목적어를 취하거나 혹은 부사적 수식어로서 사용되기도 하며 또 다른 한편으로 분사는 하나의 형용사로서 서술적으로 혹은 형용적 수식어로서 사용되기도 한다.

(2) 분사를 취하는 시제

네 가지 시제만이 분사를 취한다: 현재, 미래, 부정과거, 완료. 직설법에서 시제는 행위의 종류나 행위의 시간을 가리킨다. 그러나 분사에서는 시간 개념이 없고 행위의 종류만을 표현한다. 그러나 분사가 주동사와 갖는 관계에 있어서 현재 분사는 주동사의 행위와 동시적인 행위를 가리키고, 미래 분사는 주동사에 후속적인 행위를 가리키며, 부정과거 분사는 주동사의 행위에 선행하는 행위를 나타낸다. 따라서 분사 이해의 열쇠는 주동사의 시제를 파악하는 것이다.

115. 분사의 동사적 용법

분사가 동사적으로 사용될 때, 주동사에 대하여 다음과 같이 관계된다.

115.1 현재 분사

주동사의 행위에 동시적인 행위를 나타낸다.

(1) ὁ ἀπόστολος λύων τὸν δοῦλον βλέπει τὸν κύριον.

그 사도는, 그 종을 해방시키면서(해방시키는 동안에), 그 주님을 보고 있다.

λύων은 남성, 단수, 주격 분사로서 ὁ ἀπόστολος와 성, 수, 격이 일치하고 주체인 ἀπόστολος의 동작을 표현한다.

(2) θεωροῦμεν τὸν ἀπόστολον λέγοντα ταῦτα ἐν τῷ ἱερῷ.

우리는 그 사도가 성전에서 이것들을 말하고 있을 때(말하는 동안에) 그를 본다.

λέγοντα는 남성, 단수, 대격 분사로서 τὸν ἀπόστολον과 성, 수, 격이 일치하고 주체인 ἀπόστολος의 동작을 표현한다.

(3) προσερχόμεθα τῷ ἀποστόλῳ λέγοντι ταῦτα ἐν τῷ ἱερῷ.

우리가, 그 사도가 성전에서 이것들을 말하고 있을 때, 그(그 사도)에게 간다.

λέγοντι는 남성, 단수, 여격 분사로서 τῷ ἀποστόλω와 성, 수, 격이 일치하며 주체인 ἀπόστολος의 동작을 표현한다.

(4) διδασκομένῳ ὑπὸ τοῦ ἀποστόλου προσέρχονται αὐτῷ οἱ δοῦλοι.

그가 그 사도에 의해 가르침을 받고 있을 때, 그 종들이 그에게 온다.

διδασκομένῳ는 남성, 단수, 여격의 수동태 분사로서 αὐτῷ와 성, 수, 격이 일치하며 주체인 αὐτός의 동작을 표현한다.

(5) τῇ ἐπαύριον βλέπει τὸν Ἰησοῦν ἐρχόμενον πρὸς αὐτόν

그 다음 날에 예수께서 그에게 오는 것을 그가 본다.

분사 ἐρχόμενον(남성, 단수, 대격)은 τὸν Ἰησοῦν과 성, 수, 격이 일치

하며 그에게로 오시는 예수의 행동을 나타낸다.

115.2 부정과거 분사

(1) 주동사의 행위에 선행하는 행위를 나타낸다.

ὁ ἀπόστολος λύσας τὸν δοῦλον βλέπει τὸν κύριον.

그 사도는, 그 종을 풀어준 후에, 그 주님을 보고 있다

ἐμβλέψας τῷ Ἰησοῦ περιπατοῦντι λέγει

예수께서 거니시는 것을 그가 본 후에 그가 말한다

분사 ἐμβλέψας의 주동사는 λέγει이며 분사 περιπατοῦντι는 τῷ Ἰησου와 성, 수, 격이 일치한다

(2) 제2시제(과거 시제)의 주동사

주동사가 제2시제의 경우에도 부정과거 분사는 그 주동사의 행위에 선행하는 동작을 표현한다.

ὁ ἀπόστολος λύσας τὸν δοῦλον ἔβλεψε τὸν κύριον.

그 사도는, 그가 그 종을 해방시켰을 때(해방시킨 후에), 그 주님을 보았다.

115.3 완료 분사

완료 분사는 완료 시제의 독특한 성격을 그대로 반영한다. 완료 분사는 주동사의 행위에 선행하는 완료분사의 행위의 결과가 주동사의 행위의 시각에까지 전달되고 있는 상황을 나타낸다.

ὁ ἀπόστολος λελυκὼς τὸν δοῦλον βλέπει τὸν κύριον.

그 사도는, 그가 그 종을 풀어준 후에(그래서 그 종이 해방되어 있을 때), 그 주님을 보고 있다.

116. 분사의 형용사적 용법

116.1 형용사적 분사

(1) 형용적 용법

분사는 형용사처럼 한정적 위치에서 다른 명사를 수식한다. 이 경우에 분사는 대개 관사와 함께 나온다.

1. εἶδον τὸν ἄνθρωπον τὸν λέγοντα ταῦτα.
   나는 이것들을 말하고 있던(was saying) 그 사람을 보았다.
2. εἶδον τὸν ἄνθρωπον τὸν εἴποντα ταῦτα.
   나는 이것들을 말했던(said) 그 사람을 보았다.
3. ἔχομεν τὴν μένουσαν ἐλπίδα.
   우리는 영원한(지속적인) 희망을 갖고 있다.

(2) 서술적 용법

분사는 동사를 서술하는 서술적 위치에 올 수도 있다. 이때는 분사가 관사와 함께 나오지 않는다. 여기서 분사는 주동사 자체에 관한 어떤 것을 나타낸다. 예를 들면, 주동사의 행위에 관하여 어디서, 어떻게, 어떤 상황에서 등을 가리킨다. 따라서 분사의 의미를 보충하기 위하여 ~하는 동안(while) 혹은 ~와 같이(like, as) 등을 첨가하여 번역한다.

1. ἀναβαινουσα ἔβλεψε τὸν κύριον.
   그녀가 올라오면서(올라오는 동안에) 그 주님을 보았다
2. εἶδον τοὺς ἀποστόλους λέγοντας ταῦτα.
   그 사도들이 이것들을 말하고 있는 동안, 나는 그들(그 사도들)을 보았다
3. ἤμην δὲ ἀγνοούμενος τῷ προσώπῳ ταῖς ἐκκλησίαις.

그러나 나는 그 교회들에 얼굴로 알려지지 않았다(갈 1:22)

4. τὸ πρόσωπον αὐτοῦ ἦν πορευόμενον εἰς Ἰερουσαλήμ
   그의 얼굴이 예루살렘을 향하고 있었다(눅 9:53)
5. ἐθεώρουν τὸν Σατανᾶν ὡς ἀστραπὴν ἐκ τοῦ οὐρανοῦ πεσόντα
   사탄이 하늘로부터 번개처럼 떨어지는 것을 내가 보았다

(3) 문맥에 따른 번역

일반적으로 분사가 한정적 위치에 오면, 문맥에 따라 상대적으로 번역하는 것이 필요하다.

1. ~하는 사람(남자, 여자)

ὁ πιστεύων	믿는 사람(남성)
ἡ ἀκουόμενος	들려지고 있는 여성

2. ~하는 것(빛, 물 등)

τὸ ἐξερχόμενον	나오는 것
τὰ μὴ βλεπόμενα	보이지 않는 것들

ὁ τὸν λόγον μου ἀκούων	내 말을 듣는 사람
τοῦ πέμψαντός με πατρός	나를 보내신 아버지의
ὁ πιστεύων τῷ πέμψαντί με	나를 보낸 자를 믿는 사람

1. ὁ κύριος σῴζει τὸν πιστεύοντα ἐν αὐτῷ.
   그 주님이 그를 믿는 사람을 구원하신다
2. τὸ σῴζον ἀνθρώπους τὸ θέλημα τοῦ θεοῦ ἔστιν.
   사람들을 구원하는 것이 하나님의 뜻이다
3. πιστεύομεν ἐν τῷ πέμψαντι τὸν κύριον.

우리는 그를 보내신 분을 믿는다

4. τὰ βλεπόμενα οὐ μένει εἰς τὸν αἰῶνα.
   보이는 것들은 영원히 머물지 않는다
5. ὁ ἐμὲ μισῶν καὶ τὸν πατέρα μου μισεῖ
   나를 미워하는 사람은 내 아버지를 또한 미워한다
6. Ἴδε ὁ ἀμνὸς τοῦ θεοῦ ὁ αἴρων τὴν ἁμαρτίαν τοῦ κόσμου
   세상의 죄를 지고 가는 하나님의 어린양을 보라

(4) 분사의 부정어: μή

1. ὁ μὴ ἀγαπῶν με τοὺς λόγους μου οὐ τηρεῖ
   나를 사랑하지 않는 자는 내 말들을 지키지 않는다
2. πᾶν οὖν δένδρον μὴ ποιοῦν καρπὸν καλὸν
   ἐκκόπτεται καὶ εἰς πῦρ βάλλεται
   좋은 열매를 맺지 않는 모든 나무는 잘려져서
   불에 던져질 것이다
3. ὁ ἔχων δύο χιτῶνας μεταδότω τῷ μὴ ἔχοντι
   두 벌 옷을 가진 사람은 갖지 않은 사람에게 나눠 주라

116.2 분사의 부사적 용법

(1) 목적의 분사:

주동사의 목적을 나타내기 위하여 사용된다.

ἴδωμεν εἰ ἔρχεται Ἠλίας σώσων αὐτόν

엘리야가 그를 구하기 위하여 오는가를 봅시다(마 27:49)

(2) 이유의 분사:

주동사의 동작의 이유를 나타낸다.

ἐβαπτίζοντο ἐξομολογούμενοι τὰς ἁμαρτίας αὐτῶν
그들은 그들의 죄들을 고백하면서 침례를 받았다(마 3:11)

(3) 조건의 분사:

조건문의 전제문의 역할을 한다

ὁ ἔχων δύο χιτῶνας μεταδότω τῷ μὴ ἔχοντι
옷 두 벌 있는 자는 없는 자에게 나누어 주어라(눅 3:11)

(4) 보충의 분사:

주동사의 행위를 완성시키는 역할을 한다.

οὐ παύομαι εὐχαριστῶν ὑπὲρ ὑμῶν
너희를 위하여 감사하기를 그치지 않는다(엡 1:16)

117. 연습

117.1 다음 헬라어를 한글로 번역하시오.

(1) ὁ μένων ἐν τοῖς ῥήμασιν τοῦ χριστοῦ ἕξει ἐλπίδα καὶ εἰρήνην τῆς βασιλείας τοῦ θεοῦ.

(2) οὗτός δεῖ εἶναι ὁ βαπτίζων ἐν τῷ πνεύματι ἁγίῳ ἐν ὅλῳ τῷ κόσμῳ τῆς νυκτός.

(3) οἱ γινώσκοντες τὸν θεὸν ἠθέλησαν ἀκούειν τὰ ῥήματα τοῦ ἐρχομένου ἐκ τοῦ οὐρανοῦ.

(4) ὁ θεὸς ἀγάπη ἐστίν, καὶ ὁ μένων ἐν τῇ ἀγάπῃ αὐτοῦ θεραπεύθησεται ἐν αὐτῇ.

(5) ἐν τῷ ἐρημῷ οἱ μαθηταὶ αὐτοῦ βλέπουσιν τὸν κύριον διδάσκοντα τοῖς ὄχλοις.

(6) τὰ δαιμόνια ἐκβάλλοντο ὑπὸ τοῦ κυρίου τῆς ἐξουσίας διανοίγοντος τοὺς λόγους τῆς ἀληθείας.
(7) οἱ πιστεύοντες εἰς αὐτὸν οὐ κρίνονται· οἱ δὲ μὴ πιστεύοντες οὐ δικαιοῦνται.
(8) ὀφείλομεν ποιεῖν τὸ θέλημα τοῦ πέμποντός ἡμᾶς ἐν τῷ κόσμῳ καὶ τελειώσομεν αὐτοῦ τὰ ἔργα.
(9) ἐγώ εἰμὶ ὁ ἄρτος ὁ ζῶν καὶ λαμβανεῖτε τὴν ἀγάπην τοῦ καταβαίνοντος ἐκ οὐρανοῦ.
(10) ἐν ταῖς ἐσχάταις ἡμέραις αὐτὸς ἐγὼ ἀναστήσω τοὺς ἐρχομένους πρὸς με.

117.2 다음 신약성서 헬라어 구문을 연구하시오.

(1) ὁ ἔχων τὰς ἐντολάς μου καὶ τηρῶν αὐτὰς ἐκεῖνός ἐστιν ὁ ἀγαπῶν με·
(2) ὁ μένων ἐν ἐμοὶ κἀγὼ ἐν αὐτῷ οὗτος φέρει καρπὸν πολύν, ὅτι χωρὶς ἐμοῦ οὐ δύνασθε ποιεῖν οὐδέν
(3) μονογενὴς θεὸς ὁ ὢν εἰς τὸν κόλπον τοῦ πατρὸς ἐκεῖνος ἐξηγήσατο
(4) οὐ περὶ τούτων δὲ ἐρωτῶ μόνον, ἀλλὰ καὶ περὶ τῶν πιστευόντων διὰ τοῦ λόγου αὐτῶν εἰς ἐμέ
(5) ἤκουσαν οἱ δύο μαθηταὶ αὐτοῦ λαλοῦντος καὶ ἠκολούθησαν τῷ Ἰησοῦ
(6) εἶδεν ὁ Ἰησοῦς τὸν Ναθαναὴλ ἐρχόμενον πρὸς αὐτὸν καὶ λέγει περὶ αὐτου
(7) ὄψεσθε τὸν οὐρανὸν ἀνεῳγότα καὶ τοὺς ἀγγέλους τοῦ θεοῦ ἀναβαίνοντας καὶ καταβαίνοντας ἐπὶ τὸν

υἱὸν τοῦ ἀνθρώπου

(8) πολλοὶ ἐπίστευσαν εἰς τὸ ὄνομα αὐτοῦ θεωροῦντες αὐτοῦ τὰ σημεῖα ἃ ἐποίει·

(9) καὶ ἀρξάμενος ἀπὸ Μωϋσέως καὶ ἀπὸ πάντων τῶν προφητῶν διερμήνευσεν αὐτοῖς ἐν πάσαις ταῖς γραφαῖς τὰ περὶ ἑαυτοῦ

(10) καὶ εἶπαν πρὸς ἀλλήλους, οὐχὶ ἡ καρδία ἡμῶν καιομένη ἦν ἐν ἡμῖν ὡς ἐλάλει ἡμῖν ἐν τῇ ὁδῷ, ὡς διήνοιγεν ἡμῖν τὰς γραφάς

(11) καὶ ἦλθεν εἰς πᾶσαν τὴν περίχωρον τοῦ Ἰορδάνου κηρύσσων βάπτισμα μετανοίας εἰς ἄφεσιν ἁμαρτιῶν

(12) ἡμέρας τεσσεράκοντα πειραζόμενος ὑπὸ τοῦ διαβόλου καὶ οὐκ ἔφαγεν οὐδὲν ἐν ταῖς ἡμέραις ἐκείναις καὶ συντελεσθεισῶν αὐτῶν ἐπείνασεν

(13) καὶ αὐτὸς ἐδίδασκεν ἐν ταῖς συναγωγαῖς αὐτῶν δοξαζόμενος ὑπὸ πάντω̈

(14) καὶ ἐν τῇ συναγωγῇ ἦν ἄνθρωπος ἔχων πνεῦμα δαιμονίου ἀκαθάρτου καὶ ἀνέκραξεν φωνῇ μεγάλῃ

(15) ἐπιτιμῶν οὐκ εἴα αὐτὰ λαλεῖν, ὅτι ᾔδεισαν τὸν Χριστὸν αὐτὸν εἶναι

(16) αὐτὸς δὲ ἦν ὑποχωρῶν ἐν ταῖς ἐρήμοις καὶ προσευχόμενος

(17) καὶ ἰδοὺ ἄνδρες φέροντες ἐπὶ κλίνης ἄνθρωπον ὃς ἦν παραλελυμένος καὶ ἐζήτουν αὐτὸν εἰσενεγκεῖν καὶ θεῖναι [αὐτὸν] ἐνώπιον αὐτοῦ

(18) οὐκ ἔστιν μαθητὴς ὑπὲρ τὸν διδάσκαλον· κατηρτισμένος δὲ πᾶς ἔσται ὡς ὁ διδάσκαλος αὐτοῦ

(19) οἱ δὲ παραπορευόμενοι ἐβλασφήμουν αὐτὸν κινοῦντες τὰς

κεφαλὰς αὐτῶν

(20) ἐλήλυθεν γὰρ Ἰωάννης ὁ βαπτιστὴς μὴ ἐσθίων ἄρτον μήτε πίνων οἶνον, καὶ λέγετε, δαιμόνιον ἔχει

(21) ἐν αὐτῇ δὲ τῇ οἰκίᾳ μένετε ἐσθίοντες καὶ πίνοντες τὰ παρ᾽ αὐτῶν·

(22) ἤρατε τὴν κλεῖδα τῆς γνώσεως· αὐτοὶ οὐκ εἰσήλθατε καὶ τοὺς εἰσερχομένους ἐκωλύσατε

(23) κἀκεῖθεν ἐξελθόντος αὐτοῦ ἤρξαντο οἱ γραμματεῖς καὶ οἱ Φαρισαῖοι δεινῶς ἐνέχειν καὶ ἀποστοματίζειν αὐτὸν περὶ πλειόνων

(24) πᾶς ὁ ὑψῶν ἑαυτὸν ταπεινωθήσεται, καὶ ὁ ταπεινῶν ἑαυτὸν ὑψωθήσεται

(25) παραγενόμενος ὁ δοῦλος ἀπήγγειλεν τῷ κυρίῳ αὐτοῦ ταῦτα

(26) πλὴν ὁ υἱὸς τοῦ ἀνθρώπου ἐλθὼν ἆρα εὑρήσει τὴν πίστιν ἐπὶ τῆς γῆς;

(27) ἦν τὸ ῥῆμα τοῦτο κεκρυμμένον ἀπ᾽ αὐτῶν καὶ οὐκ ἐγίνωσκον τὰ λεγόμενα

제 20 과

부정과거 능동태와 중간태 분사

(Aorist Active and Middle Participles)

119. 단어

ἀδικία, ἡ 불의(wickedness)

ἀμήν 진실로(truly), 참으로(verily)

ἀποθνήσκω, ἀποθανοῦμαι, ἀπέθανον 내가 죽다(die)

βιβλίον, τό 기록된 문서(written document)

ἐλπίζω, ἐλπιῶ, ἤλπισα 내가 소망하다(hope)

ἔτι 아직(yet), 여전히(still)

λιπών, λιποῦσα, λιπόν λείπω의 제2부정과거 능동태 분사

λύσας, λύσασα, λῦσαν λύω의 제1부정과거 능동태 분사

γενόμενος, γενομένη, γενόμενον

γίνομαι의 제2부정과거 중간태 분사

καιρός, ὁ 때(time), 시기(period), 시대(age)

παράκλητος, ὁ 위로자(comforter), 보호자(advocate)

παρρησία, ἡ 담대함(boldness)

Πέτρος, ὁ 베드로(Peter)

στενάζω, στενάξω, ἐστέναξα 탄식하다(groan)

τέλειος, -α, -ον 완료된(finished), 완결된(complete)

ὑποκριτής, ου, ὁ 위선자(hypocrite)

120. 부정과거 분사의 형태

120.1 λύω의 제1부정과거 능동태 분사

부정과거 분사에는 접두모음이 붙지 않는다. 부정과거 분사는 부정과거 어간 위에서 형성된다. 제1부정과거 능동태 분사는 동사의 어간에 제1부정과거 시제 접미어인 -σα가 붙고 그 다음에 분사의 격어미가 붙는다. 남성과 중성은 제3격변화를 따라 그리고 여성은 제1격변화를 따라 격변화를 한다.

	단 수		
	남 성	여 성	중 성
주격	λύσας	λύσασα	λύσαν
속격, 탈격	λύσαντος	λυσάσης	λύσαντος
처격, 조격, 여격	λύσαντι	λυσάσῃ	λύσαντι
대격	λύσαντα	λύσασαν	λύσαν

	복 수		
	남 성	여 성	중 성
주격	λύσαντες	λύσασαι	λύσαντα
속격, 탈격	λυσάντων	λυσασῶν	λυσάντων
처격, 조격, 여격	λύσασι(ν)	λυσάσαις	λύσασι(ν)
대격	λύσαντας	λυσάσας	λύσαντα

120.2 λύω의 제1부정과거 중간태 분사

제1부정과거 중간태 분사는 동사의 어간에 제1부정과거 시제 접미어 -σα와 중간태 분사 접미어 -μεν 그리고 그 다음에 격어미가 붙어 형성된다. 시제 접미어 -σα 외에는 현재 중간태/수동태 분사와 정확하게 동일하다. 남성과 중성은 제2격변화를 따라 그리고 여성은 제1격변화를 따라 격변화를 한다.

단 수

	남 성	여 성	중 성
주격	λυσάμενος	λυσαμένη	λυσάμενον
속격, 탈격	λυσαμένου	λυσαμένης	λυσαμένου
처격, 조격, 여격	λυσαμένῳ	λυσαμένῃ	λυσαμένῳ
대격	λυσάμενον	λυσαμένην	λυσάμενον

복 수

	남 성	여 성	중 성
주격	λυσάμενοι	λυσάμεναι	λυσάμενα
속격, 탈격	λυσαμένων	λυσαμένων	λυσαμένων
처격, 조격, 여격	λυσαμένοις	λυσαμέναις	λυσαμένοις
대격	λυσαμένους	λυσαμένας	λυσάμενα

120.3 λείπω의 제2부정과거 능동태 분사

제2부정과거 분사는 제2부정과거 어간 위에서 형성된다. 제2부정과거 능동태와 중간태 분사는, 제2부정과거 어간을 갖는 것 외에는, 현재 능동태와 중간태 분사와 정확하게 동일하다. 따라서 λείπω의 현재 능동태 분사의 남성 단수 주격은 λείπων이지만, 제2부정과거 능동태 분사의 남성 단수 주격은 λίπων이다(제2부정과거 어간 λιπ-). 제2부정과거 능동태 분사의 경우도 남성과 중성은 제3격변화를 따라 그리고 여성은 제1격변화를 따라 격변화를 한다.

단 수

	남 성	여 성	중 성
주격	λιπών	λιποῦσα	λιπόν
속격, 탈격	λιπόντος	λιπούσης	λιπόντος
처격, 조격, 여격	λιπόντι	λιπούσῃ	λιπόντι
대격	λιπόντα	λιποῦσαν	λιπόν

복 수

	남 성	여 성	중 성
주격	λιπόντες	λιποῦσαι	λιπόντα
속격, 탈격	λιπόντων	λιπουσῶν	λιπόντων
처격, 조격, 여격	λιποῦσι(ν)	λιπούσαις	λιποῦσι(ν)
대격	λιπόντας	λιπούσας	λιπόντα

120.4 λείπω의 제2부정과거 중간태 분사

남성과 중성은 제2격변화를 따라 그리고 여성은 제1격변화를 따라 격변화를 한다.

단 수

	남 성	여 성	중 성
주격	λιπόμενος	λιπομένη	λιπόμενον
속격, 탈격	λιπομένου	λιπομένης	λιπομένου
처격, 조격, 여격	λιπομένῳ	λιπομένῃ	λιπομένῳ
대격	λιπόμενον	λιπομένην	λιπόμενον

복 수

	남 성	여 성	중 성
주격	λιπόμενοι	λιπόμεναι	λιπόμενα
속격, 탈격	λιπομένων	λιπομένων	λιπομένων
처격, 조격, 여격	λιπομένοις	λιπομέναις	λιπομένοις
대격	λιπομένους	λιπομένας	λιπόμενα

121. 부정과거 분사의 용법

121.1 주동사와의 관계

부정과거 분사는 주동사와의 관계에 있어서 주동사보다 시간적으로 선행하는 행위를 타나내며, 부정과거 분사 그 자체로는 점적인 행위를 나타낸다. 이것은 부정과거 시제가 갖는 성격과 관계된 것이다. 부정과거 분사의 형용적 용법과 독립적 용법은 현재 분사의 용법과 동일하다.

(1) εἰπὼν ταῦτα ἀπῆλθεν.

그가 이것들을 말했을 때, 그가 이것들을 말한 후에, 그가 이것들을 말하고 그리고	그는 가버렸다

(2) ἰδὼν ταῦτα ἐδόξαζε τὸν θεόν.

그가 이것들을 보고 나서 그가 이것들을 보았을 때 그가 이것들을 보았기 때문에	그는 하나님을 영화롭게 하고 있었다

(3) παρελάβομεν αὐτὸν εἰπόντα ταῦτα.

그가 이것들을 말했을 때 그가 이것들을 말한 후에 그가 이것들을 말했기 때문에	우리는 그를 영접했다

(4) προσῆλθον αὐτῇ εἰπούσῃ ταῦτα.

그녀가 이것들을 말했을 때 그녀가 이것들을 말한 후에 그녀가 이것들을 말했기 때문에	그들이 그녀에게 왔다

(5) τυφλὸς ὢν ἄρτι βλέπω.

내가(전에는) 소경이었었지만, 지금은 내가 본다

(6) πορευόμενοι ἐκήρυσσον.

그들이 옴에 따라 그들이 오는 동안	그들은 선포하고 있었다

(7) ἔρχομαι ζητῶν καρπόν.

<table>
<tr><td rowspan="2">내가</td><td>열매를 구하면서</td><td rowspan="2">온다</td></tr>
<tr><td>열매를 구하기 위하여</td></tr>
</table>

121.2 현재분사와 부정과거 분사의 의미상의 차이

현재 분사는 주동사의 행위에 동시적이거나 혹은 후속적인 행위를 나타낸다. 부정과거 분사는 주동사의 행위에 선행하거나 일치할 수 있지만, 후속적인 행위를 표현하지는 않는다. 그러나 부정과거 분사가 예견적으로 사용될 때가 가끔 있다. 분사의 행위가 주동사의 행위에 선행하는가, 동시적인가, 혹은 후속적인가는 문맥에 따라 결정되어야 한다.

1. ἐγένετο ἄνθρωπος, ἀπεσταλμένος παρὰ θεοῦ
   한 사람이 나타났는데, 그는 하나님께로부터 보냄을 받았다
2. διὰ τοῦτο ἦλθον ἐγὼ ἐν ὕδατι βαπτίζων
   이 일로 인하여 내가 와서 물로 침례를 주고 있다
3. τὸ πνεῦμα καταβαῖνον ὡς περιστερὰν ἐξ οὐρανοῦ
   καὶ ἔμεινεν ἐπ' αὐτόν
   성령이 비둘기 같이 하늘로부터 내려와서 그리고
   그 사람 위에 머물렀다
4. ἐμβλέψας αὐτῷ ὁ Ἰησοῦς εἶπεν
   예수께서 그를 꿰뚫어 보신 후에 말씀하셨다
5. καταλιπὼν πάντα ἀναστὰς ἠκολούθει αὐτῷ
   그가 모든 것들을 버려둔 후에 일어나 그를 좇았다
6. ἰδόντες αὐτὸν προσεκύνησαν

그들이 그를 본 후에 경배했다

7. ἰδόντες δὲ οἱ βόσκοντες τὸ γεγονὸς ἔφυγον καὶ ἀπήγγειλαν εἰς τὴν πόλιν
돼지를 치던 그 사람들이 그 일어난 일을 본 후에 달아나서 그 도시에 알렸다

122. 연습

122.1 다음 헬라어를 한글로 번역하시오.

(1) ἐκβαλών τὰ δαιμόνια ἐκ ὄχλων ὁ κύριος ἤγαγε τοὺς μαθητὰς αὐτοῦ εἰς τὴν ὁδὸν.

(2) ἐν ἐκείνῃ τῇ ἡμέρᾳ ἐβλέπετε τὴν δόξαν τοῦ κυρίου τοῦ ἔλθοντος πρὸς τὸν μικρὸν οἶκον.

(3) εὕρετε τὸν διδάσκαλον ἐρχόμενον πρὸς αὐτοὺς καὶ εἰπόντα ὅτι οὗτός ἐστιν ὁ μεσσίας.

(4) οὐ τὸ εἰσερχόμενον εἰς τὸ στόμα κοινοῖ ἄνθρωπον ἀλλὰ τὸ ἐξερχόμενον ἐκ τοῦ στόματος τοῦτο κοινοῖ ἄνθρωπον.

(5) πορευόμενοι κηρύσσετε ὅτι ὁ κύριος ἦλθεν σώζειν τοὺς λαβόντας τὸ εὐαγγέλιον αὐτοῦ.

(6) λαβὼν τὰ δῶρα ἔγραφον ὑμῖν περὶ τοῦ σώσαντος ὑμᾶς ἐν τῇ ἀληθείᾳ τῇ καινῇ.

(7) ἀκούσαντες ἐπαγγελίων τῶν λεγομένων ὑπὸ τῶν μαθητῶν ἐπίστευσαν εἰς τὸν σωτῆρα.

(8) παραλαβόντες τὰ βιβλία ἀπὸ τοῦ ἄρχοντος προσηυξάμεθα τῷ θεῷ τῶν οὐρανῶν.

(9) ἰδοῦσαι αὗται αἱ ἀδελφαὶ τὸν κηρύξαντα τὸ εὐαγγέλιον ἀπῆλθον πρὸς τὴν ἔρημον.

(10) οἱ ὄχλοι εἰσῆλθον εἰς τὸν κακὸν ὁδὸν μὴ ἰδόντες τὸν διδάξαντα ἡμᾶς.

122.2 다음 헬라어 문장을 연구하시오.

(1) λάβοντες ταύτας τὰς ἀλεθείας παρὰ τῶν πιστευόντων εἰς τὸν κύριον οἱ ἀπόστολοι εἰσῆλθον εἰς τὴν οἰκίαν αὐτοῦ.

(2) αἱ πισταί εἰσιν αἱ δεξάμεναι τοὺς διωκομένους ὑπὸ τοῦ ἄρχοντος.

(3) οἱ ἰδοντες τὸν χριστὸν ἦλθον πρὸς τοὺς ἀγαγόντας τοὺς μαθητὰς ἐκ τοῦ οἴκου.

(4) οὗτοι οἱ πιστοὶ εἰσιν οἱ κηρύξαντες τὸ εὐαγγέλιον, ἀλλ᾽ ἐκεῖνοι οἱ κακοὶ οἱ διώξαντες τοὺς πιστευόντας.

(5) προσενέγκοντες τῷ κυρίῳ τῶν διωκομένων τὰ τέκνα τοῦ θεοῦ ἀπῆλθεν πρὸς ἄλλον τόπον.

(6) ποιέσομεν τὸ θέλημα τὸ ἐμὸν ἀλλὰ τὸ θέλημα τοῦ πέμψαντος τὸν υἱὸν αὐτοῦ.

(7) Ἰησοῦς εἶπεν ἐγώ εἰμι ὁ ἄρτος ὁ ζῶν ὁ ἐκ τοῦ οὐρανοῦ καταβάς.

(8) ἀκούσαντες τὰ λεγόμενα ὑπὸ τῶν μαθητῶν τοῦ κυρίου ἐπίστευσαν εἰς αὐτόν.

(9) αἱ λάβουσαι ταῦτα ἀπὸ τῶν τέκνων τοῦ θεοῦ εἶδον τὸν κύριον ἔτι ὄντα ἐν τῷ οἴκῳ.

(10) καθὼς ἀπέστειλέν με ὁ ζῶν πατὴρ κἀγὼ ζῶ διὰ τὸν πατέρα, καὶ ὁ τρώγων με κακεῖνος ζήσει δι᾽ ἐμέ.

(11) καὶ ἀπῆλθόν τινες τῶν σὺν ἡμῖν ἐπὶ τὸ μνημεῖον, καὶ εὗρον οὕτως καθὼς καὶ αἱ γυναῖκες εἶπον, αὐτὸν δὲ οὐκ εἶδον

(12) καὶ ἀναστάντες αὐτῇ τῇ ὥρᾳ ὑπέστρεψαν εἰς Ἰερουσαλήμ, καὶ εὗρον ἠθροισμένους τοὺς ἕνδεκα καὶ τοὺς σὺν αὐτοῖς

(13) καὶ παραγενόμενος ὁ δοῦλος ἀπήγγειλεν τῷ κυρίῳ αὐτοῦ ταῦτα̈. τότε ὀργισθεὶς ὁ οἰκοδεσπότης εἶπεν τῷ δούλῳ αὐτοῦ

(14) ἠρώτησεν αὐτὸν ἀπὸ τῆς γῆς ἐπαναγαγεῖν ὀλίγον, καθίσας δὲ ἐκ τοῦ πλοίου ἐδίδασκεν τοὺς ὄχλους

(15) δι᾽ ὅλης νυκτὸς κοπιάσαντες οὐδὲν ἐλάβομεν· ἐπὶ δὲ τῷ ῥήματί σου χαλάσω τὰ δίκτυα

(16) ἐπιγνοὺς δὲ ὁ Ἰησοῦς τοὺς διαλογισμοὺς αὐτῶν ἀποκριθεὶς εἶπεν πρὸς αὐτούς

(17) καὶ παραχρῆμα ἀναστὰς ἐνώπιον αὐτῶν, ἄρας ἐφ᾽ ὃ κατέκειτο, ἀπῆλθεν εἰς τὸν οἶκον αὐτοῦ δοξάζων τὸν θεόν

(18) περιβλεψάμενος πάντας αὐτοὺς εἶπεν αὐτῷ, Ἔκτεινον τὴν χεῖρά σου. ὁ δὲ ἐποίησεν, καὶ ἀπεκατεστάθη ἡ χεὶρ αὐτοῦ

(19) ἐξελθόντες ἐκ τῶν μνημείων μετὰ τὴν ἔγερσιν αὐτοῦ εἰσῆλθον εἰς τὴν ἁγίαν πόλιν καὶ ἐνεφανίσθησαν πολλοῖς

(20) προσελθὼν ὁ Ἰησοῦς ἐλάλησεν αὐτοῖς λέγων, ἐδόθη μοι πᾶσα ἐξουσία ἐν οὐρανῷ καὶ ἐπὶ τῆς γῆς

(21) ἐγένετο δὲ ἐν τῷ λέγειν αὐτὸν ταῦτα ἐπάρασά τις φωνὴν γυνὴ ἐκ τοῦ ὄχλου εἶπεν αὐτῷ, Μακαρία ἡ κοιλία ἡ βαστάσασά σε καὶ μαστοὶ οὓς ἐθήλασας

(22) ὁ δὲ ἀρνησάμενός με ἐνώπιον τῶν ἀνθρώπων ἀπαρνηθήσεται ἐνώπιον τῶν ἀγγέλων τοῦ θεοῦ

(23) μακάριος ὁ δοῦλος ἐκεῖνος, ὃν ἐλθὼν ὁ κύριος αὐτοῦ εὑρήσει ποιοῦντα οὕτως

(24) ἥξει ὁ κύριος τοῦ δούλου ἐκείνου ἐν ἡμέρᾳ ᾗ οὐ προσδοκᾷ καὶ ἐν ὥρᾳ ᾗ οὐ γινώσκει, καὶ διχοτομήσει αὐτὸν καὶ τὸ μέρος αὐτοῦ μετὰ τῶν ἀπίστων θήσει

(25) οὐχ εὑρέθησαν ὑποστρέψαντες δοῦναι δόξαν τῷ θεῷ εἰ μὴ ὁ ἀλλογενὴς οὗτος;

(26) μαστιγώσαντες ἀποκτενοῦσιν αὐτόν, καὶ τῇ ἡμέρᾳ τῇ τρίτῃ ἀναστήσεται

(27) ἰδόντες πάντες διεγόγγυζον λέγοντες ὅτι παρὰ ἁμαρτωλῷ ἀνδρὶ εἰσῆλθεν καταλῦσαι

(28) τὰ γὰρ ἀόρατα αὐτοῦ ἀπὸ κτίσεως κόσμου τοῖς ποιήμασιν νοούμενα καθορᾶται

제 21 과
부정과거 수동태 분사
(Aorist Passive participles)

123. 단어

ἀγγελία, ἡ 전언(message)
ἀποσταλείς, ἀποσταλεῖσα, ἀποσταλέν
ἀποστέλλω의 부정과거 제2수동태 분사
δέχομαι, δέξομαι, ἐδεξάμην 내가 받는다(receive)
διακονία, ἡ 직무(ministry)
ἐκεῖ (부사) 저기(there)
εὐθέως, εὐθύς (부사) 곧(at once), 즉시(immediately)
κεφαλή, ἡ 머리(head)
κοινωνία, ἡ 교제(fellowship)
λυθείς, λυθεῖσα, λυθέν λύω의 부정과거 제1수동태 분사
φεύγω, φεύξομαι, ἔφυγον 도망하다(flee)
φυλακή, ἡ 파수(watch), 감옥(prison)
φῶς, -τος, τό 빛(light)
ὧδε (부사) 여기에(here), 여기로(hither)

124. 부정과거 수동태 분사의 형태

부정과거 수동태 분사는 부정과거 수동태 어간 위에서 형성된다. 부정과거 제1수동태 분사는 부정과거 수동태 시제 접미어인 -θε를 포함하지만, 부정과거 제2수동태 분사는 그것을 포함하지

않는다. 남성과 중성은 제3격변화를 따라 그리고 여성은 제1 격변화를 따라 격변화를 한다.

124.1 λύω의 부정과거 제1수동태 분사

단 수

	남 성	여 성	중 성
주격	λυθείς	λυθεῖσα	λυθέν
속격, 탈격	λυθέντος	λυθείσης	λυθέντος
처격, 조격, 여격	λυθέντι	λυθείσῃ	λυθέντι
대격	λυθέντα	λυθεῖσαν	λυθέν

복 수

	남 성	여 성	중 성
주격	λυθέντες	λυθεῖσαι	λυθέντα
속격, 탈격	λυθέντων	λυθεισῶν	λυθέντων
처격, 조격, 여격	λυθεῖσι(ν)	λυθείσαις	λυθεῖσι(ν)
대격	λυθέντας	λυθείσας	λυθέντα

124.2 부정과거 제1수동태 분사의 예들

πέμπω -------> πεμφθείς, -θεῖσα, -θέν

ἄγω ---------> ἀχθείς, -θεῖσα, -θέν

πείθω -------> πεισθείς, -θεῖσα, -θεν

γεννάω ------> γεννηθείς, -θεῖσα, -θέν

φανερόω -----> φανερωθείς -θεῖσα, -θέν

124.3 ἀποστέλλω의 부정과거 제2수동태 분사

단 수

	남 성	여 성	중 성
주격	ἀποσταλείς	ἀποσταλεῖσα	ἀποσταλέν
속격/탈격	ἀποσταλέντος	ἀποσταλείσης	ἀποσταλέντος
처격/조격/여격	ἀποσταλέντι	ἀποσταλείσῃ	ἀποσταλέντι
대격	ἀποσταλέντα	ἀποσταλεῖσαν	ἀποσταλέν

복 수

	남 성	여 성	중 성
주격	ἀποσταλέντες	ἀποσταλεῖσαι	ἀποσταλέντα
속격/탈격	ἀποσταλέντων	ἀποσταλεισῶν	ἀποσταλέντων
처격/조격/여격	ἀποσταλεῖσι(ν)	ἀποσταλείσαις	ἀποσταλεῖσι(ν)
대격	ἀποσταλέντας	ἀποσταλείσας	ἀποσταλέντα

124.4 부정과거 제2수동태 분사의 예들

γράφω ---------> γραφείς, -εῖσα, -έν

φαίνω ---------> φανείς, -εῖσα, -έν

στρέφω --------> στραφείς, -εῖσα, -έν

125. 부정과거 수동태 분사의 용법

다른 부정과거 분사와 마찬가지로 부정과거 수동태 분사도 주동사의 행위에 선행하는 행위를 나타낸다. 분사 자체는 부정과거 수동태이기 때문에, 주어가 단순행위를 받는 의미를 나타낸다. 그리고 앞에 설명한 분사의 서술적, 형용적, 그리고 독립적 용법을 갖는다.

1. ἐκβληθέντα τὰ δαιμόνια ὑπὸ τοῦ κυρίου ἀπῆλθεν εἰς τὴν θάλασσαν.
   그 귀신들이 주님에 의해 쫓겨난 후 그 바다에 들어가 버렸다.
2. ἐγερθέντι ἐκ νεκρῶν προσῆλθον αὐτῷ.
   그가 죽은 자들 중에서 일으킴을 받은 후 그들이 그에게로 왔다.
3. οἱ διδαχθέντες ὑπὸ τοῦ ἀποστόλου ἦλθον εἰς τὸν οἶκον.
   그 사도에게서 가르침을 받은 사람들이 그 집으로 들어 왔다.
4. ὁ λυθεὶς δοῦλος ὑπὸ τοῦ κυρίου ἤκουσε τῶν φωνῶν αὐτοῦ.
   그 주님에 의하여 해방된 그 종이 그 주님의 음성들을 들었다.

126. 독립 속격 분사

126.1 일반적 성격

신약성서 헬라어에서 독립 속격은 매우 흔한 것이다. 독립 속격 분사는 주절과 어떤 특별한 문법적 관계가 없이 부사적으로 사용되는 것이다. 일반적인 분사의 경우에는 분사의 성, 수, 격이 주동사의 그것과 동일하다.

(예) εἰσελθὼν εἰς τὸν οἶκὸν, ἔβλεψε τὸ τέκνον.

그가 그 집에 들어왔을 때, 그는 그 자녀들을 보았다.

여기서 εἰσελθὼν의 주체는 ἔβλεψε의 주체와 동일하다.

126.2 독립 속격 분사의 주체

독립 속격 분사의 경우는 분사의 주체가 따로 제시되며 그 주체와 분사가 모두 속격으로 표현된다. 따라서 독립 속격의 주체는 주절에서 제시되는 것이 아니라 속격의 분사와 함께 속격으로 따로 제시된다.

1. λέγοντος τοῦ δούλου ταῦτα, οἱ μαθηταὶ διδάσκουσιν.
   그 종이 이것들을 말하고 있을 때, 그 제자들은 가르치고 있다(이것들을 말하고 있는 주체는 그 종)
2. αὐτοῦ λέγοντος ταῦτα, οἱ δοῦλοι ἀπῆλθον.
   그가 이것들을 말하고 있는 동안, 그 종들은 가버렸다
3. αὐτῶν διδαχθέντων ὑπὸ τοῦ κυρίου, ἐξῆλθον οἱ δοῦλοι πρὸς τὴν ἔρημον.
   그들이 주님에게서 가르침을 받은 후에, 그 종들은 광야로 나갔다
4. ἐλθὼν ἐκεῖνος ἐλέγξει τὸν κόσμον περὶ ἁμαρτίας καὶ περὶ δικαιοσύνης καὶ περὶ κρίσεως·
   저가 올 때에 죄에 대하여 그리고 의에 대하여 그리고 심판에 대하여 세상을 심판할 것이다
5. ὑστερήσαντος οἴνου λέγει ἡ μήτηρ τοῦ Ἰησοῦ πρὸς αὐτόν
   포도주가 부족하게 되었을 때 예수의 어머니가 그에게 말한다

127. 연습

127.1 다음 헬라어를 한글로 번역하시오.

(1) αὕτη ἐστὶν ἡ ἀγάπη ἡ κηρυχθεῖσα ἐν τῇ ἐκκλησίᾳ ὑπὸ τῶν ἀκουόντων τὰς φωνὰς τοῦ θεοῦ.

(2) τῶν ὄχλων σωθέντων ἐν τοῖς λόγοις τῆς ζωῆς τὸ ὄνομα τοῦ χριστοῦ ἐδοξάσθη ἐν τῷ κόσμῳ.

(3) οἱ διδάχθεντες περὶ τὴν ἀλήθειαν τῆς βασιλείας ἐπίστευσαν αὐτῷ καὶ ἐβαπτίσθησαν ἐν τῷ ὀνόμα αὐτοῦ.

(4) γραφεισῶν τῶν διδάχων τῆς ἐκκλησίας οἱ μαθηταὶ τοῦ κυρίου ἀπέλυσαν τὸν ὄχλον.

(5) πορευθέντων τῶν μαθητῶν πρὸς τὸν κύριον οἱ ἄγγελοι εἶπον ταῦτα αὐτοῖς ἐν παρρησίᾳ.

(6) ἐγέρθεντος τοῦ χριστοῦ ἐκ νέκρων οἱ ἀπόστολοι τοῦ φῶτος ἤνεγκον τὰ τέκνα πρὸς αὐτόν.

(7) εἰσέλθοντος εἰς τὴν οἰκίαν τοῦ ἐγέρθεντος ὑπὸ τοῦ κυρίου οἱ ἐν τῷ οἴκῳ μαθηταὶ ἐθαύμασαν.

(8) ἐκβληθείσης τῆς ἀδελφῆς ἐκ τῆς συναγωγῆς οἱ μαθηταὶ τοῦ Ἰησοῦ ἦλθον καὶ παρεκάλεσαν αὐτήν.

(9) βλήθεντες εἰς φυλακὴν διὰ τοὺς λόγους τῆς βασιλείας οἱ προφηταὶ ἐδόξασαν ἐκεῖ τὸν σώζοντα αὐτούς.

(10) τοῖς θεραπευθεῖσιν ὑπὸ τοῦ κυρίου εἴπετε τὰ ῥήματα ἐλπίδος καὶ φῶτος.

128. 다음 헬라어 문장을 연구하시오.

(1) ἀκούσαντες τὰ λεγόμενα ὑπ᾽ αὐτοῦ ἐπίστευσαν εἰς τὸν ὑψώθεντα κύριον.

(2) εἴδομεν τοὺς γενομένους μαθητὰς τοῦ κυρίου καὶ ἔτι μένοντας ἐν τῇ ἐλπίδι αὐτῶν.

(3) ἴδοντες τοὺς ἔτι ὄντες ἐν τῷ ἱερῷ ἐκήρυξαν αὐτοῖς τὴν βασιλείαν τοῦ θεοῦ.

(4) οἱ ἴδοντες τὸν κύριον ἦλθον πρὸς τοὺς ἀγάγοντας τὸν μαθητὴν εἰς τὸν ἱερόν.

(5) προσενέγκοντες τῷ κυρίῳ τὸν διωκόμενον ὑπὸ τῶν ἀρχόντων τῶν πονηρῶν ἀπήλθετε εἰς ἄλλον τόπον.

(6) ἀναλήμφθεντος αὐτοῦ εἰς οὐρανὸν εἰσῆλθον οἱ μαθηταὶ εἰς τὴν οἰκίαν αὐτῶν.

(7) αὗται εἰσιν αἱ διωχθεῖσαι καὶ ἔτι διωκόμεναι ὑπὸ τῶν ἀρχόντων.

(8) εἰσερχομένῳ σοι εἰς τὴν οἰκίαν αὐτῆς προσῆλθον οἱ ἄρχοντες, εἰσελθοντα δὲ ἐξέβαλον.

(9) πορευόμενοι δὲ κηρύσσετε λέγοντες ὅτι ὁ κύριος σώζει τοὺς πιστεύοντας ἐν αὐτῷ.

(10) βλήθεντες εἰς φυλακὴν διὰ τὸ εὐαγγέλιον τὸ κηρυχθὲν αὐτοῖς ὑπ᾽ τοῦ κυρίου ἐδόξασαν ἐκεῖ τὸν σώσαντα αὐτούς.

(11) στραφεὶς δὲ ὁ Ἰησοῦς καὶ θεασάμενος αὐτοὺς ἀκολουθοῦντας λέγει αὐτοῖς

(12) προσδοκῶντος δὲ τοῦ λαοῦ καὶ διαλογιζομένων πάντων ἐν ταῖς καρδίαις αὐτῶν περὶ τοῦ Ἰωάννου, μήποτε αὐτὸς εἴη ὁ Χριστός

(13) ταῦτα δὲ αὐτοῦ λέγοντος ἐγένετο νεφέλη καὶ ἐπεσκίαζεν αὐτούς

(14) τῇδε ἦν ἀδελφὴ καλουμένη Μαριάμ, καὶ παρακαθεσθεῖσα πρὸς τοὺς πόδας τοῦ κυρίου ἤκουεν τὸν λόγον αὐτοῦ

(15) ἐγένετο δὲ τοῦ δαιμονίου ἐξελθόντος ἐλάλησεν ὁ κωφός καὶ ἐθαύμασαν οἱ ὄχλοι

(16) τῶν δὲ ὄχλων ἐπαθροιζομένων ἤρξατο λέγειν, ἡ γενεὰ αὕτη γενεὰ πονηρά ἐστιν

(17) ταῦτα λέγοντος αὐτοῦ κατῃσχύνοντο πάντες οἱ ἀντικείμενοι αὐτῷ, καὶ πᾶς ὁ ὄχλος ἔχαιρεν ἐπὶ πᾶσιν τοῖς ἐνδόξοις τοῖς γινομένοις ὑπ' αὐτοῦ

(18) δαπανήσαντος δὲ αὐτοῦ πάντα ἐγένετο λιμὸς ἰσχυρὰ κατὰ τὴν χώραν ἐκείνην, καὶ αὐτὸς ἤρξατο ὑστερεῖσθαι

(19) πορευθεὶς ἐκολλήθη ἑνὶ τῶν πολιτῶν τῆς χώρας ἐκείνης, καὶ ἔπεμψεν αὐτὸν εἰς τοὺς ἀγροὺς αὐτοῦ βόσκειν χοίρους

(20) εἰσερχομένου αὐτοῦ εἴς τινα κώμην ἀπήντησαν [αὐτῷ] δέκα λεπροὶ ἄνδρες

(21) ἐγγίσαντος δὲ αὐτοῦ ἐπηρώτησεν αὐτόν, Τί σοι θέλεις ποιήσω;

(22) ἀκουόντων δὲ αὐτῶν ταῦτα προσθεὶς εἶπεν παραβολὴν διὰ τὸ ἐγγὺς εἶναι Ἰερουσαλὴμ αὐτὸν καὶ δοκεῖν αὐτοὺς ὅτι παραχρῆμα μέλλει ἡ βασιλεία τοῦ θεοῦ ἀναφαίνεσθαι

(23) πορευομένου δὲ αὐτοῦ ὑπεστρώννυον τὰ ἱμάτια αὐτῶν ἐν τῇ ὁδῷ

(24) οἱ δὲ καταξιωθέντες τοῦ αἰῶνος ἐκείνου τυχεῖν καὶ τῆς ἀναστάσεως τῆς ἐκ νεκρῶν οὔτε γαμοῦσιν οὔτε γαμίζονται·

(25) ἀποψυχόντων ἀνθρώπων ἀπὸ φόβου καὶ προσδοκίας τῶν ἐπερχομένων τῇ οἰκουμένῃ, αἱ γὰρ δυνάμεις τῶν οὐρανῶν σαλευθήσονται

(26) ἀρχομένων δὲ τούτων γίνεσθαι ἀνακύψατε καὶ ἐπάρατε τὰς κεφαλὰς ὑμῶν, διότι ἐγγίζει ἡ ἀπολύτρωσις ὑμῶν

(27) εἰσελθόντων ὑμῶν εἰς τὴν πόλιν συναντήσει ὑμῖν ἄνθρωπος κεράμιον ὕδατος βαστάζων

(28) ἔτι αὐτοῦ λαλοῦντος ἰδοὺ ὄχλος, καὶ ὁ λεγόμενος Ἰούδας εἷς τῶν δώδεκα προήρχετο αὐτούς καὶ ἤγγισεν τῷ Ἰησοῦ φιλῆσαι αὐτόν

(29) καθ' ἡμέραν ὄντος μου μεθ' ὑμῶν ἐν τῷ ἱερῷ οὐκ ἐξετείνατε τὰς χεῖρας ἐπ' ἐμέ, ἀλλ' αὕτη ἐστὶν ὑμῶν ἡ ὥρα καὶ ἡ ἐξουσία τοῦ σκότους

(30) στραφεὶς ὁ κύριος ἐνέβλεψεν τῷ Πέτρῳ, καὶ ὑπεμνήσθη ὁ Πέτρος τοῦ ῥήματος τοῦ κυρίου

제 22 과
완료와 과거완료
(Perfect and Pluperfect)

129. 단어

ἀκήκοα 내가 들어 왔다(ἀκούω의 제2완료 능동태)

ἀληθινός, ἀληθινή, ἀληθινόν 참다운(true)

ἁλιεύς, -έως, ὁ 어부(fisherman)

ἀρχιερεύς, -έως, ὁ 대제사장(high priest)

βάθος, -ους, τό 깊이(depth)

βέβληκα 내가 던져 왔다(βάλλω의 완료)

γέγραφα 내가 써왔다(γράφω의 완료)

ἐγγίζω, ἤγγισα, ἤγγικα 가까이 오다(come near), 다가오다(draw near), 접근하다(approach)

ἔγνωκα 내가 알아 왔다(γινώσκω의 완료)

ἐγήγερται 그가 일으킴을 받았다(ἐγείρω의 완료 수동태)

ἐλήλυθα 내가 왔다 혹은 갔다(ἔρχομαι의 완료)

ἑώρακα 내가 보았다(ὁράω의 완료 능동태)

ἠγάπηκα 내가 사랑해 왔다(ἀγαπάω의 완료)

λέλυκα 내가 풀어 왔다(λύω의 완료)

μαρτυρέω, ἐμαρτύρησα, μεμαρτύρηκα 증언하다(bear witness)

φοβέομαι, ἐφοβούμην, ἐφοβήθην 두려워하다(be afraid, fear)

130. 완료 시제의 형태

130.1 λύω의 완료 능동태

단수

1인칭	λέ-λυ-κα	내가 풀어놓았다
2인칭	λέ-λυ-κας	네가 풀어놓았다
3인칭	λέ-λυ-κε(ν)	그(녀)가 풀어놓았다

복수

1인칭	λε-λύ-καμεν	우리가 풀어놓았다
2인칭	λε-λύ-κατε	너희가 풀어놓았다
3인칭	λε-λύ-κασι(καν)	그들이 풀어놓았다

완료 능동태 부정사: λελυκέναι

130.2 λύω의 완료 중간태/수동태

단수

1인칭	λέ-λυ-μαι	내가 나를 위하여 풀어놓았다
2인칭	λέ-λυ-σαι	네가 너를 위하여 풀어놓았다
3인칭	λέ-λυ-ται	그가 그를 위하여 풀어놓았다

복수

1인칭	λε-λύ-μεθα	우리가 우리를 위하여 풀어놓았다
2인칭	λέ-λυ-σθε	너희가 너희를 위하여 풀어놓았다
3인칭	λέ-λυ-νται	그들이 그들을 위하여 풀어놓았다

완료 중간태/수동태 부정사: λελύσθαι

130.3 λύω의 완료 능동태 분사

	단 수		
	남 성	여 성	중 성
주격	λελυκώς	λελυκυῖα	λελυκός
속격, 탈격	λελυκότος	λελυκυίας	λελυκότος
처격, 조격, 여격	λελυκότι	λελυκυίᾳ	λελυκότι
대격	λελυκότα	λελυκυῖαν	λελυκός

	복 수		
	남 성	여 성	중 성
주격	λελυκότες	λελυκυῖαι	λελυκότα
속격, 탈격	λελυκότων	λελυκυιῶν	λελυκότων
처격, 조격, 여격	λελυκόσι(ν)	λελυκυίαις	λελυκόσι(ν)
대격	λελυκότας	λελυκυίας	λελυκότα

* 남성과 중성은 제3격변화를 따라 그리고 여성은 제1격변화를 따라 격변화를 한다.

130.4 λύω의 완료 중간태/수동태 분사

단 수

	남 성	여 성	중 성
주격	λελυμένος	λελυμένη	λελυμένον
속격/탈격	λελυμένου	λελυμένης	λελυμένου
처격/조격/여격	λελυμένῳ	λελυμένῃ	λελυμένῳ
대격	λελύμενον	λελυμενην	λελυμένον

복 수

	남 성	여 성	중 성
주격	λελυμένοι	λελυμέναι	λελυμένα
속격/탈격	λελυμένων	λελυμένων	λελυμένων
처격/조격/여격	λελυμένοις	λελυμέναις	λελυμένοις
대격	λελυμένους	λελυμένας	λελυμένα

현재	완료	완료 중간태/수동태 분사		
δέω	δέδεμαι	δεδέμενος	δεδεμένη	δεδέμενον
σώζω	σέσωκα	σεσῳσμενος	σεσῳσμενη	σεσῳσμενον
κρύπτω	κέκρυπται	κεκρύμμενος	κεκρυμμένη	κεκρύμμενον

130.5 제2완료 능동태 분사

제2완료 능동태 분사는 제2완료 능동태 어간 위에서 형성되며, 완료(-κα 완료) 능동태 분사의 경우와 동일하게 격변화를 한다.

현 재	제2완료	제2완료 분사
λαμβάνω	εἴληφα	εἰληφώς, εἰληφυῖα, εἰληφός
γίνομαι	γέγονα	γεγονώς, γεγονυῖα, γεγονός
πείθω	πέποιθα	πεποιθώς, πεποιθυῖα, πεποιθός
ἔρχομαι	ἐλήλυθα	ἐληλύθως, ἐληλυθυῖα, ἐλήλυθος

130.6 제2완료 중간태/수동태 분사

현재	제2완료	제2완료 중간태/수동태 분사		
ἀνοίγω	ἀνέῳγα	ἀνέῳγμενος	ἀνέῳγαμενη	ἀνέῳγαμενον
γράφω	γέγραφα	γέγραμμενος	γέγραμμενη	γέγραμμενον
λαμβάνω	εἴληφα	εἰλήμμενος	εἰλημμένη	εἰλήμμενον

131. 완료 시제의 구성

131.1 자음 중복

(1) 첫 자음 중복

동사의 주요 부분들에서 넷째 부분은 완료 능동태 직설법이고 다섯째 부분은 완료 중간태/수동태 직설법이다. 완료 시제에서 가장 특징적인 것은 첫 자음의 중복이다. 중복된 자음은 모음 ε에 의하여 원래의 자음과 분리된다. 그리고 동사 어간에 완료 시제 접미어 -κα가 붙는다. 따라서 λύω의 완료는 λέλυκα 이며 κρίνω의 완료는 κέκρικα이다. 이와 같은 중복 현상은, 다음의 경우를 제외하고는, 자음으로 시작하는 모든 동사에 해당한다.

(2) 묵자음(φ, θ, χ)으로 시작하는 동사

φ, θ, χ로 시작하는 동사들은 각각 연자음 π, τ, κ로 중복된다.

φιλέω(사랑하다) -------> πεφίληκα

φαίνω(나타내다) -------> πέφασμαι

θνήσκω(죽다) ----------> τέθνηκα

χαίνω(갈라지다) -------> κέχηνα

(3) 두 개의 자음들과 중자음

두 개의 자음들, 중자음(ζ, ξ, ψ) 중의 하나, 혹은 한 개의 ρ로 시작하는 동사들은 단어의 맨 처음에 ϵ만을 부가시킴으로 중복을 대신한다. 이 때의 ϵ은 미완료나 부정과거의 접두모음과 같은 역할을 한다.

στέλλω(보낸다) ----------> ἔσταλκα

ξηραίνω(마르게 하다) -----> ἐξήραμμαι

(4) 단모음이나 이중모음

단모음이나 이중모음으로 시작하는 동사들은 첫 모음의 장음화로 중복을 대신한다.

ἐλπίζω(희망하다) -------> ἤλπικα

ἀγαπάω(사랑하다) -------> ἠγάπηκα

αἰτέω(추구하다) --------> ᾔτηκα

(5) 합성동사

합성동사의 경우, 자음 중복은 전치사 뒤에 부가한다.

ἀπολύω(해방하다) -------> ἀπολέλυμαι

(6) 불규칙 완료형

소수의 동사들은 불규칙적인 완료형을 갖는다.

γινώσκω의 완료 ---------> ἔγνωκα

ὁράω의 완료 -----------> ἑώρακα

1. νῦν ἔγνωκαν ὅτι πάντα ὅσα δέδωκάς μοι παρὰ σοῦ εἰσιν·
   지금 그들은 아버지께서 내게 주신 것 다 아버지께로부터 온 것일 줄 알았나이다(요 17:7)
2. οὐχὶ Ἰησοῦν τὸν κύριον ἡμῶν ἑόρακα
   내가 예수 우리 주님을 보내 못하였느냐?(고전 9:1)

131.2 어간의 끝 자음과 완료 형태

(1) 어간이 묵음으로 끝날 때: -κα와의 결합으로 생기는 변화

κ, γ, χ + κα = χα   διώκω(박해하다) --> δεδίωχα

π, β, φ + κα = φα   πέμπω(보내다) ----> πέπομφα

τ, δ, θ + κα = κα   πίπτω(떨어지다) --> πέπτωκα

σώζω(구원하다) ---> σέσωκα

(2) 어간이 유음(λ, μ, ν, ρ)으로 끝날 때:

-κα와의 결합으로 생기는 변화

κρίνω(심판하다) ------> κέκρικα

καλέω(부르다) ---------> κέκληκα

γράφω(쓰다) ----------> γέγραφα

131.3 어간의 끝모음과 완료 시제

(1) 어간의 끝모음이 장모음 혹은 중모음일 때:

그 모음의 변화 없이 -κα가 부가된다

πιστεύω(믿는다) ------> πεπίστευκα

λαλεω(말하다) -------> λελάληκα

1. ἡμεῖς πεπιστεύκαμεν καὶ ἐγνώκαμεν ὅτι σὺ εἶ ὁ ἅγιος τοῦ θεοῦ

   우리가 당신이 바로 하나님의 거룩하신 자이신인 줄 믿었으며 또 알았습니다(요 6:69)

2. ἀλλ' ὅτι ταῦτα λελάληκα ὑμῖν ἡ λύπη πεπλήρωκεν ὑμῶν τὴν καρδίαν

   내가 이것들을 너희에게 말해왔기 때문에 너희 마음에 고통이 가득 차 있느니라(요 16:6)

(2) 어간의 끝모음이 단모일 때:

-κα 앞에서 그 모음이 장음화 된다

νικάω(승리하다) ------> νενίκηκα

ποιέω(행하다) --------> πεποίηκα

1. ἀλλὰ θαρσεῖτε, ἐγὼ νενίκηκα τὸν κόσμον

   담대하라 내가 세상을 이기었노라(요 16:33)

2. οἵτινες ἐν τῇ στάσει φόνον πεποιήκεισαν

   민란에서 살인을 행한 자들(막 15:7)

131.4 제2완료 시제

(1) 제2완료 시제의 형태

소수의 동사들은 중복 음절이 부가된 동사 어간에 완료 시제 접미어 -κα 대신 -α만을 부가한다. 이런 완료 형태를 제2완료라고 한다. 제2완료(α 완료)는 -κα 완료보다 더 오래된 형태이며 -κα 완료와 같이 인칭변화를 한다.

(2) 제2완료 동사들

현 재		제2완료
ἀνοίγω	------->	ἀνέῳγα
ἀκούω	-------->	ἀκήκοα
γίνομαι	------->	γέγονα
γράφω	-------->	γέγραφα
ἔρχομαι	------->	ἐλήλυθα
πάσχω	-------->	πέπονθα
πείθω	-------->	πέποιθα
φεύγω	------->	πέφευγα

(3) 완료 시제 예문

1. ἐξῆλθον παρὰ τοῦ πατρὸς καὶ ἐλήλυθα εἰς τὸν κόσμον
   내가 아버지께로부터 나와서 세상에 왔다(와서 있다)
2. ἐλήλυθεν ἡ ὥρα
   그 때가 이르렀다(has come)
3. τὸ φῶς ἐλήλυθεν εἰς τὸν κόσμον
   빛이 세상에 왔다(와 있다)

4. ἡμεῖς πεπιστεύκαμεν καὶ ἐγνώκαμεν ὅτι σὺ εἶ ὁ ἅγιος τοῦ θεοῦ

   우리는 주께서 하나님의 거룩하신 자인 줄 믿었으며 또한 알았습니다(요 6:69).
5. πέποιθάς τε σεαυτὸν ὁδηγὸν εἶναι τυφλῶν

   네가 너 자신을 소경의 인도자라고 확신한다(롬 2:19)
6. ἤγγικεν ἡ βασιλεία τοῦ θεοῦ

   하나님의 나라가 가까웠다(막 1:15)

132. 완료 시제의 용법

(1) 완료된 행위

완료 시제는 완료된 행위를 나타낸다. 완료 시제는 행위가 언제 완료되었는지에 관하여는 말하지 않지만, 그 행위가 이미 끝났고 그 행위의 결과가 현재까지 주어져 있는 상태를 말한다. 이런 점에서 헬라어의 완료 시제는 영어의 현재 완료와 유사한 성격을 갖는다. 그래서 헬라어의 완료 시제는 제2시제가 아니라 제1시제이며 "현재 완료"라 불려지기도 한다. 완료 시제의 초점은 행위가 일단 완료되었고, 그 완료된 상태로 현재까지 지속되고 있는 행위를 가리킨다.

ἐλέλυθα ---> 내가 와있다(내가 와서 현재까지 있다)

ἤγγικεν ---> 가까왔다(가까이 와서 지금 존재하고 있다)

γέγραφα ---> 내가 기록했다(내가 기록했으며 그래서 그 기록이 지금 남아 있다)

(2) 점적인 행위와 지속적인 행위의 결합

완료 시제는 점적인 행위와 지속적인 행위를 독특한 방식으로 결합시킨다. 따라서 완료 시제는 현재까지 지속되는 완료의 상태(+-----), 혹은 이제 막 완료되는 상태(-----+)를 나타낸다.

(3) 완료 시제의 번역

헬라어 완료 시제는 한국어로 번역할 때, 대개 과거형을 사용하지만 그것의 의미는 점적인 행위와 지속적 행위의 연결로 이해되어야 한다.

1. τοσούτῳ χρόνῳ μεθ᾽ ὑμῶν εἰμι καὶ οὐκ ἔγνωκάς με
   내가 그만한 시간동안 너희와 함께 있었어도
   네가 나를 알지 못했다(요 14:9)
2. ὁ ἑωρακὼς ἐμὲ ἑώρακεν τὸν πατέρα
   나를 본 사람은 내 아버지를 보았다
3. ταῦτα λελάληκα ὑμῖν παρ᾽ ὑμῖν μένων·
   내가 너희와 함께 머물고 있는 동안에
   이것들을 너희에게 말해 왔다
4. περὶ δὲ κρίσεως, ὅτι ὁ ἄρχων τοῦ κόσμου τούτου κέκριται
   심판에 대하여는 이 세상 임금이 심판을 받았기 때문이다
5. ταῦτα ἐν παροιμίαις λελάληκα ὑμῖν
   내가 너희에게 이것들을 비유들을 사용하여 말했다
6. ὁ πιστεύων εἰς αὐτὸν οὐ κρίνεται· ὁ δὲ μὴ πιστεύων ἤδη κέκριται
   그를 믿는 자는 심판을 받지 않는다. 그러나 믿지 않는
   자는 이미 심판을 받은(받고 있는) 것이다

7. ἕως ἂν ἴδωσιν τὴν βασιλείαν τοῦ θεοῦ ἐληλυθυῖαν ἐν δυνάμει
하나님의 나라가 권능으로 임하는(와있는) 것을 보기 전에는

133. 완료 부정사

(1) 완료 능동태 부정사

ἄρχομαι λελυκέναι τὰ τέκνα.
나는 그 어린 아이들을 풀어주기를 시작하고 있다

(2) 완료 중간태 부정사

ἀρχόμεθα λελύσθαι.
우리는 우리 자신들을 풀기를 시작하고 있다

(3) 완료 수동태 부정사

ἄρχεται λελύσθαι ὑπὸ τοῦ κυρίου.
그는 주님에 의하여 해방되기를 시작하고 있다

134. 과거완료 시제의 형태와 용법

134.1 과거완료 시제의 형태

과거완료 시제는 완료 시제의 경우와 같이 첫 자음 중복의 원리에 따라 형성된다. 여기에 제2시제 접두모음인 ἐ-이 추가된다. 또한 완료 시제 접미어인 -κα가 능동태에서만 부가되고 그 다음에 인칭 어미가 붙는다.

(1) λύω의 과거완료 능동태

	단수	복수
1인칭	ἐ-λε-λύ-κειν	ἐ-λε-λύ-κειμεν
2인칭	ἐ-λε-λύ-κεις	ἐ-λε-λυ-κειτε
3인칭	ἐ-λε-λύ-κει	ἐ-λε-λύ-κεισαν

(2) λύω의 과거완료 중간태/수동태

	단수	복수
1인칭	ἐ-λε-λύ-μην	ἐ-λε-λύ-μεθα
2인칭	ἐ-λέ-λυ-σο	ἐ-λέ-λυ-σθε
3인칭	ἐ-λέ-λυ-το	ἐ-λέ-λυ-ντο

134.2 과거완료 시제의 성격

과거완료가 가리키는 행위의 종류는 완료의 그것과 동일하다. 다만 과거완료에서 행위의 시간은 과거이다. 따라서 과거 완료는 과거 시간에 일어난 완료시제로서 과거시점을 기준하여 그 이전에 발생한 행위의 결과가 과거 그 시점에까지 지속되고 있는 행위를 나타낸다.

완료		과거 완료	
λέλυκα	내가 풀어왔다	ἐλελύκειν	내가 풀어왔었다
ἐλήλυθα	내가 와있다	ἐληλύθει	그가 와있었다

134.3 제2과거완료

제2완료가 과거완료를 취하면, 그 과거완료는 제2완료 어간 위에서 형성되며 제2과거완료라 부른다.

현재	제2완료	제2과거완료(3인칭, 단수)
ἔρχομαι	ἐλήλυθα	ἐληλύθει
γίνομαι	γέγονα	(ἐ)γεγόνει

134.4 과거완료 예문

1. οὐκ ἐλήλυθα καλέσαι δικαίους ἀλλὰ ἁμαρτωλοὺς εἰς μετάνοιαν
   내가 의인들을 부르러 온 것이 아니라 죄인들을 불러 회개시키러 왔다
2. τὴν πανοπλίαν αὐτοῦ αἴρει ἐφ' ᾗ ἐπεποίθει καὶ τὰ σκῦλα αὐτοῦ διαδίδωσιν
   그가 의지하고 있었던 그의 무장을 해제시키고 그의 탈취물들을 나눈다
3. ᾔδεις ὅτι ἐγὼ ἄνθρωπος αὐστηρός εἰμι;
   너는 내가 엄한 사람이라고 알았느냐?
4. ἐδεῖτο δὲ αὐτοῦ ὁ ἀνὴρ ἀφ' οὗ ἐξεληλύθει τὰ δαιμόνια εἶναι σὺν αὐτῷ·
   그에게서 귀신들이 나갔던 그 사람이 그와 함께 있게 해달라고 그에게 간청하고 있었다(눅 8:38)
5. Εἱστήκεισαν δὲ παρὰ τῷ σταυρῷ τοῦ Ἰησοῦ ἡ μήτηρ αὐτοῦ καὶ ἡ ἀδελφὴ τῆς μητρὸς αὐτοῦ,
   예수의 십자가 곁에는 그의 어머니와 그의 어머니의 자매가 서있었다(요 19:25)
6. καὶ οὐκ ἔπεσεν, τεθεμελίωτο γὰρ ἐπὶ τὴν πέτραν
   왜냐하면 반석 위에 세워졌기 때문에 그것은 무너지지 않았다
7. οἱ γὰρ μαθηταὶ αὐτοῦ ἀπεληλύθεισαν εἰς τὴν πόλιν
   그의 제자들이 그 성읍으로 갔다(그래서 그들은 그 자리에 없었다)

134. 헬라어의 시제

지금까지 살펴본 바와 같이 헬라어의 시제는 동사의 두 가지 측면 곧 행위의 시간과 행위의 종류를 나타낸다. 각각의 경우에 세 가지 형태들이 존재한다. 따라서 시간과 종류를 연결하여 생각하면, 아홉 가지 형태들이 존재한다. 이 형태들 중에서 두 가지 형태(미래의 지속적인 행위와 현재의 점적인 행위)는 따로 구별된 형태를 취하지 않는다. 또한 미래 완료는 신약성서에서 발견되지 않는다. 따라서 여섯 가지 형태들만이 남는데, 이들 중에서도 과거완료는 신약성서에서 아주 드물게 나온다. 이 형태들을 다음과 같이 도표로 나타내면 동사의 형태를 전체적으로 이해하는 데 도움이 된다. 이것은 직설법에서만 사용되는 형태들이다.

시제 / 형태	제2시제	제1시제	
	과 거	현 재	미 래
진행적	미 완 료	현 재	…
점 적	부정과거	…	미 래
완료적	과거완료	완 료	…

135. 연습

135.1 다음 헬라어를 한글로 번역하시오.

(1) οἱ ἁλιεῖς τῆς κώμης ἑώρακαν τὸν κύριον ἐγερθέντα ἐκ νεκρῶν μετὰ τὸ παθεῖν.

(2) ἐν τῷ ἱερῷ ἀκήκοα ὅτι ὁ ἀρχιερεὺς τοῦ οὐρανοῦ λύσει τοὺς ἁμαρτολοὺς ἐν τῷ τέλει τῆς αἰῶνος.

(3) ἀπὸ ἀρχῆς ἐγνώκαμεν ὅτι τὰ γεγραμμένα ἐν τῷ βιβλίῳ τῆς ζωῆς ἐστὶν ἀληθινά.

(4) τῶν μαθητῶν θεραπευθέντων ὑπὸ τῆς χείρος τοῦ θεοῦ ὁ κύριος ἠγάπηκεν αὐτούς.

(5) οἱ ἄρχοντες ἐλήλυθαν πρὸς τὸν κύριον καὶ οἱ ἄλλοι ἤχθησαν πρὸς αὐτὸν ὑπ' αὐτῶν.

(6) οἱ δοῦλοι ἐγνώκασι τὸν κύριον ἐν τῇ σαρκί, ἀλλὰ γνώσομαι αὐτὸν ἐν τῷ βάθει τῆς καρδίας μου.

(7) γνωκότες τὸ θέλημα τοῦ θεοῦ οἱ ἀδελφοὶ ἄξουσι τὰς ἀδικίας εἰς αὐτό.

(8) ἐν ἐκείνῃ τῇ νυκτὶ τοῦ κυρίου βλεθέντος ταῖς ἀδελφαῖς πεπίστευκαν ἐν τοῖς ῥημάτοις τῆς ἀληθείας.

(9) ὁ λέγων ὅτι ἑόρακεν τὸν κύριον τῆς φῶτος καὶ μένων ἐν σκοτίᾳ ἐστιν ψεύστης.

(10) ἐν τῇ ὥρᾳ οἱ διδάσκαλοι ἔλεγον ταῦτα τοῖς λελυμένοις ἐν τοῖς λόγοις τῆς σοφίας.

135.2 다음 헬라어 문장을 연구하시오.

(1) οὐδεις ἐστιν δίκαιος κατὰ τὸν νόμον εἰ μὴ ὁ ποιῶν

τὰ γεγραμένα ἐν τῷ βιβλίῳ τῷ ἁγίῳ.

(2) ὁ Ἰησοῦς ἐκήρυξε τὸ εὐαγγέλιον τοῦ θεοῦ λέγων ὅτι πεπλήρωται ὁ καιρὸς καὶ ἤγγικεν ἡ βασιλεία τοῦ θεοῦ.

(3) οὐχὶ Ἰησοῦν τὸν κύριον ἡμῶν ἑώρακα; οὐ τὸ ἔργον μου ὑμεῖς ἐστε ἐν κυρίῳ;

(4) τὸ γεγεννημένον ἐκ τῆς σαρκὸς σάρξ ἐστιν, καὶ τὸ γεγεννημένον ἐκ τοῦ πνεύματος πνεῦμα ἐστιν.

(5) ὃ ἑωράκαμεν καὶ ἀκήκοαμεν ἀπαγγέλλομεν καὶ ὑμῖν καὶ τὴν μαρτυρίαν ἡμῶν οὐ λαμβάνετε.

(6) ἐν τούτῳ ἐστὶν ἡ ἀγάπη, οὐχ ὅτι ἡμεῖς ἠγαπήκαμεν τὸν θεὸν, ἀλλ' ὅτι αὐτὸς ἠγάπησεν ἡμᾶς.

(7) λέγει αὐτῷ Ἰησοῦς,"Οτι ἑώρακάς με πεπίστευκας; μακάριοι οἱ μὴ ἰδόντες καὶ πιστεύσαντες.

(8) ἐγὼ ἐλήλυθα ἐν τῷ ὀνόματι τοῦ πατρός μου καὶ οὐ δέχεσθέ με.

(9) τὰ ῥήματα ἅ ἐγὼ λελάληκα ὑμῖν πνεῦμά ἐστιν καὶ ζωή ἐστιν.

(10) νῦν δὲ ζητεῖτέ με ἀποκτεῖναι, ἄνθρωπον ὅς τὴν ἀλήθειαν ὑμῖν λελάληκα.

(11) καθὼς ἐγὼ τὰς ἐντολὰς τοῦ πατρός μου τετήρηκα καὶ μένω αὐτοῦ ἐν τῇ ἀγάπῃ

(12) νῦν δὲ καὶ ἑωράκασιν καὶ μεμισήκασιν καὶ ἐμὲ καὶ τὸν πατέρα μου

(16) ἀλλ' ὅτι ταῦτα λελάληκα ὑμῖν ἡ λύπη πεπλήρωκεν ὑμῶν τὴν καρδίαν

(17) αὐτὸς γὰρ ὁ πατὴρ φιλεῖ ὑμᾶς, ὅτι ὑμεῖς ἐμὲ

πεφιλήκατε καὶ πεπιστεύκατε ὅτι ἐγὼ παρὰ [τοῦ]
θεοῦ ἐξῆλθον

(18) κἀγὼ ἑώρακα, καὶ μεμαρτύρηκα ὅτι οὗτός ἐστιν
ὁ υἱὸς τοῦ θεοῦ

(19) σὺ τετήρηκας τὸν καλὸν οἶνον ἕως ἄρτι

(20) ἐμνήσθησαν οἱ μαθηταὶ αὐτοῦ ὅτι γεγραμμένον ἐστίν,
ὁ ζῆλος τοῦ οἴκου σου καταφάγεταί με

(21) καὶ ἀπέστειλεν τὸν δοῦλον αὐτοῦ τῇ ὥρᾳ τοῦ δείπνου εἰπεῖν
τοῖς κεκλημένοις, Ἔρχεσθε, ὅτι ἤδη ἕτοιμά ἐστιν

(22) ἤρξατο δὲ λέγειν πρὸς αὐτοὺς ὅτι Σήμερον
πεπλήρωται ἡ γραφὴ αὕτη ἐν τοῖς ὠσὶν ὑμῶν

(23) πέποιθεν ἐπὶ τὸν θεόν, ῥυσάσθω νῦν εἰ θέλει αὐτόν·
εἶπεν γὰρ ὅτι Θεοῦ εἰμι υἱός

(24) αὐτὸς δὲ εἰδὼς αὐτῶν τὰ διανοήματα εἶπεν αὐτοῖς,
πᾶσα βασιλεία ἐφ᾽ ἑαυτὴν διαμερισθεῖσα ἐρημοῦται
καὶ οἶκος ἐπὶ οἶκον πίπτει

(25) ἵνα ἐκζητηθῇ τὸ αἷμα πάντων τῶν προφητῶν
τὸ ἐκκεχυμένον ἀπὸ καταβολῆς κόσμου ἀπὸ τῆς γενεᾶς
ταύτης

(26) ἔσονται γὰρ ἀπὸ τοῦ νῦν πέντε ἐν ἑνὶ οἴκῳ
διαμεμερισμένοι, τρεῖς ἐπὶ δυσὶν καὶ δύο ἐπὶ τρισίν

(27) εἶπεν δὲ καὶ πρός τινας τοὺς πεποιθότας ἐφ᾽ ἑαυτοῖς
ὅτι εἰσὶν δίκαιοι καὶ ἐξουθενοῦντας τοὺς λοιποὺς
τὴν παραβολὴν ταύτην·

제 23 과
가정법(Subjunctive Mood)

136. 단어

ἀσπάζομαι	내가 인사한다(salute)
ἐάν	만일(if, 직설법 이외의 법에서 사용)
εἰ	만일(if), ~인지(whether)
εὐαγγελίζομαι	복음을 전파하다(proclaim the good news)
ἵνα	~하기 위하여(in order that), ~하는 것(that)
ἰχθύς, ὁ	물고기(fish)
ἰσχυρός, -ά, -όν	강한(strong)
κοιλία, ἡ	배(stomach)
κοινός, -ή, -όν	깨끗하지 않은(unclean), 일상적인(common)
μαρτυρία, ἡ	증언(witness)
λοιπός, -ή, -όν	남은(remaining)
μυστέριον, τό	신비(mystery)
μακάριος, -α, -ον	복된(blessed)
πνεῦμα, τό	영(spirit)
παλαιός, -ά, -όν	오래된(old, ancient)
στόμα, τό	입(mouth)
μηδέ	~도 아니(and not, nor)
πῶς	부사, 어떻게(how)
μηκέτι	부사, 더 이상 아니(no longer)

137. 법(Mood)의 성격

법은 어떤 언급과 그것을 언급한 사람의 편에서 그 언급이 실제로 일어난 것 사이의 관계성을 나타낸다. 지금까지 다뤄진 모든 시제들은 직설법이었다. 직설법은 언급된 행위가 그것을 언급한 사람의 편에서 보면 실제로 일어나는 것을 가리킨다. 신약성서 헬라어에는 직설법 외에 가정법, 명령법, 기원법이 있다. 이 세 가지 법들을 때로는 잠재적인 법(potential moods)이라고 부르는데, 그 이유는 이 법들이 잠재적인 행위 곧 언급자의 편에서 보면 아직 실현되지 않은 행위를 가리키기 때문이다.

(1) 가정법(Subjunctive Mood)

이 법은 어떤 조건 아래에서의 행위를 가리킨다. 예를 들면 "만일 그 아이가 죽는다면, 내가 돌아올 것이다"라는 언급을 생각해 보자. 이 언급은 그 아이가 죽을지 혹은 안 죽을지 알 수 없는 상황에서의 언급이거나, 아니면 실제로는 그 아이가 죽을 리가 없는 상황에서의 언급을 나타낸다. 신약성서 헬라어의 가정법은, 소수의 예외를 제외하고는, 모든 경우에 현재 시제 혹은 부정과거 시제에서 이루어진다.

(2) 명령법(Imperative Mood)

이 법은 명령, 요청, 권면, 금지의 형태로 제시되는 행위를 가리킨다. 신약성서 헬라어에서 명령법은 2인칭과 3인칭의 형태로 나타난다. 3인칭의 형태를 2인칭의 형태와 명확하게 구별하여 번역하기가 어렵다. 일반적으로 3인칭 대명사를 첨가하여 번역하는 것이 필요하다.

(예) "들으려는 귀를 가진 사람 그(녀)는 들어라."

(3) 기원법(Optative Mood)

이 법은 현재 일어나고 있지는 않지만, 언급자의 편에서 보면 일어날 가망성이 있는 행위를 나타낸다. 기원법은 가정법보다 실제 상황으로부터 한걸음 더 후퇴한 단계를 말한다. 따라서 기원법은 가정법과도 구별되어 어떤 가망성에 초점을 둔 언급이다.

(예) 과연 우리가 헬라어를 정복할 수 있을 것인가!

138. 가정법의 형태

가정법은 주로 현재 시제와 부정과거 시제로 나타나며 부정 과거 시제의 경우에도 제1시제 인칭 어미들을 취한다. 가정법에서 어간 모음은 장모음 -ω/η이다.

(1) λύω의 현재 가정법: 능동태

	단수	복수
1인칭	λύω	λύωμεν
2인칭	λύῃς	λύητε
3인칭	λύῃ	λύωσι(ν)

(2) λύω의 현재 가정법: 중간태/수동태

	단수	복수
1인칭	λύωμαι	λύωμεθα
2인칭	λύῃ	λύησθε
3인칭	λύηται	λύωνται

(3) λύω의 제1부정과거 가정법: 능동태

	단수	복수
1인칭	λύσω	λύσωμεν
2인칭	λύσῃς	λύσητε
3인칭	λύσῃ	λύσωσι(ν)

(4) λύω의 제1부정과거 가정법: 중간태

	단수	복수
1인칭	λύσωμαι	λυσώμεθα
2인칭	λύσῃ	λύσησθε
3인칭	λύσηται	λύσωνται

(5) λαμβάνω의 제2부정과거 가정법: 능동태

	단수	복수
1인칭	λάβω	λάβωμεν
2인칭	λάβῃς	λάβητε
3인칭	λάβῃ	λάβωσι(ν)

(6) λαμβάνω의 제2부정과거 가정법: 중간태

	단수	복수
1인칭	λάβωμαι	λαβώμεθα
2인칭	λάβῃ	λάβησθε
3인칭	λάβηται	λάβωνται

(7) λύω의 부정과거 제1수동태 가정법

	단수	복수
1인칭	λυθῶ	λυθῶμεν
2인칭	λυθῇς	λυθῆτε
3인칭	λυθῇ	λυθῶσι(ν)

(8) γράφω의 부정과거 제2수동태 가정법

	단수	복수
1인칭	γραφῶ	γραφῶμεν
2인칭	γραφῇς	γραφῆτε
3인칭	γραφῇ	γραφῶσι(ν)

(9) εἰμί의 현재 가정법

	단수	복수
1인칭	ὦ	ὦμεν
2인칭	ᾖς	ἦτε
3인칭	ᾖ	ὦσι(ν)

139. 가정법의 용법

직설법에서 시제는 행위의 시간과 행위의 종류를 나타낸다. 그러나 직설법 이외의 법에서 시제는 행위의 종류만을 나타낸다. 가정법에서도 시제는 일어나고 있는 행위의 종류를 나타내고 그 행위의 시간 개념을 포함하지 않는다. 가정법에서 사용된 분사의 경우에, 그 분사의 행위의 시간은 주동사의 시간과 관계한다. 현재 가정법은 지속적인 행위를 나타내며 부정과거 가정법은 점적인 혹은 완료된(극소수의 경우) 행위를 가리킨다.

139.1 권면의 가정법

신약성서는 많은 권면들을 포함한다. 이 권면들은 대개 가정법의 1인칭 복수 형태로 제시된다. 권면은 언급자가 다른 사람들로 하여금 어떤 구체적인 행위에 동참하도록 초청하는 것이다.

1. ἀγαπητοί, ἀγαπῶμεν ἀλλήλους.
   사랑하는 사람들이여, 우리가 서로 사랑합시다
2. μὴ ἀποθάνωμεν ἐν τῇ ἁμαρτίᾳ.
   우리가 죄 안에서 죽지 맙시다
3. φαγόντες εὐφρανθῶμεν
   우리가 먹고 축하합시다

139.2 명령의 가정법

(1) 행위의 시작을 금지

이 가정법은 말하는 자가 어떤 행위의 시작을 금지하는 것을 표현하기 위하여 사용된다. 이 금지의 가정법은 부정과거 가정법 2인칭의 형태를 요구한다.

μὴ νομίσητε 생각하지 말아라
(아예 생각하기를 시작하지도 말아라, 마 5:17)

μὴ θαυμάσῃς ὅτι εἶπόν σοι
내가 너희에게 말한 것을 이상하게 생각하지 말라

μὴ εἰσενέγκῃς ἡμᾶς εἰς πειρασμόν
우리로 하여금 시험에 들지 않게 하소서

μὴ μεριμνήσητε πῶς ἢ τί ἀπολογήσησθε ἢ τί εἴπητε
너희가 어떻게 너희 자신들을 방어할까 혹은 무엇을 말할까 염려하지 말라

(2) 이중 부정어들(οὐ μή)과 함께 사용

이 가정법은 때때로 이중의 부정어들과 함께 사용되어 직설법의 부정어(οὐ)보다 훨씬 더 강한 부정을 나타내기도 한다.

οὐ μὴ φάγω 나는 도무지(결코) 먹지 아니하리라

139.3 목적의 가정법: ἵνα + 가정법

이 가정법은 목적을 나타내는 종속절에 사용된다.
이 때는 대개 접속사 ἵνα가 사용된다.

1. ἔρχομαι ἵνα λύσω τοὺς δούλους.
   내가 그 종들을 풀어주기 위하여 온다
2. ταῦτα λέγομεν ἵνα μὴ ἁμαρτάνωσι.
   그들로 하여금 범죄하지 않도록 하기 위하여 우리가 이것들을 말한다.
3. ταῦτα λελάληκα ὑμῖν ἵνα ἡ χαρὰ ἡ ἐμὴ ἐν ὑμῖν ᾖ καὶ ἡ χαρὰ ὑμῶν πληρωθῇ
   내 기쁨이 너희 안에 있게 하고 또 너희 기쁨이 충만하게 하기 위하여 내가 이것들을 너희에게 말했다
4. ταῦτα ἐντέλλομαι ὑμῖν, ἵνα ἀγαπᾶτε ἀλλήλους
   내가 이것들을 너희에게 알게 한 것은 너희로 하여금 서로 사랑하게 하기 위함이다
5. ταῦτα λελάληκα ὑμῖν ἵνα ἐν ἐμοὶ εἰρήνην ἔχητε
   내가 이것들을 너희에게 말한 것은 너희가 내 안에서 평화를 얻게 하기 위함이다
6. οὐκ ἐρωτῶ ἵνα ἄρῃς αὐτοὺς ἐκ τοῦ κόσμου, ἀλλ' ἵνα τηρήσῃς αὐτοὺς ἐκ τοῦ πονηροῦ

내가 구하는 목적은 당신이 그들을 세상에서 데려가는 것이 아니라, 그들을 악으로부터 지키는 것입니다

7. ἵνα πάντες ἓν ὦσιν, καθὼς σύ, πάτερ, ἐν ἐμοὶ κἀγὼ ἐν σοι

아버지인 당신이 내 안에 그리고 내가 당신 안에 있는 것같이 모든 사람들로 하여금 하나가 되게 하려 함이라

8. ἵνα ὁ κόσμος πιστεύῃ ὅτι σύ με ἀπέστειλας

당신이 나를 보내신 것을 세상으로 믿게 하려 함이라

139.4 결과의 가정법: ἵνα + 가정법

이 가정법은 결과를 나타내는 종속절에 사용된다.

1. αἰτεῖτε καὶ λήμψεσθε, ἵνα ἡ χαρὰ ὑμῶν ᾖ πεπληρωμένη

   구하라 그리하면 받으리니, (그 결과로) 너희 기쁨이 충만하여질 것이다

2. ἰδοὺ ἔρχεται ὥρα καὶ ἐλήλυθεν ἵνα σκορπισθῆτε

   보라 때가 오고 있으며 이미 왔으니 (그 결과로) 너희가 흩어질 것이다

3. δόξασόν σου τὸν υἱόν, ἵνα ὁ υἱὸς δοξάσῃ σέ

   당신의 아들을 영화롭게 하소서, (그 결과로) 그 아들이 당신을 영화롭게 하게 하소서

4. τήρησον αὐτοὺς ἐν τῷ ὀνόματί σου ᾧ δέδωκάς μοι, ἵνα ὦσιν ἓν καθὼς ἡμεῖς.

   당신이 내게 주신 당신의 이름으로 그들을 지켜주소서, (그 결과로) 그들이 우리와 같이 하나가 되게 하소서

5. ἐγνώρισα αὐτοῖς τὸ ὄνομά σου καὶ γνωρίσω, ἵνα ἡ ἀγάπη ἣν ἠγάπησάς με ἐν αὐτοῖς ᾖ κἀγὼ ἐν αὐτοῖς

내가 그들에게 당신의 이름을 알게 했으며 또 알게 할 것이다 (그 결과로) 당신이 나를 사랑하신 그 사랑이 그들 안에 있으며 또 나도 그들 안에 있게 하려 함이라

6. δός μοι τοῦτο τὸ ὕδωρ, ἵνα μὴ διψῶ μηδὲ διέρχωμαι ἐνθάδε ἀντλεῖν

   내게 이 물을 주어서, (그 결과로) 내가 목마르지도 않고 다시 물을 길러 오지도 않게 하소서

139.5 주격의 가정법: ἵνα + 가정법

이 가정법은 주격의 종속절에 사용된다.

1. συμφέρει ὑμῖν ἵνα ἐγὼ ἀπέλθω

   내가 떠나가는 것이 너희에게는 좋다

2. αὕτη δέ ἐστιν ἡ αἰώνιος ζωή ἵνα γινώσκωσιν σὲ τὸν μόνον ἀληθινὸν θεὸν καὶ ὃν ἀπέστειλας Ἰησοῦν Χριστόν

   그들로 하여금 당신을 곧 유일하신 참 하나님과 당신이 보내신 예수 그리스도를 알게 하는 이것이 곧 영생입니다

3. οὐκ εἰμὶ ἐγὼ ἄξιος ἵνα λύσω αὐτοῦ τὸν ἱμάντα τοῦ ὑποδήματος

   내가 그의 신발의 끈을 푸는 것도 내게는 합당하지 않다

4. οὐ γὰρ ἱκανός εἰμι ἵνα ὑπὸ τὴν στέγην μου εἰσέλθῃς·

   당신이 내 지붕 밑으로 오는 것이 내게는 적절하지 않다

139.6 설명의 가정법: ἵνα + 가정법 + 분사

이 가정법은 종속절의 내용을 더 자세하게 설명하는데 사용된다. 보통 εἰμί의 가정법이 나오고 완료 분사가 뒤따른다.

1. ὑπὲρ αὐτῶν ἐγὼ ἁγιάζω ἐμαυτόν, ἵνα ὦσιν καὶ αὐτοὶ ἡγιασμένοι ἐν ἀληθείᾳ
   그들을 위하여 내가 나 자신을 거룩하게 하니, (그 결과로) 그들 자신들도 또한 진리로 거룩하게 되게 하려 함이라
2. ἐγὼ ἐν αὐτοῖς καὶ σὺ ἐν ἐμοί, ἵνα ὦσιν τετελειωμένοι εἰς ἕν
   내가 그들 안에 있고 당신이 내 안에 있는 것은 그들로 하여금 온전히 하나가 되게 하려 함이라

139.7 수사적 가정법

이것은 언급자가 하나의 수사적 도구로서 질문을 던지는 데 사용된다. 이 질문은 당연한 대답을 요구하거나 전혀 대답할 수 없는 질문일 수도 있다.

1. τὶ εἴπω ὑμῖν;
   내가 너희들에게 무엇을 말할 수 있겠는가?
2. πῶς εὕρωμεν αὐτόν;
   우리가 어떻게 그를 찾을 수 있겠는가?
3. ἐπιμένωμεν τῇ ἁμαρτίᾳ;
   우리가 죄에 머물겠는가?

140. 조건문(Conditional Clauses)

신약성서에는 네 가지 조건문이 나온다. 조건문은 전제절(protasis, εἰ 혹은 ἐάν과 함께 나오는 절)과 결과절(apodosis)로 구성된다.

종류	특 성	전 제 문	결 과 문
1	실재의 확인	εἰ + 직설법	모든 법
2	사실에 반대	εἰ + 직설법	ἄν + 직설법
3	가능성의 미래	ἐάν + 가정법	모든 법
4	가망성의 미래	εἰ + 기원법	ἄν + 기원법

140.1 제1조건문

이 조건문은 조건의 실현됨이 확실한 조건문이다. 따라서 전제절에서는 직설법이 사용되고 또 결과절에서는 모든 종류의 법이 사용될 수 있다.

1. εἰ ἀπόστολοι ἔσμεν τοῦ χριστοῦ γνώσεται ἡμᾶς.
   만일 우리가 그리스도의 사도들이라면(우리가 실제로 그리스도의 사도들임을 전제) 그가 우리를 알 것이다
2. εἰ σώζει τοὺς ἀνθρώπους, τὸν θεὸν δοξάζει.
   만일 그가 그 사람들을 구원하고 있다면(그가 실제로 그 사람들을 구원하고 있음을 전제) 그는 하나님을 영화롭게 하고 있는 것이다
3. εἰ ἔσωζε τοὺς δούλους, τὸν θεὸν ἐδόξαζε.
   만일 그가 그 종들을 구원하고 있었다면(그가 실제로 그 종들을 구원하고 있었음을 전제) 그는 하나님을 영화롭게 하고 있었던 것이다
4. εἰ ὁ κόσμος ὑμᾶς μισεῖ, γινώσκετε ὅτι ἐμὲ πρῶτον ὑμῶν μεμίσηκεν
   만일 세상이 너희를 미워한다면(실제로 세상이 미워하는 것을 전제), 세상이 너희보다 먼저 나를 미워한 것을 알라
5. Τί οὖν βαπτίζεις εἰ σὺ οὐκ εἶ ὁ Χριστὸς οὐδὲ

Ἠλίας οὐδὲ ὁ προφήτης

만일 네가 그리스도 아니고 엘리야도 아니며 그 선지자도 아니라면, 왜 네가 침례를 주느냐?

140.2 제2조건문

(1) 사실의 반대

이 조건문은 사실의 반대를 나타내는 조건문으로서 제2시제의 직설법을 통하여 표현한다. 전제절은 εἰ + 제2시제의 직설법, 그리고 귀결절은 보통 ἄν + 제2시제의 직설법으로 표현된다.

1. 미완료 직설법은 현재에 성취되지 않은 조건에 사용된다.

   εἰ ἦν ὁ προφήτης, ἐγινώσκεν ἄν.

   만일 그가 예언자라면, 그가 알았을 것이다.

   (사실은 그가 예언자가 아니기 때문에, 알지 못한다.)

2. 부정과거 혹은 과거완료 직설법은 과거에 성취되지 않은 조건에 사용된다.

   εἰ γὰρ ἔγνωσαν, οὐκ ἂν τὸν κύριον τῆς δόξης ἐσταύρωσαν.

   만일 그들이 알았더라면, 그들은 영광의 주를 십자가에 못 박지 않았을 것이다(사실은 그들이 몰랐기 때문에, 영광의 주를 십자가에 못 박았다).

(2) 문맥의 고려

그러나 이 원칙이 항상 적용되는 것은 아니며, 따라서 현재 사실의 반대이든 과거 사실의 반대이든 문맥에 따라 결정하는 것이 필요하다. 오히려 시제는 행위의 종류를 나타내는 데 사용되어, 미완료는 지속적인 행위를, 부정과거는 단순 행위를, 그리고 과거완료 시제는 완료된 행위를 표현한다.

1. εἰ ἔσχες πίστιν, ἐπίστευσας ἂν ταῦτα.
   만일 네가 믿음이 있다면, 이것들을 믿을텐데(사실은 네가 믿음이 없기 때문에, 네가 이것들을 믿지 않는다)
2. εἰ ἦς ὧδε οὐκ, ἂν ἀπέθανεν ὁ ἀδελφός μου.
   만일 당신이 여기에 계셨더라면, 내 오라비가 죽지 않았을 것이다(사실은 당신이 여기에 계시지 않았기 때문에, 내 오라비가 죽었다)
3. εἰ ἐκ τοῦ κόσμου ἦτε, ὁ κόσμος ἂν τὸ ἴδιον ἐφίλει·
   만일 너희가 세상에 속했다면, 세상이 자기 자신의 것을 사랑했을 것이다(사실은 세상에 속하지 않았기 때문에 세상이 미워한다)
4. εἰ ᾔδεις τὴν δωρεὰν τοῦ θεοῦ, σὺ ἂν ᾔτησας αὐτὸν καὶ ἔδωκεν ἄν σοι ὕδωρ ζῶν
   만일 네가 하나님의 선물을 알았더라면, 네가 그에게 구했을 것이요 그가 네게 생수를 주었을 것이다
5. οὗτος εἰ ἦν προφήτης, ἐγίνωσκεν ἂν τίς καὶ ποταπὴ ἡ γυνὴ ἥτις ἅπτεται αὐτου
   만일 이 사람이 선지자였다면 그를 만진 그 여자가 누구며 또 어떤 사람인 것을 알았을 것이다

140.3 제3조건문

이 조건문은 일어날 가능성이 있는 미래를 가리키는 조건문이다. 따라서 현재는 일어나지 않고 있지만, 가까운 장래에 일어날 가능성이 있는 사실을 가리킨다. 전제절에서는 ἐάν + 가정법으로 표현되고, 결과절에서는 모든 형태가 가능하다.

1. ἐὰν τὶς ἀγαπᾷ τὸν κόσμον οὐκ ἔστιν ἡ ἀγάπη τοῦ πατρὸς ἐν αὐτῷ.

 만일 어떤 사람이 세상을 사랑한다면(지금은 그렇지 않지만, 앞으로 그렇게 될 가능성이 있음), 그 사람 안에는 아버지의 사랑이 없다

2. ἐὰν παραλάβητε ἐμέ, ὑμεῖς ἔσεσθε οἱ μαθηταί μου.

 만일 너희가 나를 영접하면(앞으로 그렇게 한다면) 너희는 내 제자들이 될 것이다

3. ἐὰν ᾖ ἐξ ἀνθρώπων ἡ βουλὴ αὕτη ἢ τὸ ἔργον, καταλυθήσεται.

 만일 이 계획이나 소행이 사람들로부터 나온 것이라면, 그것은 무너질 것이다

4. ἐὰν εἴπωμεν ὅτι ἁμαρτίαν οὐκ ἔχομεν, ἡ ἀλήθεια οὐκ ἔστιν ἐν ἡμῖν.

 만일 우리가 죄가 없다고 말한다면, 진리가 우리 안에 없는 것이다

5. ἐὰν μείνητε ἐν ἐμοὶ καὶ τὰ ῥήματά μου ἐν ὑμῖν μείνῃ, ὃ ἐὰν θέλητε αἰτήσασθε

 만일 너희가 내 안에 거하고 내 말들이 너희 안에 거하면, 너희가 원하는 것은 무엇이든지 구하라

140.4 제4조건문

이 조건문은 보다 더 불확실한 가능성의 조건을 나타낸다. 제3조건문이 현재는 일어나지 않았지만 앞으로 일어날 충분한 가능성을 가진 조건을 말하는 반면에, 제4조건문은 실현될 가능성이 훨

씬 줄어든 조건을 말한다. 전제절에서 εἰ와 기원법이 사용되고 결과절에서 기원법이 ἄν과 함께 사용된다. 신약성서에는 제4조건문의 완전한 예가 나오지 않는다. 다만 조건(전제문) 혹은 결과(결과문)가 발견되는데, 양쪽이 동시에 나오는 경우는 없다.

1. εἰ καὶ πάσχοιτε, 만일 너희가 고난도 받아야 한다면
2. εὐξαίμην ἄν, 내가 기도할 수 있었을 것이다(잠재적 기원)

140.5 가정법의 부정어

가정법의 부정문에는 부정어 μή가 사용된다. μή는 분사와 부정사의 부정문에도 사용된다.

1. ταῦτα λελάληκα ὑμῖν ἵνα μὴ σκανδαλισθῆτε
   내가 이것들을 말한 것은 너희로 하여금 걸려 넘어지지 않게 하기 위함이다
2. ἵνα πᾶς ὁ πιστεύων εἰς αὐτὸν μὴ ἀπόληται ἀλλ᾽ ἔχῃ ζωὴν αἰώνιον
   그를 믿는 모든 사람으로 하여금 멸망하지 않고 영생을 얻게 하기 위함이다
3. οὐκ ἔρχεται πρὸς τὸ φῶς, ἵνα μὴ ἐλεγχθῇ τὰ ἔργα αὐτοῦ·
   그는 빛으로 나오지 않는데, 그것은 그의 일이 드러나지 않게 하기 위함이다
4. ἐὰν γὰρ μὴ ἀπέλθω, ὁ παράκλητος οὐκ ἐλεύσεται πρὸς ὑμᾶς
   만일 내가 떠나가지 않으면, 보혜사가 너희에게 오지 않을 것이다
5. ἐὰν μή τις γεννηθῇ ἄνωθεν, οὐ δύναται ἰδεῖν

τὴν βασιλείαν τοῦ θεοῦ

사람이 거듭 나지 아니하면, 하나님의 나라를 볼 수 없다

6. μακάριός ἐστιν ὃς ἐὰν μὴ σκανδαλισθῇ ἐν ἐμοί

나를 인하여 걸려 넘어지지 않는 사람은 복이 있다

7. παρεκάλουν αὐτὸν ἵνα μὴ ἐπιτάξῃ αὐτοῖς εἰς τὴν ἄβυσσον ἀπελθεῖν

그들을 무저갱에 들어가도록 명령하지 않기를 그들이 그에게 간구했다

140.6 ὅταν + 가정법

ὅταν은 "~하는 때"(at the time that) 혹은 "~하는 때마다"(whenever)를 나타내는 시제 접속사인데, 가정법과 함께 사용되면 ἐάν + 가정법(제3조건문)의 의미를 나타낸다.

1. ὅταν ἀσθενῶ, τότε δυνατός εἰμί.

내가 연약할 때마다, 그 때에 내가 강하다(고후 12:10).

2. ὅταν ὀνειδίσωσιν ὑμᾶς καὶ διώξωσιν, καίρετε καὶ ἀγαλλιᾶσθε.

그들이 너희들을 욕하고 핍박할 때, 기뻐하고 즐거워하라 (마 5:11).

3. ὅταν ἔλθῃ ὁ παράκλητος ὃν ἐγὼ πέμψω ὑμῖν παρὰ τοῦ πατρός

내가 아버지께로부터 보낼 그 보혜사가 올 때에(요 15:26)

4. ἡ γυνὴ ὅταν τίκτῃ λύπην ἔχει, ὅτι ἦλθεν ἡ ὥρα αὐτῆς·

여인이 해산할 때에는 그녀의 때가 이르렀기 때문에 고통이 따른다

5. ὅταν ἔλθῃ ἐκεῖνος, ἀναγγελεῖ ἡμῖν ἅπαντα
   그 사람이 올 때에는 모든 것을 우리에게 알릴 것이다
6. ἐλεύσονται δὲ ἡμέραι, καὶ ὅταν ἀπαρθῇ ἀπ᾽ αὐτῶν ὁ νυμφίος
   그들 중에서 신랑을 빼앗길 날이 올 것이다(눅 5:35)
7. οὐαὶ ὅταν ὑμᾶς καλῶς εἴπωσιν πάντες οἱ ἄνθρωποι
   모든 사람들이 너희들을 좋게 말할 때는 화로다

140.7 그 밖의 가정법

(1) ἄν τι + 가정법

이 용법은 "~하는 것은 무엇이든지"(whichever)의 의미로 사용된다.

1. ἄν τι αἰτήσητε τὸν πατέρα ἐν τῷ ὀνόματί μου δώσει ὑμῖν.
   너희가 내 이름으로 아버지께 구하는 것은 무엇이든지 너희에게 주실 것이다
2. Ὡς δὲ ἐν ἑαυτῷ διηπόρει ὁ Πέτρος τί ἂν εἴη τὸ ὅραμα ὃ εἶδεν
   베드로가 그가 본 환상이 무엇인가를 심중에(그 자신 안에서) 생각하고 있었을 때에(행 10:17)

(2) ὅπως + 가정법

이것은 ἵνα와 같은 의미로 목적을 가리키기 위하여 사용된다 (so that).

ἀπαγγείλατέ μοι, ὅπως κἀγὼ ἐλθὼν προσκυνήσω αὐτῷ
나도 역시 가서 그에게 경배하도록 내게 기별하라

ἐρωτᾷ αὐτὸν Φαρισαῖος ὅπως ἀριστήσῃ παρ' αὐτῷ
바리새인이 그와 함께 식사하도록 그에게 요청했다

(3) ἐπάν + 가정법

이것은 ὅταν과 유사하게 "~하는 때, 때마다"(when, whenever) 혹은 "~하자마자"(as soon as)의 의미로 사용된다.

ἐπὰν δὲ πονηρὸς ᾖ, καὶ τὸ σῶμά σου σκοτεινόν
그것이 건강하지 않을 때, 너희 몸은 어두움으로 가득 찬다

ἐπὰν δὲ εὕρητε, ἀπαγγείλατέ μοι
너희가 발견하는 대로 내게 알려라(마 2:8)

141. 연습

141.1 다음 헬라어를 한글로 번역하시오.

(1) ἐὰν εἰσέλθητε εἰς τὸ ἱερόν, ὁ ἱερεὺς ὁ δίκαιος διδάξει ὑμῖν ῥήμασι τῆς ζωῆς.

(2) ὁ υἱὸς τοῦ ἀνθρώπου ἦλθεν ἐν τῷ κόσμῳ ἵνα σώσῃ τοὺς ἁμαρτωλοὺς ἀπὸ τῶν ἁμαρτιῶν αὐτῶν.

(3) οἱ μὴ πιστεύοντες τὸ εὐαγγέλιον τοῦ θεοῦ οὐ μὴ σωθῶσιν ἐν τῇ ἐσχάτῃ τῇ ἡμέρᾳ.

(4) ἐὰν μὴ δέξησθε τὴν μαρτυρίαν τῆς ἀληθείας, οὐ σωθήσεσθε ἐν τῇ βασιλείᾳ τοῦ θεοῦ.

(5) ἐὰν ἐγέρθητε ἐν τοῖς ῥημάτοις τοῦ οὐρανοῦ, φανήσεται τὸ φῶς τῆς ζωῆς πρὸς ὑμῶν.

(6) ἐὰν μὴ διδαχθῇς ὑπὸ τοῦ κυρίου περὶ τῆς βασιλείας αὐτοῦ, οὐ γνώσῃ αὐτὸν εἰς τὸν αἰῶνα.

(7) εἰ μένετε ἐν τῷ εὐαγγελίῳ τοῦ χριστοῦ, λήμψεσθε σωτηρίαν καὶ ἐλπίδα ἀπὸ αὐτοῦ.

(8) ἐὰν μὴ γεννηθῆτε ἐξ ὕδατος καὶ πνεύματος, οὐ δύνασθε ἰδεῖν τὴν βασιλείαν τοῦ θεοῦ.

(9) ἦλθον πρὸς τὸν κόσμον ἵνα ὁ κόσμος πιστεύῃ ὅτι σύ με ἀπέστειλας σῴζειν αὐτόν.

(10) ὁ θεὸς λέγει ἡμῖν ἵνα μὴ μένωμεν ἐν τῇ ἁμαρτίᾳ καὶ ὀψώμεθα τὴν δόξαν αὐτοῦ.

141.2 다음 신약성서 헬라어 구문을 연구하시오.

(1) καὶ ἐὰν πορευθῶ καὶ ἑτοιμάσω τόπον ὑμῖν, πάλιν ἔρχομαι καὶ παραλήμψομαι ὑμᾶς πρὸς ἐμαυτόν

(2) εἰ ἐγνώκατέ με, καὶ τὸν πατέρα μου γνώσεσθε·

(3) ἐάν τι αἰτήσητέ με ἐν τῷ ὀνόματί μου ἐγὼ ποιήσω

(4) ἐὰν ἀγαπᾶτέ με, τὰς ἐντολὰς τὰς ἐμὰς τηρήσετε·

(5) ἐάν τις ἀγαπᾷ με τὸν λόγον μου τηρήσει, καὶ ὁ πατήρ μου ἀγαπήσει αὐτόν

(6) εἰ ἠγαπᾶτέ με ἐχάρητε ἄν ὅτι πορεύομαι πρὸς τὸνπατέρα

(7) καὶ νῦν εἴρηκα ὑμῖν πρὶν γενέσθαι, ἵνα ὅταν γένηται πιστεύσητε

(8) ἀλλ' ἵνα γνῷ ὁ κόσμος ὅτι ἀγαπῶ τὸν πατέρα, καὶ καθὼς ἐνετείλατο μοι ὁ πατήρ

(9) καθὼς τὸ κλῆμα οὐ δύναται καρπὸν φέρειν ἀφ' ἑαυτοῦ ἐὰν μὴ μένῃ ἐν τῇ ἀμπέλῳ, οὕτως οὐδὲ ὑμεῖς ἐὰν μὴ ἐν ἐμοὶ μένητε

(10) ἐὰν μή τις μένῃ ἐν ἐμοί, ἐβλήθη ἔξω ὡς τὸ κλῆμα καὶ

ἐξηράνθη καὶ συνάγουσιν αὐτὰ καὶ εἰς τὸ πῦρ βάλλουσιν καὶ καίεται

(11) ἐν τούτῳ ἐδοξάσθη ὁ πατήρ μου, ἵνα καρπὸν πολὺν φέρητε καὶ γένησθε ἐμοὶ μαθηταί

(12) ὑμεῖς φίλοι μού ἐστε ἐὰν ποιῆτε ἃ ἐγὼ ἐντέλλομαι ὑμῖν

(13) καὶ ἔθηκα ὑμᾶς ἵνα ὑμεῖς ὑπάγητε καὶ καρπὸν φέρητε καὶ ὁ καρπὸς ὑμῶν μένῃ

(14) εἰ μὴ ἦλθον καὶ ἐλάλησα αὐτοῖς, ἁμαρτίαν οὐκ εἴχοσαν·

(15) εἰ τὰ ἔργα μὴ ἐποίησα ἐν αὐτοῖς ἃ οὐδεὶς ἄλλος ἐποίησεν, ἁμαρτίαν οὐκ εἴχοσαν·

(16) ἀλλ᾽ ἵνα πληρωθῇ ὁ λόγος ὁ ἐν τῷ νόμῳ αὐτῶν γεγραμμένος ὅτι ἐμίσησάν με δωρεάν

(17) ἀλλὰ ταῦτα λελάληκα ὑμῖν ἵνα ὅταν ἔλθῃ ἡ ὥρα αὐτῶν μνημονεύητε αὐτῶν ὅτι ἐγὼ εἶπον ὑμῖν.

(18) ὅταν δὲ ἔλθῃ ἐκεῖνος, τὸ πνεῦμα τῆς ἀληθείας, ὁδηγήσει ὑμᾶς ἐν τῇ ἀληθείᾳ πάσῃ·

(19) ὅταν δὲ γεννήσῃ τὸ παιδίον, οὐκέτι μνημονεύει τῆς θλίψεως διὰ τὴν χαρὰν ὅτι ἐγεννήθη ἄνθρωπος εἰς τὸν κόσμον

(20) νῦν οἴδαμεν ὅτι οἶδας πάντα καὶ οὐ χρείαν ἔχεις ἵνα τίς σε ἐρωτᾷ·

(21) ἵνα γινώσκῃ ὁ κόσμος ὅτι σύ με ἀπέστειλας καὶ ἠγάπησας αὐτοὺς καθὼς ἐμὲ ἠγάπησας

(22) εἰ τὰ ἐπίγεια εἶπον ὑμῖν καὶ οὐ πιστεύετε, πῶς ἐὰν εἴπω ὑμῖν τὰ ἐπουράνια πιστεύσετε

(23) ὁ δὲ ποιῶν τὴν ἀλήθειαν ἔρχεται πρὸς τὸ φῶς, ἵνα
φανερωθῇ αὐτοῦ τὰ ἔργα ὅτι ἐν θεῷ ἐστιν εἰργασμένα

(24) παρετηροῦντο δὲ αὐτὸν οἱ γραμματεῖς καὶ οἱ Φαρισαῖοι
εἰ ἐν τῷ σαββάτῳ θεραπεύει, ἵνα εὕρωσιν κατηγορεῖν αὐτοῦ

(25) μακάριοί ἐστε ὅταν μισήσωσιν ὑμᾶς οἱ ἄνθρωποι
καὶ ὅταν ἀφορίσωσιν ὑμᾶς καὶ ὀνειδίσωσιν καὶ
ἐκβάλωσιν τὸ ὄνομα ὑμῶν ὡς πονηρὸν ἕνεκα
τοῦ υἱοῦ τοῦ ἀνθρώπου·

(26) ἐὰν ἀγαθοποιῆτε τοὺς ἀγαθοποιοῦντας ὑμᾶς, ποία ὑμῖν
χάρις ἐστίν. καὶ οἱ ἁμαρτωλοὶ τὸ αὐτὸ ποιοῦσιν

(27) εἰ δὲ ἐν δακτύλῳ θεοῦ [ἐγὼ] ἐκβάλλω τὰ δαιμόνια,
ἄρα ἔφθασεν ἐφ᾽ ὑμᾶς ἡ βασιλεία τοῦ θεοῦ

(28) ὅταν ὁ ἰσχυρὸς καθωπλισμένος φυλάσσῃ τὴν
ἑαυτοῦ αὐλήν, ἐν εἰρήνῃ ἐστὶν τὰ ὑπάρχοντα αὐτοῦ

(29) εἰ οὖν τὸ σῶμά σου ὅλον φωτεινόν, μὴ ἔχον μέρος
τι σκοτεινόν, ἔσται φωτεινὸν ὅλον ὡς ὅταν ὁ λύχνος
τῇ ἀστραπῇ φωτίζῃ σε

(30) εἰ ᾔδει ὁ οἰκοδεσπότης ποίᾳ ὥρᾳ ὁ κλέπτης ἔρχεται,
οὐκ ἂν ἀφῆκεν διορυχθῆναι τὸν οἶκον αὐτοῦ

제 24 과
명령법(Imperatives)

142. 단어

ἀναγγέλλω, ἀναγγελῶ, ἀνήγγειλα	발표하다(announce)
ἄνωθεν	부사, 위로부터(from above), 다시(again)
ἀπαγγέλλω, ἀπαγγελῶ, ἀπήγγειλα	선언하다(declare)
διακονέω	봉사하다(serve), 직무를 감당하다(minister)
δικαιόω, δικαιώσω, ἐδικαίωσα	의롭게 하다(justify)
διώκω, διώξω, ἐδίωξα, ἐδιώχθην	추적하다(pursue), 핍박하다(persecute)
φανερόω, φανερώσω, ἐφανέρωσα	내가 밝히다(make manifest)
ἀληθῶς	진실로(truly)
ἄρτι	지금(now), 바로 지금(just now)
ἔξω	없이(without), 밖에(outside)
μόνον	유일하게(only)
ποῦ	의문사, 어디에(where)
τότε	그 때에(then)
γῆ, ἡ	땅(earth)
ἑορτή, ἡ	축제(feast)
ἥλιος, ὁ	태양(sun)
οὖς, ὠτός, τό	귀(ear)
πάσχα, τό	유월절(the Passover)

πλῆθος, -ους, τό	많은 무리(multitude)
σάββατον, τό	안식일(sabbath)
ὕδωρ, -ατος, τό	물(water)

143. 명령법의 성격

명령법은 현재, 부정과거, 완료의 형태로 제시된다. 그러나 완료 명령법은 아주 드물다. 명령법은 2인칭과 3인칭의 형태로만 제시된다. 명령법은 언급자가 듣는 사람(들)에게 그의 뜻을 행사하려는 명령에서 사용된다. 명령법에서도 시제(현재나 부정과거)는 시간의 의미를 갖지 않는다(따라서 접두모음도 붙지 않는다). 현재 시제는 지속적인 행위를 나타내며 부정과거 시제는 점적인 혹은 일회적인 행위를 나타낸다.

144. 명령법의 형태

(1) 현재 능동태 명령법

	단수		복수	
2인칭	λῦε	너는 풀어라	λύετε	너희는 풀어라
3인칭	λυέτω	그(녀)는 풀어라	λυέτωσαν	그들은 풀어라

(2) 현재 중간태/수동태 명령법

	단수		복수	
2인칭	λύου	너는 풀리어라	λύεσθε	너희는 풀리어라
3인칭	λυέσθω	그(녀)는 풀리어라	λυέσθωσαν	그들은 풀리어라

(3) 제1부정과거 능동태 명령법

	단수		복수	
2인칭	λῦσον	너는 풀어라	λύσατε	너희는 풀어라
3인칭	λυσάτω	그(녀)는 풀어라	λυσάτωσαν	그들은 풀어라

(4) 제1부정과거 중간태 명령법

	단수	
2인칭	λῦσαι	너는 너 자신을 위해 풀어라
3인칭	λυσάσθω	그(녀)는 그(녀) 자신을 위하여 풀어라

	복수	
2인칭	λύσασθε	너희는 너희 자신을 위해 풀어라
3인칭	λυσάσθωσαν	그들은 그들 자신들을 위하여 풀어라

(5) 제2부정과거 명령법

	능동태		중간태	
	단수	복수	단수	복수
2인칭	λάβε	λάβετε	λαβοῦ	λάβεσθε
3인칭	λαβέτω	λαβέτωσαν	λαβέσθω	λαβέσθωσαν

(6) 부정과거 제1수동태 명령법

	단수	복수
2인칭	λύθητι	λύθητε
3인칭	λυθήτω	λυθήτωσαν

(7) 부정과거 제2수동태 명령법

	단수	복수
2인칭	γράφητι	γράφητε
3인칭	γραφήτω	γραφήτωσαν

(8) εἰμί의 현재 명령법

	단수	복수
2인칭	ἴσθι	ἔστε
3인칭	ἔστω	ἔστωσαν

145. 명령법의 용법

145.1 시제의 차이

현재 명령법과 부정과거 명령법 사이에 의미의 차이는 행위의 종류에 있다. 현재 시제는 지속적 행위를 그리고 부정 과거 시제는 단순 행위를 나타낸다. 따라서 현재 명령법은 진행 중에 있는 행위와 관련되며 부정과거 명령법은 단순 행위(진행의 여부와는 관계없이)를 나타낸다.

1. βάλλε λίθους
   돌들을 던져라(던지기를 계속하라)
2. μὴ βάλλε λίθους
   돌들을 던지는(던지고 있는) 것을 중지하라
3. εἴσελθε εἰς τὸν οἶκον
   그 집안으로 들어가라
4. μὴ εἰςέλθῃς εἰς τὸν οἶκον
   그 집안으로 들어가지 말라

5. πιστεύετε εἰς τὸν θεόν καὶ εἰς ἐμὲ πιστεύετε
   하나님을 믿고 또 나를 믿으라(요 14:1)
6. δόξασόν σου τὸν υἱόν
   당신의 아들을 영화롭게 하소서
7. ἁγίασον αὐτοὺς ἐν τῇ ἀληθείᾳ
   그들을 진리로 거룩하게 하소서

145.2 긍정적 명령

λῦε τὸν ἱερόν

(너는) 성전을 파괴하라

ἀκούσατε τοὺς λόγους μου

(너희는) 내 말들을 들어라

ὁ ἔχων ὦτα ἀκουέτω

귀를 가진 사람은 들어라

μείνατε ἐν τῇ ἀγάπῃ τῇ ἐμῇ

내 사랑 안에 거하라

μνημονεύετε τοῦ λόγου οὗ ἐγὼ εἶπον ὑμῖν

내가 너희에게 말한 말씀을 기억하라(요 15:20)

ἀλλὰ θαρσεῖτε, ἐγὼ νενίκηκα τὸν κόσμον

그러나 담대하라, 내가 세상을 이겼느니라

145.3 부정적 명령

(1) 이 명령법은 현재 명령과 함께 부정어 μή를 사용한다.

이 명령법은 이미 시작되어 진행하고 있는 행위의 금지(혹은 중단)를 나타낸다. 따라서 이 용법은 자주 "~을 중단하라"로 번역된다.

μὴ κρίνετε

판단하지 말라(판단해오는 것을 중단하라)

μὴ λύετε τὸν ἱερόν

성전을 파괴하지 말라(파괴해 오던 것을 중단하라)

μὴ ταρασσέσθω ὑμῶν ἡ καρδία

너희 마음에 근심하지 말라

(근심해오던 것을 그쳐라, 요 14:1)

(2) 어떤 행위의 시작을 금지하는 것을 표현하는 데는 부정과거 2인칭 가정법이 사용된 것을 기억하라(139. 2).

εἴσελθε εἰς τὸν οἶκον

집 안으로 들어가라(단순 명령)

μὴ εἰσέλθῃς εἰς τὸν οἶκον

집 안으로 들어가지 말라

(들어가는 것 자체를 시작하지 말라)

μὴ νομίσητε ὅτι ἦλθον καταλῦσαι τὸν νόμον

내가 율법을 폐하기 위하여 왔다고 생각하지 말라

(생각하기를 시작하지도 말아라)

145.4 간구의 명령

1. πάτερ ἅγιε, τήρησον αὐτοὺς ἐν τῷ ὀνόματί σου

   거룩하신 아버지여, 그들을 당신의 이름으로 지켜주소서

2. ἐλθέτω ἡ βασιλεία σου

   당신의 나라가 오게 하소서

3. γενηθήτω τὸ θέλημά σου

   당신의 뜻이 이루어지게 하소서

4. κύριε, δεῖξον ἡμῖν τὸν πατέρα
   주여, 우리에게 아버지를 보여주옵소서

146. 연습

146.1 다음 헬라어를 한글로 번역하시오.

(1) μὴ κρίνετε ἵνα μὴ κριθῆτε.

(2) ἁγιασθήτω τὸ ὄνομά σου, ἐλθέτω ἡ βασιλεία σου, γενηθήτω τὸ θέλημά σου.

(3) πιστεύετε εἰς τὸν θεὸν καὶ εἰσέλθετε εἰς τὴν ἐκκλησίαν τὴν ἅγιαν αὐτοῦ.

(4) ὁ ἔχων ὦτα ἀκούειν ἀκουέτω, ὁ ἔχων ὀφθαλμοὺς βλέπειν βλεπέτω.

(5) ὑπάγετε εἰς τὴν κώμην τοῦ λαοῦ τούτου καὶ λύσαντες αὐτοὺς ἀγάγετε.

(6) εἴπετε τῷ ὄρει τούτῳ ἄρθητι καὶ βλήθητι εἰς τὴν θάλασσαν καὶ μὴ διακριθῆτε ἐν τῇ καρδίαις ὑμῶν.

(7) ὁ Ἰησοῦς θεασάμενος αὐτοὺς ἀκολουθοῦντας εἶπεν αὐτοῖς· ἔρχεσθε καὶ ὄψεσθε.

(8) πιστεύετε εἰς τὸν κύριον τῆς ζωῆς καὶ μὴ φοβεῖσθε· ὁ γὰρ κύριος σώσει ὑμᾶς.

(9) εἰ λαμβάνητε τὰ ῥήματα τοῦ κυρίου κηρύξατε αὐτὰ ἐν τῷ φωτί.

(10) ὅταν ἴδητε ταῦτα γινόμενα, γνώσεσθε ὅτι ἐγγύς ἐστιν ἡ κρίσις.

146.2 다음 헬라어 성서 본문을 한글로 번역하시오.

(1) λύσατε τὸν ναὸν τοῦτον καὶ ἐν τρισὶν ἡμέραις ἐγερῶ αὐτόν.

(2) τοῦτο εἰπὼν ἐνεφύσησεν καὶ λέγει αὐτοῖς, Λάβετε πνεῦμα ἅγιον.

(3) πιστεύετέ μοι ὅτι ἐγὼ ἐν τῷ πατρὶ καὶ ὁ πατὴρ ἐν ἐμοί.

(4) τὸν ἄρτον ἡμῶν τὸν ἐπιούσιον δὸς ἡμῖν σήμερον.

(5) ὁ Ἰησοῦς εἶπεν, Λάβετε φάγετε, τοῦτό ἐστιν τὸ σῶμά μου.

(6) ὁ ἔχων οὖς ἀκουσάτω τί τὸ πνεῦμα λέγει ταῖς ἐκκλησίαις.

(7) μὴ ταρασσέσθω ὑμῶν ἡ καρδία· πιστεύετε εἰς τὸν θεόν, καὶ εἰς ἐμὲ πιστεύετε.

(8) εἰ σὺ εἶ ὁ βασιλεὺς τῶν Ἰουδαίων, σῶσον σεαυτόν.

(9) μὴ κρίνετε, καὶ οὐ μὴ κριθῆτε· καὶ μὴ καταδικάζετε, καὶ οὐ μὴ καταδικασθῆτε.

(10) μετανοήσατε καὶ βαπτισθήτω ἕκαστος ὑμῶν ἐπὶ τῷ ὀνόματι Ἰησοῦ Χριστοῦ εἰς ἄφεσιν τῶν ἁμαρτιῶν ὑμῶν.

(11) μὴ ταρασσέσθω ὑμῶν ἡ καρδία μηδὲ δειλιάτω

(12) μείνατε ἐν ἐμοί, κἀγὼ ἐν ὑμῖν.

(13) ἐὰν τὰς ἐντολάς μου τηρήσητε, μενεῖτε ἐν τῇ ἀγάπῃ μου

제 25 과
부정사 II (Infinitives)

147. 단어

ἄξιος, -α, -ον	적합한(fitting), 가치 있는(worthy)
δεῖ	필수적이다(necessary), 해야 한다(must)
ἔξεστι(ν)	합법적이다(lawful), 가능하다(possible)
εὐαγγελίζομαι	복음을 전파하다(preach the gospel)
θέλω, θελήσω, ἠθέλησα	바라다(wish)
μέλλω	하려고 한다(be about to do something)
μέλει	관심을 갖다(it concerns, it is a care)
ὀφείλω	빚지다(owe), 해야 한다(ought)
θαυμάζω	놀라다(wonder, marvel)
πειράζω	시험하다(tempt)
λυπέω	슬퍼하다(grieve)
πάσχω	고난당하다(suffer)
ἐχθρός, ὁ	원수(enemy)
χρεία, ἡ	필요(need)
ἐπαύριον	다음 날에(on the morrow)
καλῶς	잘(well)
πάντοτε	항상(always)
πρίν	전에(before)

147. 부정사의 성격

(1) 명사와 동사의 혼합

부정사는 명사와 동사의 혼합된 형태이다. 그러나 부정사는 동사이면서도 인칭과 수를 취하지 않으며 또한 명사이면서도 성과 격을 취하지 않는다.

(2) 행위의 시간을 나타내지 않음

분사의 경우와 같이 부정사의 시제도 행위의 시간을 나타내지 않는다. 따라서 부정사는 접두모음을 취하지 않는다. 부정사는 주로 현재, 부정과거, 완료 시제의 형태를 취한다. 현재 시제의 부정사는 계속적인 행위를 나타내고 부정과거 시제의 부정사는 점적인 행위를 나타내며 완료 시제의 부정사는 완료된 행위를 나타낸다. 따라서 명령법과 가정법의 경우와 같이 부정사도 현재와 부정과거 부정사를 뚜렷하게 구별하여 번역하기가 어렵다.

148. 부정사의 형태

(1) 현재 부정사

능동태	중간태/수동태
λύειν	λύεσθαι

(2) 제1부정과거 부정사

능동태	중간태	수동태
λῦσαι	λύσασθαι	λυθῆναι

(3) 제2부정과거 부정사

능동태	중간태	수동태
λαβεῖν	λαβέσθαι	λαβῆναι
		(*부정과거 제2수동태)

(4) 완료 부정사

능동태	중간태/수동태
λελυκέναι	λελύσθαι

(5) 미래 부정사

미래 부정사는 신약성서에서 오직 여섯 번 나오는데, 그 중에서 εἰμί의 미래 부정사인 ἔσεσθαι가 네 번 나온다.

능동태	중간태	수동태
λύσειν	λύσεσθαι	λυθήσεσθαι

149. 부정사의 용법

149.1 동사적 용법

부정사는 목적어를 취하거나 부사의 조정을 받기도 한다.

(1) 목적의 부정사

1. 부정사는 주동사의 구체적인 목적을 표현하기 위하여 사용된다.

ἦλθον λῦσαι τοὺς δούλους

나는 그 종들을 풀어주기 위하여 왔다

ἤλθομεν προσκυνῆσαι

우리가 예배하기 위하여 왔다

οὐκ ἦλθον καταλῦσαι ἀλλὰ πληρῶσαι(마 5:17)

나는 폐기하기 위함이 아니라 완성하기 위하여 왔다

πορεύομαι ἑτοιμάσαι τόπον ὑμῖν(요 14:2)

나는 너희들을 위하여 장소를 예비하러 간다

2. τοῦ + 부정사 = 동사의 목적어

ἐζήτησαν τοῦ καταλῦσαι τὰ ἔργα αὐτοῦ.

그들은 그의 일을 파괴하려고 노력했다

(2) 전치사 + 관사 + 부정사

관사를 가진 부정사가 전치사의 목적어로 사용되어 시간, 이유, 목적 등의 개념을 나타낸다. 이 때 부정사는 주어를 취할 수도 있는데, 부정사의 주어는 대격이 사용된다.

1. 전에(before) : πρό + τοῦ + 부정사

ἐλεύσομαι πρὸ τοῦ λυθῆναι τὸ ἱερόν.

나는 그 성전이 파괴되기 전에 올 것이다

2. 후에(after) : μετά + τό + 부정사

εἶπεν ταῦτα αὐτοῖς μετὰ τὸ παθεῖν αὐτόν.

그가 고난을 받은 후에 이것들을 그들에게 말했다

3. 동안에(while) : ἐν + τῷ + 부정사

ἡτοίμαζον τὸν ἱερὸν ἐν τῷ διδάσκειν αὐτόν

그가 가르치고 있는 동안에 그들이 그 성전을 준비하고 있었다

4. 때문에(because) : διά + τό + 부정사

διὰ δὲ τὸ λέγεσθαι τοῦτο ὑπὸ τῶν ὄχλων ἀπῆλθεν ὁ ἀπόστολος

또한 이것이 그 무리들에 의하여 말해지고 있었기 때문에, 그 사도는 가버렸다

5. 하도록(목적, in order to) : εἰς + τό + 부정사

ταῦτα δὲ εἶπον ὑμῖν εἰς τὸ μὴ γενέσθαι ὑμᾶς δούλους τῆς ἁμαρτίας.

또 너희가 죄의 종들이 되지 않도록 내가 이것들을 너희에게 말했다

149.2 명사적 용법

부정사는 하나의 실명사로서 자주 사용된다.

(1) 동사의 주어

1. δεῖ τὸν υἱὸν τοῦ ἀνθρώπου πολλὰ παθεῖν.
   인자가 많은 고난을 받는 것이 마땅하다(눅 9:22)
2. καλὸν σοί ἐστιν εἰσελθεῖν εἰς ζωήν.
   생명에 들어가는 일이 너에게 좋다

(2) 서술 주격

ἄξιος(가치 있는, worthy), δυνατός(할 수 있는, able), ἱκανός (충분한, sufficient)와 함께 사용된다.

1. οὐδεὶς δύναται ἐλθεῖν πρός με.
   아무도 내게 올 수 없다(요 6:44)
2. οὐκέτι εἰμὶ ἄξιος κληθῆναι υἱός σου.
   내가 더 이상 당신의 아들로 불리어지기에 합당하지 않다
3. οὐκ εἰμὶ ἱκανὸς λῦσαι τὸν ἱμάντα αὐτοῦ
   나는 그의 끈을 풀기에도 충분하지 않다(막 1:7)

(3) 목적어

부정사는 주동사의 행위를 구체화하기 위하여 사용되기도 한다.

이 경우에는 부정사가 관사 없이 사용되어 주동사의 직접 목적어의 역할을 한다.

1. ὁ Ἰησοῦς ἤρξατο διδάσκειν τοὺς λόγους τοῦ θεοῦ.
   예수는 하나님의 말씀들을 가르치기를 시작하셨다
2. θέλει ἀκούειν τὸ εὐαγγέλιον.
   그는 그 복음을 듣기를 원한다
3. ἤρξατο ὁ Ἰησοῦς κηρύσσειν καὶ λέγειν
   예수께서 선포하기와 말씀하기를 시작하셨다
4. πῶς δυνάμεθα τὴν ὁδὸν εἰδέναι
   어떻게 우리가 그 길을 알 수 있겠습니까?(요 14:5)
5. οὐκ ἐδοκίμασαν τὸν θεὸν ἔχειν ἐν ἐπιγνώσει
   그들의 지식에 하나님을 소유하기를 싫어했다(롬 1:28)

149.3 비인칭 동사와 함께

(1) δεῖ 필연적이다(it is necessary), ~해야 한다(it must)

1. δεῖ με καὶ ῥώμην ἰδεῖν
   내가 반드시 로마도 보아야 한다
2. δεῖ τὸν υἱὸν τοῦ ἀνθρώπου πολλὰ παθεῖν.
   인자가 반드시 많은 고난을 받아야 한다
3. ἔδει παθεῖν τὸν χριστὸν καὶ εἰσελθεῖν εἰς τὴν δόξαν αὐτοῦ
   그리스도께서 반드시 고난을 받고 자기의 영광에 들어가야 했다(눅 24:26)

(2) δοκεῖ (좋게) 보인다(it seems)

τὶ ὑμῖν δοκεῖ;

너희에게 무엇이 (좋게) 보이느냐?

τὶς τούτων τῶν τριῶν πλησίον δοκεῖ σοι γεγονέναι;

이 세 사람들 중에 누가 너에게 이웃이 되게 보이는가?

(3) ἔξεστι 가능한(it is possible), 합법적인(it is lawful)

οὐκ ἔξεστιν σοι ἔχειν αὐτήν.

네가 그녀를 취하는 것이 합법적이 아니다

ποιοῦσιν ὃ οὐκ ἔξεστιν ποιεῖν ἐν σαββάτῳ.

그들이 안식일에 해서는 안되는 것을 행하고 있다

(4) μέλει 관심을 갖는다(it concerns), 돌본다(it is a care)

καὶ οὐ μέλει αὐτῷ περὶ τῶν προβάτων.

그는 양들에 관심을 갖지 않는다

οὐ μέλει σοι περὶ οὐδενός.

당신은 아무 사람도 상관하지(유의하지) 않는다

149.4 ὥστε + 부정사

부정사와 함께 사용되어 결과를 나타낸다. ὥστε는 추론적 접속사(따라서, 그러므로)로 사용되기도 한다.

1. καὶ ἐθεράπευσεν αὐτὸν ὥστε τὸν τυφλὸν βλεπεῖν.
   그리고 그가 그 소경을 치료해서 그 결과로 그 소경이 보고 있었다.
2. σεισμὸς μέγας ἐγένετο ἐν τῇ θαλάσσῃ, ὥστε τὸ πλοῖον καλύπτεσθαι ὑπὸ τῶν κυμάτων
   바다에 큰 풍랑이 일어나서 (그 결과로) 물결이 배에 덮이게 되었다

149.5 그 밖의 용법

신약성서에는 καὶ ἐγένετο(일어났다, 발생했다)로 시작하는 표현이 매우 흔하게 나온다. 이 구절에는 다음의 네 가지 형태가 있다.

(1) καὶ ἐγένετο καὶ + 동사

καὶ ἐγένετο ἐν μιᾷ τῶν ἡμερῶν καὶ αὐτὸς ἦν διδάσκων.

그 날들 중 하루는 그 자신이 가르치는 일이 일어났다 (가르치게 되었다)

(2) καὶ ἐγένετο + 동사

καὶ ἐγένετο ἀπῆλθεν εἰς τὸν οἶκον αὐτοῦ.

그가 그의 집으로 떠나는 일이 일어났다(떠났다)

(3) καὶ ἐγένετο καὶ ἰδοὺ + 동사

καὶ ἐγένετο καὶ ἰδοὺ ἄνδρες δύο ἐπέστησαν αὐταῖς.

보라 두 남자들이 그 여인들 곁에 서 있는 것이 일어났다(서 있었다)

(4) καὶ ἐγένετο + 부정사

καὶ ἐγένετο αὐτὸν ἐν τοῖς σάββασιν διαπορεύεσθαι διὰ τῶν σπορίμων.

그가 안식일에 밀밭을 통과하여 가는 일이 일어났다 (통과하여 가고 있었다)

150. 간접화법(Indirect Discourse)

간접화법은 어떤 언급을 제 삼자의 말로 표현하는 방식이다.

150.1 간접 서술

(1) ὅτι + 직설법

1. λέγει ὅτι βλέπει τὸν ἀπόστολον
   그(녀)는 그(녀)가 그 사도를 본다고 말한다
2. εἶπεν ὅτι βλέπει τὸν ἀπόστολον
   그는 그가 그 사도를 본다고 말했다
3. εἶπεν ὁ μαθητὴς ὅτι εἶδεν τὸν δοῦλον
   그 제자는 그가 그 종을 보았다고 말했다
4. εἶπεν ὅτι ὄψεται τὸν κύριον
   그는 그가 그 주님을 볼 것이라고 말했다
5. σὺ λέγεις ὅτι βασιλεύς εἰμι
   내가 왕이라고 너 자신이 말하고 있다
6. εἶδον ὅτι ἐσθίει
   그들은 그가 먹고 있는 것을 보았다

(2) 부정사와 함께

1. λέγουσιν αὐτὸν μένειν
   그들은 그가 머물러 있다고 말한다
2. καὶ λέγει αὐτοῖς· ἔξεστιν τοῖς σάββασιν ἀγαθὸν ποιῆσαι ἢ κακοποιῆσαι, ψυχὴν σῶσαι ἢ ἀποκτεῖναι
   그가 그들에게 말씀하신다: 안식일에 선을 행하는 것과 악을 행하는 것, 생명을 구하는 것과 죽이는 것 어느 것이 옳으냐?

(3) 분사와 함께

εἴδαμεν τινὰ ἐκβάλλοντα δαιμόνια.

우리는 어떤 사람이 귀신들을 추방하는 것을 보았다

(4) 대명사의 대격 + 부정사

ἔλεγον οἱ ἄνθρωποι αὐτὸν εἶναι τὸν προφήτην.

그 사람들은 그가 그 선지자였다고 말하고 있었다

150.2 간접 질문

1. αὐτὸς γὰρ ἐγίνωσκεν τί ἦν ἐν τῷ ἀνθρώπῳ.
   사람 안에 무엇이 있는 것을 그 자신이 알았기 때문이다
2. εἶδον ποῦ μένει.
   그가 어디에 머물고 있는지를 그들이 보았다
3. ἠρώτησαν τί φάγωσι.
   그들이 무엇을 먹어야 하는 것을 그들이 물었다

150.3 간접 명령

1. οἵτινες τῷ Παύλῳ ἔλεγον διὰ τοῦ πνεύματος μὴ ἐπιβαίνειν εἰς Ἱεροσαλυμα.
   그들은 바울이 예루살렘에 올라가지 말아야 할 것을 성령으로 말미암아 바울에게 말하고 있었다(행 21:4)
2. παρεκαλοῦμεν ἡμεῖς τε καὶ οἱ ἐντόπιοι τοῦ μὴ ἀναβαίνειν αὐτὸν εἰς Ἰερουσαλήμ
   우리가 그곳 사람들과 함께 그(바울)에게 예루살렘으로 올라가지 말라고 권면하고 있었다(행 21:12)

151. 연습

151.1 다음 헬라어를 한글로 번역하시오.

(1) οὐ γάρ ἐστιν καλὸν λαβεῖν τὸν ἄρτον τῶν ἁμαρτωλῶν καὶ φάγειν αὐτόν.

(2) ἦν περὶ ὥραν ἕκτην τὸ πνεῦμα τὸ ἅγιον καταβαίνειν επὶ τοὺς ἀποστόλους τοὺς προσευχομένων.

(3) εἰ ἀγάπωμεν τὸν κύριον, τηρῶμεν τὰς ἐντολὰς αὐτοῦ πληροῦν τὴν ἐπαγγελίαν τοῦ θεοῦ.

(4) οἱ πιστοὶ ἄρχοντες συνῆλθον πρὸς τὴν ἐκκλησίαν ὥστε τὸ ὄνομα τοῦ θεοῦ δοξάσθηναι δι᾽ αὐτῶν.

(5) ὁ δίκαιος μαθητὴς ἄρχεται διδάσκειν τὰ τέκνα τοῦ θεοῦ τὴν ἀλήθειαν περὶ τῆς βασιλείας.

(6) ἔβλεψαν τὴν χεῖρα τοῦ θεοῦ καταβαίνων ἐπὶ τοὺς ἁμαρτολοὺς μετὰ τὸ παθεῖν αὐτὸν.

(7) ἐν τῇ ὥρα ἔλεγον τοὺς λόγους τοῦ φῶτος ἵνα ἔχωσιν ἀγάπην ἐν ταῖς καρδίαις αὐτῶν.

(8) κελεύσας τοῖς δαιμονίαις τοὺς ὄχλους ἀπολυσαι ἐξῆλθεν εἰς τὴν ἔρημον.

(9) ἐν τῇ ἐσχάτῃ ἡμέρῃ μέλλει ὁ υἱὸς τοῦ ἀνθρώπου ἔρχεσθαι ἐν δόξῃ μετὰ τῶν ἀγγέλων αὐτοῦ.

(10) ἐν τῷ πάσχειν ἡμᾶς ἔλεγον οἱ ἀδελφοὶ ὅτι δεῖ ἡμᾶς γινώςκειν τὸν κύριον τῆς ζωῆς.

15.2 다음 헬라어 신약성서 구문을 연구하시오.

(1) Τότε ὁ Ἰησοῦς ἀνήχθη εἰς τὴν ἔρημον ὑπὸ

τοῦ πνεύματος πειρασθῆναι ὑπὸ τοῦ διαβόλου

(2) τοῦτο δὲ ἔλεγεν πειράζων αὐτόν· αὐτὸς γὰρ ᾔδει
τί ἔμελλεν ποιεῖν

(3) νῦν δὲ ζητεῖτέ με ἀποκτεῖναι ἄνθρωπον ὃς τὴν
ἀλήθειαν ὑμῖν λελάληκα ἣν ἤκουσα παρὰ τοῦ θεου

(4) λογίζομαι γὰρ ὅτι οὐκ ἄξια τὰ παθήματα τοῦ νῦν
καιροῦ πρὸς τὴν μέλλουσαν δόξαν ἀποκαλυφθῆναι εἰς ἡμᾶς

(5) Ὁ θεὸς τῶν πατέρων ἡμῶν προεχειρίσατό σε γνῶναι
τὸ θέλημα αὐτοῦ καὶ ἰδεῖν τὸν δίκαιον καὶ ἀκοῦσαι
φωνὴν ἐκ τοῦ στόματος αὐτου

(6) ἀπεκρίθη Ἰησοῦς καὶ εἶπεν αὐτοῖς· λύσατε τὸν ναὸν
τοῦτον καὶ ἐν τρισὶν ἡμέραις ἐγερῶ αὐτόν

(7) Μὴ κρίνετε, ἵνα μὴ κριθῆτε·

(8) φάσκοντες εἶναι σοφοὶ ἐμωράνθησαν

(9) Μὴ δῶτε τὸ ἅγιον τοῖς κυσὶν μηδὲ βάλητε τοὺς
μαργαρίτας ὑμῶν ἔμπροσθεν τῶν χοίρων

(10) καὶ ἰδὼν ὁ Ἰησοῦς τὴν πίστιν αὐτῶν εἶπεν τῷ
παραλυτικῷ· θάρσει, τέκνον, ἀφίενταί σου αἱ ἁμαρτίαι

(11) Μὴ κτήσησθε χρυσὸν μηδὲ ἄργυρον μηδὲ χαλκὸν εἰς
τὰς ζώνας ὑμῶν, μὴ πήραν εἰς ὁδὸν μηδὲ δύο
χιτῶνας μηδὲ ὑποδήματα μηδὲ ῥάβδον

(12) τὸ πνεῦμα τῆς ἀληθείας, ὃ ὁ κόσμος οὐ δύναται λαβεῖν,
ὅτι οὐ θεωρεῖ αὐτὸ οὐδὲ γινώσκει

제 26 과
대명사 II (Other Pronouns)

152. 단어

ἀλλήλων	상호 대명사, 서로(one another)
ἑαυτοῦ, ἑαυτῆς, ἑαυτοῦ	재귀 대명사, 그 자신(himself), 그녀 자신(herself), 그것 자체(itself)
ἐμαυτοῦ, ἐμαυτῆς	재귀 대명사, 나 자신(myself)
σεαυτοῦ, σεαυτῆς	재귀 대명사, 너 자신(yourself)
ἐμός, ἐμή, ἐμόν	소유 대명사, 나의(my)
ὅς, ἥ, ὅ	관계 대명사, 누구(who), 것(which)
ὅστις, ἥτις, ὅτι	부정 관계 대명사, 누구나(whoever), 무엇이나(whichever)
οὐδείς, οὐδεμία, οὐδέν	부정(negative) 대명사, 아무도 ~아닌(no one)
τις, τις, τι	부정(indefinite) 대명사, 어떤 사람(somebody), 어떤 것(something)
τίς, τίς, τί	의문 대명사, 사람(who), 것(which)
τοιοῦτος, τοιαύτη, τοιοῦτο	연결 대명사, 그런 사람, 그런 것(such)
ὅπου	관계 부사, 곳에서(where)
ὅτε	관계 부사, 때에(when)
ποῦ	의문 부사, 어디서(where)
πῶς	의문 부사, 어떻게(how)

153. 대명사

신약성서 헬라어에는 열 두 가지 계열의 대명사들이 있다. 앞에서 (제10과) 인칭 대명사(49.1, 49.2항), 지시 대명사(49.3항), 강조 대명사(63.3항)를 배웠다. 이 과에서는 그 밖의 대명사들을 다루게 된다.

153.1 소유 대명사(Possessive Pronouns)

(1) 소유 대명사(1인칭 단수)

	단 수			복 수		
	남 성	여 성	중 성	남 성	여 성	중 성
주격	ἐμός	ἐμή	ἐμόν	ἐμοί	ἐμαί	ἐμά
속격, 탈격	ἐμοῦ	ἐμῆς	ἐμοῦ	ἐμῶν	ἐμῶν	ἐμῶν
처격, 조격, 여격	ἐμῷ	ἐμῇ	ἐμῷ	ἐμοῖς	ἐμαῖς	ἐμοῖς
대격	ἐμόν	ἐμήν	ἐμόν	ἐμούς	ἐμάς	ἐμά

* 이 대명사들은, 때때로 소유 형용사라 불리어지기도 하는데, 형용사와 같이 그것들이 수식하는 명사들과 성, 수, 격이 일치한다. 이 대명사들은 형용사적 위치에 온다. 특히 3인칭의 소유대명사는 발견되지 않는다.

1. ὁ ἐμὸς οἶκος 나의 집 οἱ σοὶ οἶκοι 너의 집들
2. ὁ λόγος ὃν ἀκούετε οὐκ ἔστιν ἐμὸς
   너희가 들은 말씀은 나의 것이 아니다(요 14:24)
3. εἰρήνην τὴν ἐμὴν δίδωμι ὑμῖν
   내가 나의 평화를 너희에게 준다

4. αὕτη ἐστὶν ἡ ἐντολὴ ἡ ἐμή
   이것이 내 계명이다
5. πάντα ὅσα ἔχει ὁ πατὴρ ἐμά ἐστιν·
   아버지께서 소유한 모든 것들은 내 것이다
6. τὰ ἐμὰ πάντα σά ἐστιν καὶ τὰ σὰ ἐμα
   나의 모든 것들은 당신의 것들이며 또 당신의 것들은 나의 것입니다

(2) 소유 대명사(1인칭 복수)

	단 수		
	남 성	여 성	중 성
주격	ἡμέτερος	ἡμετέρα	ἡμέτερον
속격, 탈격	ἡμετέρου	ἡμετέρας	ἡμετέρου
처격, 조격, 여격	ἡμετέρῳ	ἡμετέρᾳ	ἡμετέρῳ
대격	ἡμέτερον	ἡμετέραν	ἡμέτερον

	복 수		
	남 성	여 성	중 성
주격	ἡμέτεροι	ἡμέτεραι	ἡμέτερα
속격, 탈격	ἡμετέρων	ἡμετέρων	ἡμετέρων
처격, 조격, 여격	ἡμετέροις	ἡμετέραις	ἡμετέροις
대격	ἡμετέρους	ἡμετέρας	ἡμέτερα

(3) 소유 대명사(2인칭 단수)

	단수 남성	단수 여성	단수 중성	복수 남성	복수 여성	복수 중성
주격	σός	σή	σόν	σοί	σαί	σά
속격 / 탈격	σοῦ	σῆς	σοῦ	σῶν	σῶν	σῶν
처격 / 조격 / 여격	σῷ	σῇ	σῷ	σοῖς	σαῖς	σοῖς
대격	σόν	σήν	σόν	σούς	σάς	σά

(4) 소유 대명사(2인칭 복수)

	단수 남성	단수 여성	단수 중성
주격	ὑμέτερος	ὑμετέρα	ὑμέτερον
속격 / 탈격	ὑμετέρου	ὑμετέρας	ὑμετέρου
처격 / 조격 / 여격	ὑμετέρῳ	ὑμετέρᾳ	ὑμετέρῳ
대격	ὑμέτερον	ὑμετέραν	ὑμέτερον

	복수 남성	복수 여성	복수 중성
주격	ὑμέτεροι	ὑμέτεραι	ὑμέτερα
속격 / 탈격	ὑμετέρων	ὑμετέρων	ὑμετέρων
처격 / 조격 / 여격	ὑμετέροις	ὑμετέραις	ὑμετέροις
대격	ὑμετέρους	ὑμετέρας	ὑμέτερα

1. εἰ τὸν λόγον μου ἐτήρησαν, καὶ τὸν ὑμέτερον τηρήσουσιν
   만일 그들이 내 말을 지킨다면, 너희들의 말도 지킬 것이다
2. ὁ λόγος ὁ σὸς ἀλήθειά ἐστιν
   당신의 말씀은 진리입니다(요 17:17)

153.2 재귀 대명사(Reflecxive Pronouns)

동사의 행위가 주어 자체를 향하여 행해질 때 사용된다.

(1) 1인칭 재귀 대명사

	단수(나 자신)		복수(우리 자신들)	
	남 성	여 성	남 성	여 성
속격/탈격	ἐμαυτοῦ	ἐμαυτῆς	ἑαυτῶν	ἑαυτῶν
처격/조격/여격	ἐμαυτῷ	ἐμαυτῇ	ἑαυτοῖς	ἐαυταῖς
대격	ἐμαυτόν	ἐμαυτήν	ἑαυτούς	ἑαυτάς

(2) 2인칭 재귀 대명사

	단수(너 자신)		복수(너희 자신들)	
	남 성	여 성	남 성	여 성
속격/탈격	σεαυτοῦ	σεαυτῆς	ἑαυτῶν	ἑαυτῶν
처격/조격/여격	σεαυτῷ	σεαυτῇ	ἑαυτοῖς	ἐαυταῖς
대격	σεαυτόν	σεαυτήν	ἑαυτούς	ἑαυτάς

(3) 3인칭 재귀 대명사

	단수 남성	단수 여성	단수 중성	복수 남성	복수 여성	복수 중성
속격/탈격	ἑαυτοῦ	ἑαυτῆς	ἑαυτοῦ	ἑαυτῶν	ἑαυτῶν	ἑαυτῶν
처격/조격/여격	ἑαυτῷ	ἑαυτῇ	ἑαυτῷ	ἑαυτοῖς	ἑαυταῖς	ἑαυτοῖς
대격	ἑαυτόν	ἑαυτήν	ἑαυτό	ἑαυτούς	ἑαυτάς	ἑαυτα

(4) 동사의 행위와 주어

재귀 대명사는 동사의 행위가 주어 자체를 반영한다.

1. ἐγὼ δοξάζω ἐμαυτόν

   나는 나 자신을 영화롭게 한다

2. οὐ λάλῶ περὶ ἐμαυτοῦ

   나는 나 자신에 관하여 말하지 않는다

3. ἔχει ζωήν ἐν ἑαυτῷ

   그는 그 자신 안에 생명을 갖고 있다

4. τί λέγεις περὶ σεαυτοῦ;

   너는 너 자신에 관하여 무엇이라고 말하느냐?

5. αὐτοὶ ἐν ἑαυτοῖς στενάζομεν.

   우리는 우리 자신들 속에서 탄식하고 있다

6. νῦν δόξασόν με σύ, πάτερ, παρὰ σεαυτῷ τῇ δόξῃ

   아버지여, 이제 당신이 당신 자신의 영광으로써
   나를 영화롭게 하소서(요 17:5)

7. ὑπὲρ αὐτῶν ἐγὼ ἁγιάζω ἐμαυτόν

   그들을 위하여 내가 나 자신을 거룩하게 한다

153.3 의문 대명사(Interrogative Pronouns)

(1) 의문 대명사의 형태

	단수 남성	단수 여성	단수 중성	복수 남성	복수 여성	복수 중성
주격	τίς	τίς	τί	τίνες	τίνες	τίνα
속격, 탈격	τίνος	τίνος	τίνος	τίνων	τίνων	τίνων
처격, 조격, 여격	τίνι	τίνι	τίνι	τίσι(ν)	τίσι(ν)	τίσι(ν)
대격	τίνα	τίνα	τί	τίνας	τίνας	τίνα

(2) 의문 대명사의 성격

의문 대명사는 의문문을 이끄는 대명사이다. 이 대명사들은 직접 의문문을 나타내기 위하여 사용된다.

τί ἀκούεις; 너는 무엇을 듣고 있느냐?

σὺ τίς εἶ; 너는 누구냐?

τίς ἔστιν ὁ ἄνθρωπος οὗτος; 이 사람이 누구냐?

τίνα ζητεῖτε; 너희가 누구를 찾고 있느냐?

γινώσκετε τίς ἔστιν ὁ ἀνήρ.
너희는 그 남자가 누구인가를 안다.

τί ἐστιν τοῦτο ὃ λέγει ἡμῖν
그가 우리에게 말한 이것이 무엇이냐?(요 16:17)

(3) 다른 종류의 의문 대명사

신약성서에는 다른 의문 대명사들도 나온다.

1. 품질 의문대명사

ποῖος, ποία, ποῖον 어떤 종류의(of what type?)

ποίῳ δὲ σώματι ἔρχονται;

그들이 어떤 몸으로 오는가(고전 15:35)

2. 수량 의문대명사

πηλίκος, πηλίκη, πηλίκον 얼마나 큰(how great?)

πηλίκοις ὑμῖν γράμμασιν ἔγραψα τῇ ἐμῇ χειρί

내 손으로 너희에게 이렇게 큰 글자로 썼다(갈 6:11)

(4) 의문 대명사의 중성 단수 대격(τί)

중성 단수 대격 τί는 부사적으로 사용되기도 한다.

이런 경우에 τί는 "왜, 어찌하여"(why)로 번역된다.

1. τί ποιεῖτε ταῦτα;

너희가 어찌하여 이것들을 행하느냐?

2. τί με λεγεις ἀγαθόν;

네가 어찌하여 나를 선하다 말하느냐?

3. τί γέγονεν ὅτι ἡμῖν μέλλεις ἐμφανίζειν σεαυτὸν καὶ οὐχὶ τῷ κόσμῳ

어찌하여 당신이 당신 자신을 우리들에게는 나타내려 하시고 세상에게는 아니하려 하십니까(요 14:22)

(5) 의문 대명사의 악센트

의문 대명사의 얼티마에 있는 애큐트 강세는 그레이브 강세로 변하지 않는다.

τί λέγει; 그가 무엇을 말하는가?

ὁ δοῦλος οὐκ οἶδεν τί ποιεῖ αὐτοῦ ὁ κύριος

종은 그의 주인이 행하는 것을 알지 못한다

(6) 간접 질문(Indirect Questions)

간접 화법에서의 의문문에서도 직접 화법의 의문사를 그대로 사용한다.

1. τίς εἶ; 너는 누구냐?(직접 화법)

   ἠρώτησεν αὐτήν τίς ἔστιν.

   그는 그녀에게 그녀가 누구냐고 물었다(간접 화법)

2. ποῦ μένεις;

   너는 어디에 머물고 있는가?(직접 화법)

   εἶπεν αὐτοῖς ποῦ μενει.

   그는 그들에게 그가 어디에 머무는가를 말했다(간접 화법)

3. οὐκ οἴδαμεν τί λαλεῖ

   우리는 그가 말한 것이 무엇인가를 알지 못한다

4. ἔλεγον οὖν, Τί ἐστιν τοῦτο

   그러므로 이것이 무엇이냐고 그들이 말했다

(7) 토의적 질문(Deliberative Questions)

토의적 질문에 가정법이 사용되는데, 이것은 명령법의 대답을 기대하는 질문이다.

ποιήσωμεν τοῦτο ἢ μὴ ποιήσωμεν;

우리가 이것을 할까요 혹은 하지 말까요?

(그것을 하라 혹은 하지 말라는 대답을 기다리는 질문)

153.4 부정 대명사(Indefinite Pronouns)

(1) 부정 대명사의 형태

부정 대명사들은 의문 대명사들과 동일하게 형성되는데, 강세가 없는 것이 특징이다. 그러나 후접사 강세 법칙이 적용될 때는 예외이다. 부정 대명사는 어떤 사람(somebody) 혹은 어떤 것(something)으로 번역된다.

	단수 남성	단수 여성	단수 중성	복수 남성	복수 여성	복수 중성
주격	τις	τις	τι	τινές	τινές	τινά
속격 / 탈격	τινός	τινός	τινός	τινῶν	τινῶν	τινῶν
처격 / 조격 / 여격	τινί	τινί	τινί	τισί(ν)	τισί(ν)	τισί(ν)
대격	τινά	τινά	τι	τινάς	τινάς	τινά

* 이것들은 모두 후접사이며, 따라서 후접사의 강세 법칙이 적용된다(위 표는 강세가 적용되는 경우의 형태).

(2) 의문 대명사와 부정 대명사

의문 대명사와 부정 대명사는 함께 사용되기도 하며 따로 사용되기도 한다.

τίνα καρπὸν ἔχετε; 너희는 무슨 열매를 갖고 있느냐?

εἶπεν τις αὐτῷ. 어떤 사람이 그에게 말했다.

ἄνθρωπος τις εἶχεν δύο υἱούς.

어떤 사람에게 두 아들들이 있었다.

153.5 관계 대명사(Relative Pronouns)

관계 대명사들의 형태는 정관사에서 τ를 제외한 부분과 동일하다. 그러나 단수 주격은 다른 형태를 취하며 모든 형태들이 강세와 강숨표를 취하는 것이 특징이다.

	단수			복수		
	남성	여성	중성	남성	여성	중성
주격	ὅς	ἥ	ὅ	οἵ	αἵ	ἅ
속격 탈격	οὗ	ἧς	οὗ	ὧν	ὧν	ὧν
처격 조격 여격	ᾧ	ᾗ	ᾧ	οἷς	αἷς	οἷς
대격	ὅν	ἥν	ὅ	οὕς	ἅς	ἅ

(1) 사람들을 가리키는 관계 대명사

관계 대명사가 사람들을 가리킬 때,
주격에서는 ~하는 사람(who, that)
속격에서는 ~하는 사람의(of whom)
여격에서는 ~하는 사람에게 혹은 위하여(to, for whom)
대격에서는 ~하는 사람을(whom)로 번역된다.

(2) 선행사와 성과 수가 일치

관계 대명사는 그것의 선행사와 성과 수가 일치해야 한다. 관계 대명사의 격은 그것이 사용되는 절에서 요구되는 격에 따라 결정된다.

1. ὁ δοῦλος ὅς διδάσκει ἡμᾶς ἐστὶν ἀγαθός.
   우리들을 가르치고 있는 그 종은 선하다
   ὅς는 ὁ δοῦλος와 성, 수, 격이 같다.
2. ὁ δοῦλος ὅν ἔβλεψας εἰσῆλθεν εἰς τὸ ἱερόν.
   네가 본 그 종이 성전 안으로 들어갔다.

ὅν은 ὁ δοῦλος와 성, 수가 같지만,

ἔβλεψας의 목적어이기 때문에 대격이다

3. ἀληθῆ ἦν πάντα ἃ εἶπεν ὁ Ἰησους.

예수께서 말씀하신 것들은 모두가 참되었다

4. ὁ δὲ παράκλητος, τὸ πνεῦμα τὸ ἅγιον, ὃ πέμψει ὁ πατὴρ ἐν τῷ ὀνόματί μου

보혜사 곧 내 아버지께서 내 이름으로 보내실 성령께서

관계대명사 ὃ(대격)의 선행사는 τὸ πνεῦμα τὸ ἅγιον(주격)

5. ἐφανέρωσά σου τὸ ὄνομα τοῖς ἀνθρώποις οὓς ἔδωκάς μοι ἐκ τοῦ κόσμου

내가 당신의 이름을 세상에서 내게 주신 사람들에게 나타내었나이다

관계대명사 οὓς(대격)의 선행사는 ἀνθρώποις(여격)

(3) 선행사가 없는 관계 대명사

관계 대명사가 선행사 없이 사용되는 경우도 있다 :

ὅς ~하는 그 남자; ἥ ~하는 그 여자; ὅ ~하는 것

1. οὐκ ἔξεστιν μοι ὃ θέλω ποιῆσαι.

내가 원하는 것을 행하는 것은 내게 합당하지 않다

2. ὃς οὐκ ἔστιν καθ' ὑμῶν ὑπὲρ ὑμῶν ἔστιν.

왜냐하면 너희를 반대하지 않는 자는 너희를 위하는 자이기 때문이다

(4) 부정 관계절(indefinite relative clause)

이것은 대개 관계대명사 + ἄν(또는 ἐάν) + 가정법으로 구성되는데, ἐάν + 가정법이 나오기 때문에 아직 결정되지 않은 조건을

미래 조건처럼 전제한다.

1. ὃς γὰρ ἐὰν θέλῃ τὴν ψυχὴν αὐτοῦ σῶσαι οὐ σώσει αὐτήν.
   누구든지 자기의 목숨을 구원하고자 한다면
   그것(목숨)을 구원하지 못할 것이다
2. ὃς ἂν πιστεύσῃ σωθήσεται.
   누구든지 믿으면 구원을 받을 것이다
3. ἔσται πᾶς ὃς ἂν ἐπικαλέσηται τὸ ὄνομα κυρίου σωθήσεται
   주의 이름을 부르는 모든 자마다 구원을 받을 것이다(행 2:21)

153.6 부정 관계 대명사(Indefinite Relative Pronouns)

(1) 부정 관계 대명사의 성격

이 대명사는 관계 대명사 ὅς, ἥ, ὅ와 부정 대명사 τις가 결합된 형태를 취한다. 이것은 주격의 형태로만 나온다.

	단수			복수		
	남성	여성	중성	남성	여성	중성
주격	ὅστις	ἥτις	ὅτι	οἵτινες	αἵτινες	ἅτινα

(2) 선행사의 질적인 특성을 전달

부정 관계 대명사는 선행사의 질적인 특성의 개념을 전달하는데, 대개 "~하는 사람"(who), "~하는 사람은 누구나" (whoever) 혹은 "~와 같은 성질의 사람"(who is of such nature)으로 번역한다.

(3) 부정 관계 대명사의 예

1. προσέχετε ἀπὸ τῶν ψευδοπροφητῶν, οἵτινες ἔρχονται πρὸς ὑμᾶς ἐν ἐνδύμασιν προβάτων.

거짓 예언자들을 조심하라, 그들은 양의 옷을 입고 너희에게 다가온다(양의 옷을 입고 너희에게 다가오는 그런 예언자들을 조심하라)

2. τούτους, οἵτινες τὸ πνεῦμα τὸ ἅγιον ἔλαβον.
   성령을 받은 이런 사람들을(행 10:47)
3. ψευδαδέλφους, οἵτινες παρεισῆλθον.
   숨어 들어온 그런 거짓 형제들을(갈 2:4)
4. οἵτινες μετήλλαξαν τὴν ἀλήθειαν τοῦ θεοῦ ἐν τῷ ψεύδει
   그들이 다 하나님의 진리를 거짓 것으로 바꾸었다(롬 1:25)
5. δέκα παρθένοις, αἵτινες λαβοῦσαι τὰς λαμπάδας ἑαυτῶν ἐξῆλθον εἰς ὑπάντησιν τοῦ νυμφίου
   각자의 등불을 받아 신랑을 맞이하러 간 열 처녀들(마 25:1)

153.7 부정 대명사(Negative Pronouns)

	단수 남성	단수 여성	단수 중성
주격	οὐδείς	οὐδεμία	οὐδέν
속격, 탈격	οὐδενός	οὐδεμιᾶς	οὐδενός
처격, 조격, 여격	οὐδενί	οὐδεμιᾷ	οὐδενί
대격	οὐδένα	οὐδεμίαν	οὐδέν

(1) 부정 대명사의 성격

이 대명사는 부정어 οὐδέ에 헬라어 숫자 일(one)인 εἶς, μία, ἕν이 부가되어 형성되며, 그 의미는 대개 "누구도 ~아닌"(no one)이다.

(2) 단수 형태만 사용:

이 대명사는 단수 형태만 나온다.

1. οὐδεὶς ἔρχεται πρὸς τὸν πατέρα εἰ μὴ δι᾽ ἐμοῦ.
   나를 통하지 않고는 누구도 아버지께로 올 수 없다
2. οὐδεὶς ἐξ ὑμῶν ἐρωτᾷ με, Ποῦ ὑπάγεις
   너희 중에 아무도 "당신이 어디로 가십니까"라고
   내게 묻지 않는다(요 16:5)
3. ἐν ἐκείνῃ τῇ ἡμέρᾳ ἐμὲ οὐκ ἐρωτήσετε οὐδέν
   그 날에는 너희가 내게 아무 것도 묻지 않을 것이다
4. νῦν ἐν παρρησίᾳ λαλεῖς καὶ παροιμίαν οὐδεμίαν λέγεις
   지금은 당신이 분명하게 말씀하시고 더 이상 비유로
   말씀하지 않는다
5. οὐδεὶς ἐξ αὐτῶν ἀπώλετο εἰ μὴ ὁ υἱὸς τῆς ἀπωλείας
   멸망의 아들 외에는 그들 중에 아무도 파멸하지 않았다

153.8 상호 대명사(Reciprocal Pronouns)

상호 대명사는 복수 주어를 구성하고 있는 사람들 사이의 상호 관계를 나타낸다. 이것은 ἄλλος(다른, other)의 어간을 중복시킴으로 구성된다. 신약성서에는 ἀλλήλων(서로 서로의), ἀλλήλοις(서로 서로에게), ἀλλήλους(서로 서로를)의 형태만이 나온다.

1. ἀγαπῶμεν ἀλλήλους
   우리가 서로 사랑합시다
2. εἶπαν οὖν ἐκ τῶν μαθητῶν αὐτοῦ πρὸς ἀλλήλους
   그러므로 그의 제자들 중에서 서로에게 말했다
3. ἐν ὑμῖν διὰ τῆς ἐν ἀλλήλοις πίστεως ὑμῶν τε καὶ ἐμοῦ

너희 중에서 너희와 나의 믿음을 인하여 서로에게

4. καθὼς ἠγάπησα ὑμᾶς ἵνα καὶ ὑμεῖς ἀγαπᾶτε ἀλλήλους
내가 너희를 사랑한 것과 같이 너희도 또한 서로를 사랑하게 하려는 것이다(요 13:34)

153.9 관계 지시 대명사(Correlative Demonstrative Pronouns)

단수

	남 성	여 성	중 성
주격	τοιοῦτος	τοιαύτη	τοιοῦτο
속격	τοιούτου	τοιαύτης	τοιούτου
탈격 / 처격 / 조격 / 여격	τοιούτῳ	τοιαύτῃ	τοιούτῳ
대격	τοιοῦτον	τοιαύτην	τοιοῦτο

복수

	남 성	여 성	중 성
주격	τοιοῦτοι	τοιαῦται	τοιαῦτα
속격	τοιούτων	τοιαύτων	τοιούτων
탈격 / 처격 / 조격 / 여격	τοιούτοις	τοιαύταις	τοιούτοις
대격	τοιούτους	τοιαύτας	τοιαῦτα

(1) 관계 지시 대명사의 성격

이 대명사는 대개 "그런 종류의"(of such a kind), 혹은 "이와 같은"(such as this)으로 번역된다.

(2) 관계 지시 대명사의 용례

1. ὃς ἂν ἓν τῶν τοιούτων παιδίων δέξηται ἐπὶ τῷ ὀνοματί μου.
누구든지 내 이름으로 이와 같은 어린 아이들 중의 하나를 영접하면(막 9:37)
2. οἶδα τὸν τοιοῦτον ἄνθρωπον.
나는 이와 같은 사람을 알고 있다(고후 12:3)
3. τοιαύτη πορνεία ἥτις οὐδὲ ἐν τοῖς ἔθνεσιν.
이와 같은 음행은 이방인들 중에서도 없는 것이다(고전 5:1)
4. ἐδόξασαν τὸν θεὸν τὸν δόντα ἐξουσίαν τοιαύτην τοῖς ἀνθρώποις
그들은 그와 같은 권세를 사람들에게 주신 하나님께 영광을 돌렸다(마 9:8)
5. ἔσονται γὰρ αἱ ἡμέραι ἐκεῖναι θλῖψις οἵα οὐ γέγονεν τοιαύτη ἀπ᾽ ἀρχῆς κτίσεως
저 날들은 창조의 시작부터 그와 같은 것이 없었던 환란이 될 것이다(막 13:19)
6. καὶ γὰρ ὁ πατὴρ τοιούτους ζητεῖ τοὺς προσκυνοῦντας αὐτόν
아버지께서는 그와 같이 그를 예배하는 자들을 찾고 계신다(요 4:23)
7. οὐ δεδούλωται ὁ ἀδελφὸς ἢ ἡ ἀδελφὴ ἐν τοῖς τοιούτοις·
형제나 자매나 그와 같은 경우들에 얽매이지 말아야할 것이다(고전 7:15)

154. 연습

154.1 다음 헬라어를 한글로 번역하시오.

(1) τί σοι θέλεις ποιήσω. ὁ δὲ εἶπεν· κύριε, ἵνα ἀναβλέψω.

(2) ἀλλὰ εἰσὶν ἐξ ὑμῶν τινὲς οἱ οὐ πιστεύοντες εἰς τὸν κύριον.

(3) ἐν τῇ δυνάμει καὶ ἐξουσίᾳ τοῦ πνεύματος τοῦ ἁγίου εἰς Γαλιλαίαν εἰσῆλθεν.

(4) εἴδομεν τινα ἐν τῷ ὀνόματί σου ἐκβάλλοντα τὰ δαιμόνια τὰ πονερά.

(5) τινὲς ἐξ τῶν ἀδελφῶν σοῦ γράψουσιν ἐπὶ τῷ λίθῳ τούτῳ τὸ ὄνομα τῆς πόλεως τοῦ θεοῦ ἐμοῦ.

(6) σῴζειν τούτους τοὺς μαθητὰς μου ἐγὼ ἁγιάζω ἐμαυτόν ἐν τοῖς ῥημάτοις σοῦ.

(7) ἀγαπήσεις κύριον τὸν θεόν σου ἐξ ὅλης τῆς καρδίας σου καὶ ἀγαπήσεις τὸν πλησίον σου ὡς σεαυτόν.

(8) ὅστις οὖν ταπεινώσει ἑαυτὸν ὡς τὸ παιδίον τοῦτο, οὗτός ἐστιν ὁ μείζων ἐν τῇ βασιλείᾳ τῶν οὐρανῶν.

(9) οὐ γὰρ ἑαυτοὺς κηρύσσομεν ἀλλὰ Χριστὸν Ἰησοῦν Κύριον, ἑαυτοὺς δὲ δούλους ὑμῶν διὰ Ἰησοῦν.

(10) ἀπ᾽ ἐμαυτοῦ οὐκ ἐλήλυθα, ἀλλ᾽ ἔστιν ἀληθινὸς ὁ πέμψας με, ὃν ὑμεῖς οὐκ οἴδατε.

154.2 다음 헬라어 신약성서 구문을 번역하시오.

(1) τὰ ῥήματα ἃ ἐγὼ λέγω ὑμῖν ἀπ᾽ ἐμαυτοῦ οὐ λαλῶ, ὁ δὲ πατὴρ ἐν ἐμοὶ μένων ποιεῖ τὰ ἔργα αὐτοῦ

(2) τὸ πνεῦμα τῆς ἀληθείας, ὃ ὁ κόσμος οὐ δύναται λαβεῖν, ὅτι οὐ θεωρεῖ αὐτὸ οὐδὲ γινώσκει·

(3) ἐκεῖνος ὑμᾶς διδάξει πάντα καὶ ὑπομνήσει ὑμᾶς πάντα ἃ εἶπον ὑμῖν ἐγώ

(4) ἤδη ὑμεῖς καθαροί ἐστε διὰ τὸν λόγον ὃν λελάληκα ὑμῖν·

(5) ὃ ἐὰν θέλητε αἰτήσασθε, καὶ γενήσεται ὑμῖν

(6) ὑμᾶς δὲ εἴρηκα φίλους, ὅτι πάντα ἃ ἤκουσα παρὰ τοῦ πατρός μου ἐγνώρισα ὑμῖν

(7) τὸ πνεῦμα τῆς ἀληθείας ὃ παρὰ τοῦ πατρὸς ἐκπορεύεται, ἐκεῖνος μαρτυρήσει περὶ ἐμοῦ·

(8) οὐ γὰρ λαλήσει ἀφ᾽ ἑαυτοῦ, ἀλλ᾽ ὅσα ἀκούσει λαλήσει καὶ τὰ ἐρχόμενα ἀναγγελεῖ ὑμῖν

(9) νῦν δὲ πρὸς σὲ ἔρχομαι καὶ ταῦτα λαλῶ ἐν τῷ κόσμῳ ἵνα ἔχωσιν τὴν χαρὰν τὴν ἐμὴν πεπληρωμένην ἐν ἑαυτοῖς

(10) ἐν ᾧ γὰρ κρίνεις τὸν ἕτερον, σεαυτὸν κατακρίνεις, τὰ γὰρ αὐτὰ πράσσεις ὁ κρίνων

154.3 다음 헬라어 신약성서 본문을 연구하시오. (요한일서 1:5-10)

5 Καὶ ἔστιν αὕτη ἡ ἀγγελία ἣν ἀκηκόαμεν ἀπ᾽ αὐτοῦ καὶ
ἀναγγέλλομεν ὑμῖν, ὅτι ὁ θεὸς φῶς ἐστιν καὶ σκοτία ἐν

αὐτῷ οὐκ ἔστιν οὐδεμία.

6 Ἐὰν εἴπωμεν ὅτι κοινωνίαν ἔχομεν μετ᾽ αὐτοῦ καὶ ἐν

τῷ σκότει περιπατῶμεν, ψευδόμεθα καὶ οὐ ποιοῦμεν τὴν ἀλήθειαν·

7 ἐὰν δὲ ἐν τῷ φωτὶ περιπατῶμεν ὡς αὐτός ἐστιν ἐν τῷ

φωτί, κοινωνίαν ἔχομεν μετ᾽ ἀλλήλων καὶ τὸ αἷμα

Ἰησοῦ τοῦ υἱοῦ αὐτοῦ καθαρίζει ἡμᾶς ἀπὸ πάσης ἁμαρτίας.

8 ἐὰν εἴπωμεν ὅτι ἁμαρτίαν οὐκ ἔχομεν, ἑαυτοὺς πλανῶμεν καὶ

ἡ ἀλήθεια οὐκ ἔστιν ἐν ἡμῖν.

9 ἐὰν ὁμολογῶμεν τὰς ἁμαρτίας ἡμῶν, πιστός ἐστιν καὶ

δίκαιος ἵνα ἀφῇ ἡμῖν τὰς ἁμαρτίας καὶ καθαρίσῃ ἡμᾶς

ἀπὸ πάσης ἀδικίας.

10 ἐὰν εἴπωμεν ὅτι οὐχ ἡμαρτήκαμεν, ψεύστην ποιοῦμεν

αὐτὸν καὶ ὁ λόγος αὐτοῦ οὐκ ἔστιν ἐν ἡμῖν.

제 27 과

형용사와 부사

(Adjectives and Adverbs)

155. 단어

αἰτία, ἡ	이유(reason)
αὔριον	내일(tomorrow)
βραχύς, -εῖα, -ύ	짧은(short)
δεύτερος, -α, -ον	둘째의(second)
ἤδη	이제(now), 이미(already)
μέγας, μεγάλη, μέγα	위대한(great)
ὅσος, -η, -ον	얼마나 많은(how much)
πόθεν	어디로(whence)1
προσευχή, ἡ	기도(prayer)
φανερῶς	분명히(clearly)
χάρισμα, -ατος, τό	선물(gift)
ἀληθής, -ές	참된(true)
ἀσθενής, -ές	연약한(weak)
γάμος, ὁ	결혼(marriage)
ἐλεύθερος, -α, -ον	자유로운(free)
μᾶλλον	더(more), 오히려(rather)
μονογενής, -ές	독생한(only begotten)
ὅπως	위하여(in order that)
πολύς, πολλή, πολύ	많은(much, many)
ὑγιής, -ές	온전한(whole), 건강한(healthy)
ψευδής, ψευδής, ψευδές	거짓된(false)
ὥστε	따라서(and so, therefore)

156. 제3격변화 형용사

우리는 앞에서 제2격변화 형용사와 제1격변화 형용사를 배웠다(제7과). 신약성서에는 제3격변화의 형용사들도 있다. 그런 형용사들은 다음의 세 부류로 나눠진다.

156.1 -ες 어간 형용사: 남성과 여성의 형태가 동일

	단 수		복 수	
	남성/여성	중 성	남성/여성	중 성
주격	ψευδής	ψευδές	ψευδεῖς	ψευδῆ
속격, 탈격	ψευδοῦς	ψευδοῦς	ψευδῶν	ψευδῶν
처격, 조격, 여격	ψευδεῖ	ψευδεῖ	ψευδέσι	ψευδέσι
대격	ψευδῆ	ψευδές	ψευδεῖς	ψευδῆ

156.2 -υ 어간 형용사: 남성과 중성은 제3격변화를 그리고 여성은 제1격변화를 따라 격변화 한다.

	단 수		
	남 성	여 성	중 성
주격	βραχύς	βραχεῖα	βραχύ
속격, 탈격	βραχέως	βραχείας	βραχέως
처격, 조격, 여격	βραχεῖ	βραχείᾳ	βραχεῖ
대격	βραχύν	βραχεῖαν	βραχύ

	복수		
	남성	여성	중성
주격	βραχεῖς	βραχεῖαι	βραχέα
속격, 탈격	βραχέων	βραχειῶν	βραχέων
처격, 조격, 여격	βραχέσι	βραχείαις	βραχέσι
대격	βραχεῖς	βραχείας	βραχέα

156.3 -αντ 어간 형용사

신약성서에서 이 형태에 속한 형용사는 두 개뿐이다. 그 중에서 흔하게 나오는 것들은 πᾶς, πᾶσα, πᾶν이다. 남성과 중성은 제3격변화 그리고 여성은 제1격변화를 따른다.

	단수			복수		
	남성	여성	중성	남성	여성	중성
주격	πᾶς	πᾶσα	πᾶν	πάντες	πᾶσαι	πάντα
속격, 탈격	παντός	πάσης	παντός	πάντων	πασῶν	πάντων
처격, 조격, 여격	παντί	πάσῃ	παντί	πᾶσι	πάσαις	πᾶσι
대격	πάντα	πᾶσαν	πᾶν	πάντας	πάσας	πάντα

157. 불규칙 변화 형용사

다음의 두 형용사들은 남성과 중성 단수 주격과 대격에서 불규칙하게 격변화를 한다. 그 외에는 다른 형용사와 같이 남성과 중성은 제2격변화 그리고 여성은 제1격변화를 한다.

157.1 πολύς, πολλή, πολύ

	단 수			복 수		
	남 성	여 성	중 성	남 성	여 성	중 성
주격	πολύς	πολλή	πολύ	πολλοί	πολλαί	πολλά
속격, 탈격	πολλοῦ	πολλῆς	πολλοῦ	πολλῶν	πολλῶν	πολλῶν
처격, 조격, 여격	πολλῷ	πολλῇ	πολῷ	πολλοῖς	πολλαῖς	πολλοῖς
대격	πολύν	πολλήν	πολύ	πολλούς	πολλάς	πολλά

1. ἐν τῇ οἰκίᾳ τοῦ πατρός μου μοναὶ πολλαί εἰσιν·
   내 아버지 집에 거할 곳(거처)이 많이 있다(요 14:2)
2. ἔτι πολλὰ ἔχω ὑμῖν λέγειν, ἀλλ᾽ οὐ δύνασθε βαστάζειν ἄρτι
   내가 아직 많은 것들을 너희에게 말할 수 있지만,
   그러나 지금은 너희가 감당하지 못할 것이다
3. πολλοὶ ἥξουσιν καὶ ἀνακλιθήσονται ἐν τῇ βασιλείᾳ τῶν οὐρανῶν
   많은 사람들이 와서 천국에 앉을 것이다

157.2 μέγας, μεγάλη, μέγα

	단수			복수		
	남성	여성	중성	남성	여성	중성
주격	μέγας	μεγάλη	μέγα	μεγάλοι	μεγάλαι	μεγάλα
속격 탈격	μεγάλου	μεγάλης	μεγάλου	μεγάλων	μεγάλων	μεγάλων
처격 조격 여격	μεγάλῳ	μεγάλῃ	μεγάλῳ	μεγάλοις	μεγάλαις	μεγάλοις
대격	μέγαν	μεγάλην	μέγα	μεγάλους	μεγάλας	μεγάλα

1. καὶ τῇ ἐνάτῃ ὥρᾳ ἐβόησεν ὁ Ἰησοῦς φωνῇ μεγάλῃ·
   제 구시에 예수께서 큰 소리로 외치셨다(막 15:34)
2. πάντες ἀπὸ μικροῦ ἕως μεγάλου λέγοντες· οὗτός ἐστιν ἡ δύναμις τοῦ θεοῦ ἡ καλουμένη μεγάλη
   작은 자로부터 큰 자까지 모든 사람들이 이 사람은 크다라고 불리어지는 하나님의 능력이라고 말했다(행 8:10)
3. ἐγενόμην ἐν πνεύματι ἐν τῇ κυριακῇ ἡμέρᾳ καὶ ἤκουσα ὀπίσω μου φωνὴν μεγάλην ὡς σάλπιγγος
   나는 주님의 날에 성령에 감동되어 있었으며 내 뒤에서 나오는 나팔 소리 같은 큰 음성을 들었다(계 1:10)

158. πᾶς, πᾶσα, πᾶν의 용법

(1) 서술적 위치: 모든(all)

πᾶσα ἡ πόλις 모든 도시(all the city)

πᾶσαι αἱ πόλεις 모든 도시들(all the cities)

πάντες οἱ μαθηταί 모든 제자들(all the disciples)

(2) 형용적 위치: 전체의(whole)

ἡ πᾶσα πόλις 도시 전체(the city as a whole)

ὁ πᾶς νόμος 율법 전체(the whole law)

οἱ πάντες ἄνδρες 그 남자들 전체(the total number of men)

(3) 분사와 함께 서술적 위치 : ~하는 모든 사람(들)

πᾶς ὁ πιστεύων 믿고 있는 모든 사람

πάντες οἱ ἀκούοντες 듣고 있는 모든 사람들

παντὶ τῷ ἀκούοντι 듣고 있는 모든 사람에게

πάντες οἱ ἀκούσαντες 들은 모든 사람들

(4) 관사 없는 사용: 모든(every)

πᾶσα πόλις 혹은 πόλις πᾶσα 모든 도시(every city)

1. Ἦν τὸ φῶς τὸ ἀληθινόν, ὃ φωτίζει πάντα ἄνθρωπον, ἐρχόμενον εἰς τὸν κόσμον
세상에 와서 모든 사람들을 비추고 있는 참된 빛이 있었다(요 1:9)
2. καὶ ἔσται πᾶς ὃς ἂν ἐπικαλέσηται τὸ ὄνομα κυρίου σωθήσεται
주님의 이름을 부르는 모든 자는 구원을 받을 것이다(행 2:21)
3. Ἰδοὺ ἔρχεται μετὰ τῶν νεφελῶν, καὶ ὄψεται αὐτὸν πᾶς ὀφθαλμὸς
보라, 그가 구름을 타고 오실 것이며 모든 눈이 그를 볼 것이다 (계 1:7)

159. 연습

159.1 다음 헬라어를 한글로 번역하시오.

(1) ἐν πάσαις ταῖς συναγωγαῖς ταῦτα πάντα ἐλάλησεν ὁ Ἰησοῦς ἐν παραβολαῖς.

(2) πᾶς ὁ ἐν χριστῷ μένων οὐ μὴ περιπατήσῃ ἐν τῇ σκοτίᾳ, ἀλλ᾽ ἕξει τὸ φῶς τῆς ζωῆς.

(3) ἀκούσας ταῦτα ὁ μαθητὴς εἶπεν τοῖς ὄχλοις πάντα ταῦτα ἃ ἑώρακεν περὶ τῆς βασιλείας τῶν οὐρανῶν.

(4) ἦλθον πρὸς τοῦτον τὸν κόσμον τοῦ σκότους ποιῆσαι πᾶν τὸ θέλημα τοῦ πέμψαντός με.

(5) ὅταν ἀκούσωσιν τὸν λόγον τῆς ἀληθείας, μετὰ χαρᾶς μεγάλης λαμβανοῦσιν αὐτόν.

(6) λέγω ὑμῖν ὅτι ἔρχεται ὥρα καὶ νῦν ἐστιν ὅτε οἱ νεκροὶ ἀκούσουσιν τῆς φωνῆς τοῦ υἱοῦ τοῦ θεοῦ.

(7) βλέψαν τὸν κύριον πολὺ πλῆθος ἀπὸ τῆς Γαλιλαίας ἠκολούθησεν αὐτῷ.

(8) ὁ μονογενὴς υἱὸς ἀπὸ τοῦ οὐρανοῦ εἶπεν ὅτι μεγάλαι εἰσὶν ἡ ἀλήθεια καὶ ἡ χάρις τοῦ θεοῦ.

(9) μετὰ ταύτην τὴν βραχεῖα προσευχὴν ἤκουσα ὡς φωνὴν μεγάλην ὄχλου πολλοῦ.

(10) τίς ἐστιν ἀνθρώπων ὃς οὐ γινώσκει τὴν Ἐφεσίων πόλιν νεωκόρον οὖσαν τῆς μεγάλης Ἀρτέμιδος;

159.2 다음 신약성서 본문을 연구하시오. (요한 일서 2:1-6)

1 ἁμάρτῃ, παράκλητον ἔχομεν πρὸς τὸν πατέρα, Ἰησοῦν Τεκνία
μου, ταῦτα γράφω ὑμῖν ἵνα μὴ ἁμάρτητε. καὶ ἐάν τις
Χριστὸν δίκαιον·
2 καὶ αὐτὸς ἱλασμός ἐστιν περὶ τῶν ἁμαρτιῶν ἡμῶν, οὐ περὶ
τῶν ἡμετέρων δὲ μόνον ἀλλὰ καὶ περὶ ὅλου τοῦ κόσμου.
3 Καὶ ἐν τούτῳ γινώσκομεν ὅτι ἐγνώκαμεν αὐτόν, ἐὰν τὰς
ἐντολὰς αὐτοῦ τηρῶμεν.
4 ὁ λέγων ὅτι Ἔγνωκα αὐτόν, καὶ τὰς ἐντολὰς αὐτοῦ μὴ
τηρῶν, ψεύστης ἐστίν, καὶ ἐν τούτῳ ἡ ἀλήθεια οὐκ ἔστιν·
5 ὃς δ᾽ ἂν τηρῇ αὐτοῦ τὸν λόγον, ἀληθῶς ἐν τούτῳ ἡ ἀγάπη
τοῦ θεοῦ τετελείωται. ἐν τούτῳ γινώσκομεν ὅτι ἐν αὐτῷ
ἐσμεν·
6 ὁ λέγων ἐν αὐτῷ μένειν ὀφείλει καθὼς ἐκεῖνος περιεπάτησεν
καὶ αὐτὸς [οὕτως] περιπατεῖν.

제 28 과

형용사와 부사의 비교급

(Comparison of Adjectives and Adverbs)

160. 단어

ἄφρων, -ον	어리석은(foolish)
ἐγγύς	부사, 가까이(near)
εὖ	잘(well)
ἴδιος, -α, -ον	자기 자신의(one's own)
ἰσχυρός, -ά, -όν	강한(strong)
κρείσσων, -ον	더 좋은(better)
ὀλίγος, -η, -ον	적은(small, few)
πλούσιος, -α, -ον	부요한(rich)
σώφρων, -ον	건전한(sound-minded)
ἔμπροσθεν	앞에(before)
ἐργασία, ἡ	일(work), 사업(business)
ἔτος, -ους, τό	년(year)
ἱκανός, -ή, -όν	충분한(worthy)
ἰσχυρότερος, -α, -ον	더 강한(stronger)
νέος, -α, -ον	젊은(young, new)
περισσός, -ή, -όν	넘치는(abundant)
πλείων, -ον	더 많은(much more)
τέλειος, -α, -ον	끝마친(finished)

161. 형용사의 비교급

161.1 규칙 변화 형용사

(1) 형용사 비교급의 형태

-ος로 끝나는 형용사의 비교급은 그 원급의 남성 단수 어간에 -τερος, -α, -ον을 덧붙임으로 형성된다. 최상급은 -τατος, -η, -ον을 덧붙임으로 형성된다.

원 급	비 교 급	최 상 급
ἰσχυρός, -ά, -όν	ἰσχυρότερος, -α, -ον	ἰσχυρότατος, -η, -ον
νέος, -α, -ον	νεώτερος, -α, -ον	νεώτατος, -η, -ον
σοφός, -ή, -όν	σοφώτερος, -α, -ον	σοφώτατος, -η, -ον
ἀσθενής, -ες	ἀσθενέστερος, -α, -ον	ἀσθενέστατος, -η, -ον

ὁ ἰσχυρός	그 강한 사람	ὁ ἰσχυρότερος	더 강한 사람
ἡ ἰσχυρότερα	더 강한 여인	τὸ ἰσχυρότερον	더 강한 것
ὁ ἰσχυρότατος	제일 강한 사람	ἡ ἰσχυρότατη	제일 강한 여인
τὸ ἰσχυρότατον	제일 강한 것		

1. ἀλλὰ περισσότερον αὐτῶν πάντων ἐκοπίασα
   그러나 내가 그들 모두보다 더 많이 수고했다(고전 15:10)
2. πολλῷ μᾶλλον τὰ δοκοῦντα μέλη τοῦ σώματος ἀσθενέστερα ὑπάρχειν ἀναγκαῖά ἐστιν
   몸의 더 약하게 보이는 지체가 한층 더 요긴하다(고전 12:22)
3. ὁ δὲ ὀπίσω μου ἐρχόμενος ἰσχυρότερός μού ἐστιν
   내 뒤에 오시는 분은 나보다 더 강한 분이다(마 3:11)

(2) -τατος로 되는 최상급

신약성서에서 -τατος로 되는 최상급은 세 개만 나온다.

ἁγιώτατος 제일 거룩한 (ἅγιος)

ἀκριβέστατος 제일 정확한 (ἀκριβής)

τιμιώτατος 제일 귀중한 (τίμιος)

1. κατὰ τὴν ἀκριβεστάτην αἵρεσιν τῆς ἡμετέρας θρησκείας
   우리 종교의 가장 엄격한 파를 따라(행 26:5)
2. ὁ φωστὴρ αὐτῆς ὅμοιος λίθῳ τιμιωτάτῳ
   그 성의 영광이 가장 귀한 보석 같다(계 21:11)
3. Ἐγὼ γάρ εἰμι ὁ ἐλάχιστος τῶν ἀποστόλων
   나는 사도 중에 제일 작은 자이다(고전 15:9)
4. κατὰ δύο ἢ τὸ πλεῖστον τρεῖς καὶ ἀνὰ μέρος
   둘 혹은 가장 많아야 세 사람이 하나씩 차례로(고전 14:37)

(3) 부사로 사용되는 비교급

형용사의 비교급은 때로는 부사로 사용되기도 한다.

ἔξω	밖에(out)	ἐξώτερος	더 밖으로(outer)
ἄνω	위로(up), 위에(above)	ἀνώτερος	더 위로(higher)

(4) 탈격과 함께 사용되는 비교급

비교급이 탈격과 함께 사용되어 비교의 기준을 나타낸다.

1. τὸ μωρὸν τοῦ θεοῦ σοφώτερων τῶν ἀνθρώπων ἐστιν.
   하나님의 어리석음이 사람들보다 더 지혜롭다
2. ἔρχεται δὲ ὁ ἰσχυρότερός μου.
   그러나 나보다 더 강한 분이 오고 있다

(5) 비교급 + ἤ

비교급 다음에 ἤ(~보다, than)가 나오는 경우
비교의 주체와 대상이 동일한 격을 취한다.

1. Σοδόμοις ἐν τῇ ἡμέρᾳ ἐκείνῃ ἀνεκτότερον ἔσται ἢ τῇ πόλει ἐκείνῃ.
   저 날에 저 성읍보다 소돔이 더 견디기 쉬울 것이다(눅 10:12)
2. εὐκοπώτερόν . . . ἢ πλούσιον εἰσελθεῖν εἰς τὴν βασιλείαν τοῦ θεοῦ
   부자가 하나님의 나라에 들어가는 것보다 더 쉽다(마 19:24)

(6) 신약성서에 나오는 최상급

신약성서에서 최상급은 아주 드물게 나오는데, 최상급이 나올 경우에도 그 최상급의 의미보다는 '대단히'(very) 혹은 '지극히'(exceedingly)와 같은 강세적 의미를 갖는다. 신약성서에서 관사를 가진 비교급이 최상급의 의미로 사용되기도 한다.

1. ὁ δὲ μικρότερος ἐν τῇ βασιλείᾳ τῶν οὐρανῶν μείζων αὐτοῦ ἐστιν.
   그러나 천국에서는 가장(극히) 작은 자가 그보다 더 크다(마 11:11)
2. οἱ δὲ υἱοὶ τῆς βασιλείας ἐκβληθήσονται εἰς τὸ σκότος τὸ ἐξώτερον
   그러나 그 나라의 자녀들은 어둠의 가장 깊은 곳으로 던져질 것이다 (마 8:12)

161.2 불규칙 변화 형용사

비교급 어미: -(ι)ων(남성), -(ι)ων(여성), -ον(중성)

최상급 어미: -ιστος(남성), -ίστη(여성), -ιστον(중성)

원급	비교급	최상급
ἀγαθός	κρείσσων	κράτιστος
	κρείττων	
κακός	χείρων	
	ἥσσων	
μέγας	μείζων	μέγιστος
μικρός	μικρότερος	
	ἐλάσσων	ἐλάχιστος
πολύς	πλείων	πλεῖστος
	πλέων	

161.3 μείζων, -ον의 격변화 (μέγας의 비교급)

	단 수		복 수	
	남성/여성	중 성	남성/여성	중 성
주격	μείζων	μεῖζον	μείζονες (μείζους)	μείζονα (μείζω)
속격 탈격	μείζονος	μείζονος	μειζόνων	μειζόνων
처격 조격 여격	μείζονι	μείζονι	μείζοσι(ν)	μείζοσι(ν)
대격	μείζονα (μείζω)	μεῖζον	μείζονας (μείζους)	μείζονα (μείζω)

(1) μείζω의 용법

μείζω는 μείζονα의 단축형이며, 남성/여성 복수 주격과 대격이 μείζους으로 사용되기도 한다.

1. οὐκ ἔστιν δοῦλος μείζων τοῦ κυρίου αὐτου
   종은 그의 주인보다 크지 못하다(요 15:20)
2. οἱ δὲ μεῖζον ἔκραξαν λέγοντες· ἐλέησον ἡμᾶς, κύριε, υἱὸς Δαυίδ
   그들이 더 크게 소리 질러 말하기를 주 다윗의 아들이여 우리를 불쌍히 여기소서 하니라(마 20:31)

(2) -ων으로 끝나는 형용사

-ων으로 끝나는 형용사(원급 또는 비교급)는 모두 μείζων과 같이 격변화를 한다.

σώφρων(건전한), ἄφρων(어리석은), ἐλάσσων(더 작은), πλείων(더 많은), κρείσσων(더 좋은)

1. ὁ μὴ γαμίζων κρεῖσσον ποιήσει(고전 7:38)
   결혼하지 않는 자는 더 좋게 행하는 것이다
2. ὅταν μεθυσθῶσιν τὸν ἐλάσσω(요 2:10)
   그들이 취한 후에는 더 좋지 않은 것을 내놓는다

(3) -ων으로 끝나는 형용사의 비교급과 최상급

-ων이 -ον으로 짧아진 다음, -εστερος, -εστατος를 붙인다)

σώφρων, σωφρονέστερος, σωφρονέστατος

162. 부사의 비교급

(1) 부사의 비교급의 형태

많은 경우에 형용사의 복수 속격 어미인 -ων 대신에 -ως를 붙여서 부사로 사용한다.

καλός(좋은) -------> καλῶς(좋게)

σοφός(지혜로운) ----> σοφῶς(지혜롭게)

(2) 부사의 비교급과 최상급

부사의 비교급은 그 부사에 해당하는 형용사의 비교급에서 중성 단수 대격을 사용하고 최상급은 중성 복수 대격을 사용한다.

원급	비교급	최상급
ἀκριβῶς	ἀκριβέστερον	ἀκριβέστατα
정확하게	더 정확하게	가장 정확하게

(3) 불규칙 부사의 비교급

원급	비교급	최상급
εὖ	βέλτιον	-----
καλῶς	κάλλιον	-----
κακῶς	ἧσσον	-----
(μάλα)	μᾶλλον	μάλιστα
πολύ	πλεῖον(πλέον)	-----

원급	비교급	최상급
ἐγγύς	ἐγγύτερον	ἔγγιστα
τάχα	τάχιον	τάχιστα
ταχέως	τάχειον	-----

1. μάλιστα δὲ πρὸς τοὺς οἰκείους τῆς πίστεως
   특별히 믿음의 가정들에게 할지니라(갈 6:10)
2. ἵνα ὡς τάχιστα ἔλθωσιν πρὸς αὐτὸν
   가능한 한 빨리 그들로 하여금 그에게 오게 하도록(행 17:15)

(4) 장소의 부사와 탈격

장소를 나타내는 부사가 전치사처럼 속격을 취한다.

ἔξω	밖에서
ἔξω τῆς πόλεως	그 성 밖에서
ἐγγύς τῆς πόλεως	그 성 가까이에서

1. τούτων τὰ σώματα κατακαίεται ἔξω τῆς παρεμβολῆς
   이 몸들은 영문 밖에서 불살랐다(히 13:11)
2. ἀλλ᾽ εἰ καὶ ὁ ἔξω ἡμῶν ἄνθρωπος διαφθείρεται, ἀλλ᾽ ὁ ἔσω ἡμῶν ἀνακαινοῦται ἡμέρᾳ καὶ ἡμέρᾳ
   우리 겉사람은 날로 쇠약해지지만, 우리 속사람은 새로와진다 (고후 4:16)

163. 그 밖의 용법

(1) ὁ δέ, ἡ δέ, οἱ δέ

지시적으로 이미 언급된 사람들을 가리키는 데 사용된다.

1. πάλιν δὲ ὁ Πιλᾶτος προσεφώνησεν αὐτοῖς, θέλων

ἀπολῦσαι τὸν Ἰησοῦν· οἱ δὲ ἐπεφώνουν λέγοντες, Σταύρου, σταύρου αὐτόν.

또한 다시 빌라도가, 예수를 석방시키기를 바라며 그들에게 말했다. 그러나 그들이 "그 자를 십자가에 못박으소서 못박으소서" 하고 말하면서 소리쳤다(눅 23:20; 여기서 οἱ δέ는 αὐτοῖς를 가리킨다)

2. ὁ μὲν οὖν παραλαβὼν αὐτὸν ἤγαγεν πρὸς τὸν χιλίαρχον
그러므로 그가 그를 데리고 천부장에게로 갔다(행 23:18)

(2) 비교문에서 μᾶλλον과 ἤ

비교문에서 μᾶλλον(더, 오히려)와 ἤ는 긍정적 비교의 의미로 사용된다.

1. ἠγάπησαν οἱ ἄνθρωποι μᾶλλον τὸ σκότος ἢ τὸ φῶς.
그 사람들이 빛보다 어두움을 더 사랑했다
2. εἰ δίκαιόν ἐστιν ἐνώπιον τοῦ θεοῦ ὑμῶν ἀκούειν μᾶλλον ἢ τοῦ θεοῦ, κρίνατε
하나님 앞에서 너희를 듣는 것이 하나님을 듣는 것보다 더 옳은 일인가를 너희가 판단하라(행 4:19)

164. 연습

164.1 다음 헬라어를 한글로 번역하시오.

(1) τὸ μωρὸν τοῦ θεοῦ σοφώτερον τῶν ἀνθρώπων ἐστὶν καὶ τὸ ἀσθενές τοῦ θεοῦ ἰσχυρότερον τῶν ἀνθρώπων ἐστίν.

(2) δεῖ μνημονεύειν τῶν λόγων τοῦ κυρίου Ἰησοῦ ὅτι αὐτὸς εἶπεν· μακάριόν ἐστιν μᾶλλον διδόναι ἢ λαμβάνειν.

(3) ἔρχεται δὲ ὁ ἰσχυρότερός μου, οὗ οὐκ εἰμὶ ἱκανὸς λῦσαι τὸν ἱμάντα τῶν ὑποδημάτων αὐτοῦ·

(4) ὁ δὲ ἀπεκρίθη αὐτοῖς, ὁ ποιήσας με ὑγιῆ ἐκεῖνός μοι εἶπεν, ἆρον τὸν κράβαττόν σου καὶ περιπάτει.

(5) ἀποκριθεὶς δὲ ὁ ἡγεμὼν εἶπεν αὐτοῖς, τίνα θέλετε ἀπὸ τῶν δύο ἀπολύσω ὑμῖν;

(6) ἤκουσαν οἱ Φαρισαῖοι ὅτι Ἰησοῦς πλείονας μαθητὰς ποιεῖ καὶ βαπτίζει ἢ Ἰωάνης.

(7) ὁ πιστεύων εἰς ἐμὲ τὰ ἔργα ἃ ἐγὼ ποιῶ κακεῖνος ποιήσει καὶ μείζονα τούτων ποιήσει.

(8) οὐκ ἔστιν δοῦλος μείζων τοῦ κυρίου αὐτοῦ οὐδὲ ἀπόστολος μείζων τοῦ πέμψαντος αὐτόν.

(9) καὶ ὅ τι ἂν αἰτήσητε ἐν τῷ ὀνόματί μου τοῦτο ποιήσω, ἵνα δοξασθῇ ὁ πατὴρ ἐν τῷ υἱῷ·

(10) μείζονα ταύτης ἀγάπην οὐδεὶς ἔχει, ἵνα τις τὴν ψυχὴν αὐτοῦ ἀπολέσῃ ὑπὲρ τῶν φίλων αὐτοῦ

164.2 다음 신약성서 본문을 연구하시오.
(요한 일서 2:7-11)

7 Ἀγαπητοί, οὐκ ἐντολὴν καινὴν γράφω ὑμῖν, ἀλλ' ἐντολὴν
παλαιὰν ἣν εἴχετε ἀπ' ἀρχῆς· ἡ ἐντολὴ ἡ παλαιά ἐστιν ὁ
λόγος ὃν ἠκούσατε.
8 πάλιν ἐντολὴν καινὴν γράφω ὑμῖν, ὅ ἐστιν ἀληθὲς ἐν αὐτῷ

καὶ ἐν ὑμῖν, ὅτι ἡ σκοτία παράγεται καὶ τὸ φῶς τὸ
ἀληθινὸν ἤδη φαίνει.
9 ὁ λέγων ἐν τῷ φωτὶ εἶναι καὶ τὸν ἀδελφὸν αὐτοῦ μισῶν ἐν
τῇ σκοτίᾳ ἐστὶν ἕως ἄρτι.

10 ὁ ἀγαπῶν τὸν ἀδελφὸν αὐτοῦ ἐν τῷ φωτὶ μένει, καὶ
σκάνδαλον ἐν αὐτῷ οὐκ ἔστιν·
11 ὁ δὲ μισῶν τὸν ἀδελφὸν αὐτοῦ ἐν τῇ σκοτίᾳ ἐστὶν καὶ ἐν
τῇ σκοτίᾳ περιπατεῖ, καὶ οὐκ οἶδεν ποῦ ὑπάγει, ὅτι ἡ
σκοτία ἐτύφλωσεν τοὺς ὀφθαλμοὺς αὐτοῦ.

제 29 과

수사와 관사

(Numerals and Articles)

165. 단어

ἀγρός, ὁ　밭(field)
ἀδελφή, ἡ　자매(sister)
ἀντίχριστος, ὁ　적그리스도(antichrist)
διάβολος, ὁ　마귀(devil)
διψάω　목마르다(thirst)
δώδεκα　열 둘(twelve)
μήτε .... μήτε　~도 아니 ~도 아니(neither ~ nor)
καί .... καί　~도~도(both ~ and), ~뿐 아니라~도
μισέω　미워하다(hate)
νεανίσκος, ὁ　청년(young man)
νομίζω　생각하다(overcome)
οὐκέτι　더 이상 ~아닌(no longer)
οὔτε .... οὔτε　~도 아니 ~도 아니(neither ~ nor)
πόθεν　의문사, 어디로부터(whence)
σιγάω　침묵하다(be silent)
πώποτε　아직까지(ever yet)
τέ .... καί　~도 ~도(both --- and)
ψεῦδος, -ους, τό　거짓말(lie)
ἀπαρνέομαι, -νήσομαι, ἀπηρνησάμην　부인하다(deny)
συντελέω, συνετελέσθην　종결시키다(bring to an end), 완결시키다(complete)

166. 숫자(Numbers)

	기수(cardinal number)		서수(ordinal number)	
1	εἷς	일(one)	πρώτος	첫째(first)
2	δύο		δεύτερος	
3	τρεῖς		τρίτος	
4	τέσσαρες		τέταρτος	
5	πέντε		πέμπτος	
6	ἕξ		ἕκτος	
7	ἑπτά		ἕβδομος	
8	ὀκτώ		ὄγδοος	
9	ἐννέα		ἔνατος	
10	δέκα		δέκατος	
11	ἕνδεκα		ἑνδέκατος	
12	δώδεκα (δεκαδύο)		δωδέκατος	

(1) 다른 숫자들은 사전을 참고하여 익히는 것이 필요하다.

(2) 서수들은 제2격변화(남성과 중성), 그리고 제1격변화(여성) 형용사의 격어미들을 취한다.

τρίτος(남성) τρίτη(여성) τρίτον(중성)

	단수			복수		
	남성	여성	중성	남성	여성	중성
주격	τρίτος	τρίτη	τρίτον	τρίτοι	τρίται	τρίτα
속격, 탈격	τρίτου	τρίτης	τρίτου	τρίτων	τρίτων	τρίτων
처격, 조격, 여격	τρίῳ	τρίτῃ	τρίτῳ	τρίτοις	τρίταις	τρίτοις
대격	τρίτον	τρίτην	τρίτον	τρίτους	τρίτας	τρίτα

167. 기수(cardinal number)의 격변화

	εἷς, μία, ἕν(하나)			δύο (둘)
	남성	여성	중성	남성/여성/중성
주격	εἷς	μία	ἕν	δύο
속격/탈격	ἑνός	μιᾶς	ἑνός	δύο
처격/조격/여격	ἑνί	μιᾷ	ἑνί	δυσί
대격	ἕνα	μίαν	ἕν	δύο

	τρεῖς, τρία (셋)		τέσσαρες, τέσσαρα (넷)	
	남성/여성	중성	남성/여성	중 성
주격	τρεῖς	τρία	τέσσαρες	τέσσαρα
속격/탈격	τριῶν	τριῶν	τεσσάρων	τεσσάρων
처격/조격/여격	τρισί	τρισί	τέσσαρσι	τέσσαρσι
대격	τρεῖς	τρία	τέσσαρας	τέσσαρα

(1) 5부터 200까지의 숫자들은 격변화하지 않는다.

(2) 기수(계량수)들은 실명사로서 사용된다.

(3) οὐδείς, οὐδεμία, οὐδέν(아무도 ~아닌)의 격변화는 167항의 εἷς, μία, ἕν과 같은 형태로 격변화를 한다.

(4) μηδείς, μηδεμία, μηδέν (아무도 ~아닌)도 같은 형태로 격변화하며, μηδείς는 일반적으로 부정어 μή가 나오는 문장에서 사용된다.

168. 부정어의 용법

(1) 신약성서의 부정어

신약성서 헬라어 부정문은 두 개 이상의 부정어를 갖는 경우도 있다. 이 때 의미는 대개 부정의 사실을 강조하는 것이다.

μηδενὶ μηδὲν ὀφείλετε.

너희는 아무에게 아무 것도 빚지지 말라

ὅρα μηδενὶ μηδὲν εἴπῃς

삼가 아무에게 아무 것도 말하지 말라(막 1:44)

(2) οὐ와 μή의 용법

οὐ와 μή는 언급자가 기대하고 있는 대답의 종류를 나타내기 위하여 직접 질문(의문문)에서 사용된다.

1. οὐ는 "예"라는 대답을 기대한다.

   οὐ τῷ ὀνόματί σου ἐπροφητεύσαμεν;

   우리가 당신의 이름으로 예언하지 않았습니까?

   (당신의 이름으로 예언했다는 것을 인정받기를 기대하는 질문)

2. μή는 "아니오"라는 대답을 기대한다.

   παιδία, μή τι προσφάγιον ἔχετε;

   어린 아이들아, 너희가 먹을 것을 좀 갖고 있지 않느냐?

   (먹을 것이 없는 것을 알고 하는 질문)

(3) οὐ μή의 추가 용법

οὐ μή는 부정과거 가정법 혹은 미래 직설법과 사용되는데, 이 때 미래 직설법의 부정을 강조하는 의미를 갖는다.

1. καὶ τὸν ἐρχόμενον πρός με οὐ μὴ ἐκβαλῶ ἔξω.
   내게 오는 그 사람을 내가 결단코 내어쫓지 않을 것이다
2. ὁ ἐρχόμενος πρὸς ἐμὲ οὐ μὴ πεινάσῃ
   내게 오는 사람은 결코 굶주리지 않을 것이다
3. ὁ πιστεύων εἰς ἐμὲ οὐ μὴ διψήσει πώποτε
   나를 믿는 사람은 결코 항상 목마르지 않을 것이다

169. 관사의 용법

관사는 원래 지시 대명사의 역할을 한다. 따라서 관사가 나오면, 그 관사는 뒤이어 나오는 명사의 구체적 정체성을 나타낸다. 관사가 생략되면 명사의 일반적 성격을 반영한다.

ὁ θεός　그 하나님(성서에 나오는 하나님, the God)

θεοί　신들(神, 일반적 의미에서의 신, gods)

ἀλλ' ἡμῖν εἷς θεὸς ὁ πατὴρ

우리에게는 한 하나님 아버지가 계신다

εἴπερ εἰσὶν λεγόμενοι θεοὶ εἴτε ἐν οὐρανῷ εἴτε ἐπὶ γῆς

하늘에나 땅에나 신들로 불리어지는 자들이 있다고는 하나

ὥσπερ εἰσὶν θεοὶ πολλοὶ καὶ κύριοι πολλοι

많은 신들과 많은 주들이 있다 하더라도(고전 8:5)

169.1 일반 용법

(1) 구체적인 명사나 대상을 가리킴

ὁ ἀπόστολος 그 사도(사도들 중에서 그 사도)

ἡ ἐντολή 그 계명(계명들 중에서 그 계명)

(2) 영어에서는 일반적으로 생략하는 경우

1. 고유 명사 : ὁ θεός, ὁ Ἰησοῦς
2. 추상 명사 : ἡ χάρις, ἡ ἀλήθεια
3. 떼, 집단 : τά πετεινά (한 떼의 새들)

(3) 부정사와 함께

이 경우는 항상 중성 관사가 사용된다(부정사의 용법 참고).

(4) 명사로서 사용

αἱ ἐν τῷ ἱερῷ 성전에 있는 그 여인들

καὶ τοῖς τὰς περιστερὰς πωλοῦσιν εἶπεν

그리고 그가 그 비둘기들을 파는 사람들에게 말했다

169.2 특별 용법

(1) 지시 대명사로서

αἱ ἀκούουσιν αὐτόν 그를 듣고 있는 그 여인들

(2) 관계 대명사로서

τοῦτό ἐστιν τὸ αἷμά μου τὸ περὶ πολλῶν δίδωμι

이것이 내가 많은 사람들을 위하여 주는 내 피니라

(3) 소유 대명사로서

ἔπεμψα μετ᾽ αὐτοῦ <u>τὸν</u> ἀδελφόν

내가 그와 함께 그의 형제를 보냈다

(4) εἰμί가 연결하는 명사와 함께

1. 두 개의 실명사가 모두 관사를 갖고 있고 또 εἰμί에 의하여 연결되면, 양쪽 다 주어와 술어가 될 수 있다.

   ἡ δύναμις τῆς ἁμαρτίας ἐστὶν ὁ νόμος

   죄의 권능은 율법이다(혹은 율법은 죄의 권능이다)

2. 그러나 두 개의 실명사 중에서 어느 하나만 관사를 취한다면, 그 관사를 가진 명사가 그 문장의 주어 역할을 한다.

   ὁ θεὸς ἀγάπη ἐστίν 하나님은 사랑이다

   καὶ θεὸς ἦν ὁ λόγος 그리고 그 말씀은 하나님이셨다(요 1:1)

(5) καί와 함께

1. 두 개의 실명사가 각각 관사를 취하며 또 접속사 καί로 연결되면, 그 실명사들은 다른 사람들 혹은 다른 것들을 가리킨다.

   ὁ ἀπόστολος καὶ ὁ ἀδελφός

   그 사도와 그 형제는(사도와 형제 두 사람)

   ἐγώ εἰμι ἡ ἀνάστασις καὶ ἡ ζωή

   나는 부활이며 생명이다(요 11:25)

2. 그러나 καί로 연결되는 두 개의 실명사 중에서 앞의 실명사 하나만 관사를 취하면, 동일한 사람 혹은 동일한 것을 가리킨다.

   ὁ ἀπόστολος καὶ ἀδελφός

   그 사도이며 형제가(사도이면서 형제인 사람)

170. πρίν (πρὶν ἤ)

부정사와 함께 사용되어 “전에”(before)를 의미한다.

1. πρὶν ᾿Αβραὰμ γενέσθαι ἐγὼ εἰμί.
   아브라함이 있기 전부터 내가 있느니라
2. πρὶν ἢ κατοικῆσαι αὐτὸν ἐν Χαρράν
   그가 하란에 거주하기 전에
3. πρὶν ἢ δὶς ἀλέκτορα φωνῆσαι
   닭이 두 번 울기 전에(막 14:30)

171. 연습

171.1 다음 헬라어를 한글로 번역하시오.

(1) καὶ οὐκ ἔφαγεν οὐδὲν ἐν ταῖς ἡμέραις ἐκείναις καὶ συντελεσθεισῶν αὐτῶν ἐπείνασεν.

(2) οὐδεὶς δύναται δυσὶ κυρίοις δουλεύειν, τὸν γὰρ ἕνα μισήσει καὶ τὸν ἕτερον ἀγαπήσει.

(3) ὁ ἐρχόμενος πρὸς ἐμὲ οὐ μὴ πεινάσῃ καὶ ὁ πιστεύων εἰς ἐμὲ οὐ μὴ διψήσει πώποτε.

(4) εἶπεν οὖν ὁ Ἰησοῦς τοῖς δώδεκα, μὴ καὶ ὑμεῖς θέλετε ὑπάγειν;

(5) οὐ πιστεύεις τοῦτο ὅτι ὁ θεὸς φῶς ἐστιν καὶ σκοτία οὐκ ἐστιν ἐν αὐτῷ οὐδεμία;

(6) οὔτε ἐμὲ οἴδατε οὔτε τὸν πατέρα μου· εἰ ἐμὲ ᾔδειτε, καὶ τὸν πατέρα μου ἂν ᾔδειτε.

(7) οὕτως ἔσται ὁ υἱὸς τοῦ ἀνθρώπου ἐν τῇ καρδίᾳ τῆς γῆς

τρεῖς ἡμέρας καὶ τρεῖς νύκτας.

(8) μέλλει ὁ υἱὸς τοῦ ἀνθρώπου παραδίδοσθαι εἰς χεῖρας ἀνθρώπων, καὶ ἀποκτενοῦσιν αὐτόν, καὶ τῇ τρίτῃ ἡμέρᾳ ἐγερθήσεται.

(9) οἵτινες ἀκούουσιν τὸν λόγον καὶ παραδέχονται καὶ καρποφοροῦσιν ἓν τριάκοντα καὶ ἓν ἑξήκοντα καὶ ἓν ἑκατόν.

(10) διδάσκαλε, οἴδαμεν ὅτι ἀληθὴς εἶ καὶ οὐ μέλει σοι περὶ οὐδενός.

171.2 다음 헬라어 본문을 연구하시오. (요한 일서 2 : 12-17)

12 Γράφω ὑμῖν, τεκνία, ὅτι ἀφέωνται ὑμῖν αἱ ἁμαρτίαι διὰ τὸ
ὄνομα αὐτοῦ.
13 γράφω ὑμῖν, πατέρες, ὅτι ἐγνώκατε τὸν ἀπ᾽ ἀρχῆς. γράφω
ὑμῖν, νεανίσκοι, ὅτι νενικήκατε τὸν πονηρόν.
14 ἔγραψα ὑμῖν, παιδία, ὅτι ἐγνώκατε τὸν πατέρα. ἔγραψα ὑμῖν,
πατέρες, ὅτι ἐγνώκατε τὸν ἀπ᾽ ἀρχῆς. ἔγραψα ὑμῖν,
νεανίσκοι, ὅτι ἰσχυροί ἐστε καὶ ὁ λόγος τοῦ θεοῦ ἐν ὑμῖν
μένει καὶ νενικήκατε τὸν πονηρόν.
15 Μὴ ἀγαπᾶτε τὸν κόσμον μηδὲ τὰ ἐν τῷ κόσμῳ. ἐάν τις
ἀγαπᾷ τὸν κόσμον, οὐκ ἔστιν ἡ ἀγάπη τοῦ πατρὸς ἐν αὐτῷ·
16 ὅτι πᾶν τὸ ἐν τῷ κόσμῳ, ἡ ἐπιθυμία τῆς σαρκὸς καὶ ἡ
ἐπιθυμία τῶν ὀφθαλμῶν καὶ ἡ ἀλαζονεία τοῦ βίου, οὐκ ἔστιν
ἐκ τοῦ πατρὸς ἀλλ᾽ ἐκ τοῦ κόσμου ἐστίν.
17 καὶ ὁ κόσμος παράγεται καὶ ἡ ἐπιθυμία αὐτοῦ, ὁ δὲ ποιῶν
τὸ θέλημα τοῦ θεοῦ μένει εἰς τὸν αἰῶνα.

제 30 과

μι 동사 (μι Verbs)

172. 단어

ἀνθίστημι	대항하다(set against), 버티다(withstand)
ἀνίστημι	일으키다(raise up), 일어나다(rise)
ἀποδίδωμι	되돌려주다(give back), 회복시키다(restore)
ἀφίημι	용서하다(forgive)
ἀφίστημι	떼어놓다(put away), 떠나다(depart)
δίδωμι	주다(give)
ἐμβαίνω	들어가다(go into)
ἐξίστημι	놀라다(amazed), 정신이 없다(beside myself)
ἐπιγινώσκω	인식하다(recognize), 발견하다(discover)
ἐπιδίδωμι	넘겨주다(give over)
ἐπιτίθημι	위에 내려놓다(place upon)
ἐφίστημι	위에 서다(stand upon)
ἵστημι	서게 하다(make to stand), 서다(stand)
καθίστημι	제정하다(set down), 임명하다(appoint)
μεταβαίνω	넘어가다(pass over), 떠나다(depart)
παραδίδωμι	넘겨주다(hand over)
παρίστημι	옆에 놓다(place beside), 옆에 서다(stand by)
παρατίθημι	앞에 놓다(set before), 헌신하다(commit)
προστίθημι	추가하다(add), 더하다(give in addition)

συνίημι	인식하다(perceive)
συνίστημι	추천하다(commend), 확립하다(establish)
τίθημι	놓다(place), 내려놓다(put down)

173. μι 동사 개론

(1) 헬라어 동사의 종류

헬라어 동사는 크게 두 종류로 나눠지는데, ω 동사와 μι 동사가 있다. ω와 μι는 동사의 현재 능동태 직설법에서 1인칭 단수의 어미를 가리킨다. ω 동사는 직설법과 가정법에서 어간모음을 취하는 반면(직설법-ο/ϵ, 가정법-ω/η), μι 동사는 가정법에서만 어간모음을 취한다(ω/η).

(2) μι 동사

μι 동사는 현재, 미완료, 제2부정과거 능동태와 중간태, 완료(소수의 동사)에서 ω 동사와 다른 형태를 취한다. 그 밖의 시제들에서는 ω 동사와 유사하게 인칭변화를 한다. 신약성서에서 가장 많이 나오는 μι 동사는 ϵἰμί이다. μι 동사의 특징은 현재시제에서 모음 ι를 사용한 어간의 중복이다.

(3) μι 동사의 주요부분

	현재	미래	제1과거	완료	완료수동	제1과거 수동
1.	δίδωμι,	δώσω,	ἔδωκα,	δέδωκα,	δέδομαι,	ἐδόθην
2.	ἵστημι,	στήσω,	ἔστησα,	ἕστηκα,	ἕσταμαι,	ἐστάθην
3.	τίθημι,	θήσω,	ἔθηκα,	τέθεικα,	τέθειμαι,	ἐτέθην

174. μι 동사의 인칭변화

174.1 현재 직설법

(1) 현재 능동태

	δίδωμι		ἵστημι		τίθημι	
	단수	복수	단수	복수	단수	복수
1인칭	δίδωμι	δίδομεν	ἵστημι	ἵσταμεν	τίθημι	τίθεμεν
2인칭	δίδως	δίδοτε	ἵστης	ἵστατε	τίθης	τίθετε
3인칭	δίδωσι	διδόασι	ἵστησι	ἵστασι	τίθησι	τίθεασι

(2) 현재 중간태/수동태

	단수	복수	단수	복수	단수	복수
1인칭	δίδομαι	διδόμεθα	ἵσταμαι	ἱστάμεθα	τίθεμαι	τιθέμεθα
2인칭	δίδοσαι	δίδοσθε	ἵστασαι	ἵστασθε	τίθεσαι	τίθεσθε
3인칭	δίδοται	δίδονται	ἵσταται	ἵστανται	τίθεται	τιθενται

174.2 미완료 직설법

(1) 미완료 능동태

	단수	복수	단수	복수	단수	복수
1인칭	ἐδίδουν	ἐδίομεν	ἵστην	ἵσταμεν	ἐτίθην	ἐτίθεμεν
2인칭	ἐδίδους	ἐδίδοτε	ἵστης	ἵστατε	ἐτίθεις	ἐτίθετε
3인칭	ἐδίδου	ἐδίδοσαν	ἵστη	ἵστασαν	ἐτίθει	ἐτίθεσαν

(2) 미완료 중간태/수동태

	단 수	복 수	단 수	복 수	단 수	복 수
1인칭	ἐδιδόμην	ἐδιδόμεθα	ἱστάμην	ἱστάμεθα	ἐτιθέμην	ἐτιθέμεθα
2인칭	ἐδίδοσο	ἐδίδοσθε	ἵστασο	ἵστασθε	ἐτίθεσο	ἐτίθεσθε
3인칭	ἐδίδοτο	ἐδίδοντο	ἵστατο	ἵσταντο	ἐτίθετο	ἐτίθεντο

174.3 부정과거 직설법

(1) 부정과거 능동태

부정과거 능동태와 수동태는 제1부정과거 형태를 취한다.

	단 수	복 수	단수	복 수	단 수	복 수
1인칭	ἔδωκα	ἐδώκαμεν	ἔστησα	ἐστήσαμεν	ἔθηκα	ἐθήκαμεν
2인칭	ἔδωκας	ἐδώκατε	ἔστησας	ἐστήσατε	ἔθηκας	ἐθήκατε
3인칭	ἔδωκε	ἔδωκαν	ἔστησε	ἔστησαν	ἔθηκε	ἔθηκαν

(2) 부정과거 중간태

부정과거 중간태는 제2부정과거의 형태를 취한다.

	단 수	복 수		단 수	복 수
1인칭	ἐδόμην	ἐδόμεθα	신약성서에서 ἵστημι의	ἐθέμην	ἐθέμεθα
2인칭	ἔδου	ἔδοσθε	부정과거 중간태의 형태는	ἔθου	ἔθεσθε
3인칭	ἔδοτο	ἔδοντο	나오지 않는다	ἔθετο	ἔθεντο

(3) 부정과거 수동태

	단 수	복 수	단 수	복 수	단 수	복 수
1인칭	ἐδόθην	ἐδόθημεν	ἐστάθην	ἐστάθημεν	ἐτέθην	ἐτέθημεν
2인칭	ἐδόθης	ἐδόθητε	ἐστάθης	ἐστάθητε	ἐτέθης	ἐτέθητε
3인칭	ἐδόθη	ἐδόθησαν	ἐστάθη	ἐστάθησαν	ἐτέθη	ἐτέθησαν

175. μι 동사의 가정법

(1) 현재 능동태 가정법

	단 수	복 수	단 수	복 수	단 수	복 수
1인칭	διδῶ	διδῶμεν	ἱστῶ	ἱστῶμεν	τιθῶ	τιθῶμεν
2인칭	διδῷς	διδῶτε	ἱστῇς	ἱστῆτε	τιθῇς	τιθῆτε
3인칭	διδῷ	διδῶσι	ἱστῇ	ἱστῶσι	τιθῇ	τιθῶσι

(2) 부정과거 능동태 가정법

	단수	복수	단수	복수	단수	복수
1인칭	δῶ	δῶμεν	στῶ	στῶμεν	θῶ	θῶμεν
2인칭	δῷς	δῶτε	στῇς	στῆτε	θῇς	θῆτε
3인칭	δῷ	δῶσι	στῇ	στῶσι	θῇ	θῶσι

176. μι 동사의 명령법

(1) 현재 능동태 명령법

	단 수	복 수	단 수	복 수	단 수	복 수
2인칭	δίδου	δίδοτε	ἵστη	ἵστατε	τίθει	τίθετε
3인칭	διδότω	διδότωσαν	ἱστάτω	ἱστάτωσαν	τιθέτω	τιθέτωσαν

(2) 현재 중간태/수동태 명령법

	단 수	복 수	단 수	복 수	단 수	복 수
2인칭	δίδοσο	δίδοσθε	ἵστασο	ἵστασθε	τίθεσο	τίθεσθε
3인칭	διδόσθω	διδόσθωσαν	ἱστάσθω	ἱστάσθωσαν	τιθέσθω	τιθέσθωσαν

(3) 부정과거 능동태 명령법

	단 수	복 수	단 수	복 수	단 수	복 수
2인칭	δός	δότε	στῆθι	στῆτε	θές	θέτε
3인칭	δότω	δότωσαν	στῆτω	στῆτωσαν	θέτω	θέτωσαν

177. μι 동사의 부정사

(1) 현재 부정사

동 사	능동태	중간태/수동태
δίδωμι	δίδοναι	δόδοσθαι
ἵστημι	ἵσταναι	ἵστασθαι
τίθημι	τίθεναι	τίθεσθαι

(2) 부정과거 부정사

동사	능동태	중간태	수동태
δίδωμι	δοῦναι	δόσθαι	δοθῆναι
ἵστημι	στῆναι	....	σταθῆναι
τίθημι	θεῖναι	θόσθαι	τεθῆναι

178. μι 동사의 분사

동사의 분사들은 모든 성과 태에서 규칙적으로 격변화를 한다. 따라서 각 동사의 어간을 확인하여 예로 제시된 형태들을 참고하여 각각의 형태를 얻을 수 있다.

178.1 현재 능동태 분사

어간 δο-(δίδωμι), ιστ-(ἵστημι), τιθ-(τίθημι)

	단수 남성	단수 여성	단수 중성
주격	διδούς	διδοῦσα	διδόν
속격, 탈격	διδόντος	διδούσης	διδόντος
처격, 조격, 여격	διδόντι	διδούσῃ	διδόντι
대격	διδόντα	διδοῦσαν	διδόν

	복수 남성	복수 여성	복수 중성
주격	διδόντες	διδοῦσαι	διδόντα
속격, 탈격	διδόντων	διδουσῶν	διδόντων
처격, 조격, 여격	διδοῦσι(ν)	διδούσαις	διδοῦσι(ν)
대격	διδόντας	διδούσας	διδόντα

178.2 현재 중간태/수동태 분사

단 수

	남성	여성	중성
주격	ἱστάμενος	ἱσταμένη	ἱστάμενον
속격 탈격	ἱσταμένου	ἱσταμένης	ἱσταμένου
처격 조격 여격	ἱσταμένῳ	ἱσταμένῃ	ἱσταμένῳ
대격	ἱστάμενον	ἱσταμένην	ἱστάμενον

복 수

	남성	여성	중성
주격	ἱστάμενοι	ἱστάμεναι	ἱστάμενα
속격 탈격	ἱσταμένων	ἱσταμένων	ἱσταμένων
처격 조격 여격	ἱσταμένοις	ἱσταμέναις	ἱσταμένοις
대격	ἱσταμένους	ἱσταμένας	ἱστάμενα

178.3 부정과거 능동태 분사

어간: δ(δίδωμι), στ(ἵστημι), θ(τίθημι)

	단 수			복 수		
	남성	여성	중성	남성	여성	중성
주격	δούς	δοῦσα	δόν	δόντες	δοῦσαι	δόντα
속격 탈격	δόντος	δούσης	δόντος	δόντων	δούσων	δόντων
처격 조격 여격	δόντι	δούσῃ	δόντι	δοῦσι(ν)	δούσαις	δοῦσι(ν)
대격	δόντα	δοῦσαν	δόν	δόντας	δούσας	δόντα

178.4 부정과거 중간태 분사

	단수		
	남성	여성	중성
주격	θέμενος	θεμένη	θέμενον
속격 / 탈격	θεμένου	θεμένης	θεμένου
처격 / 조격 / 여격	θεμένῳ	θεμένῃ	θεμένῳ
대격	θέμενον	θεμένην	θέμενον

	복수		
	남성	여성	중성
주격	θέμενοι	θέμεναι	θέμενα
속격 / 탈격	θεμένων	θεμένων	θεμένων
처격 / 조격 / 여격	θεμένοις	θεμέναις	θεμένοις
대격	θεμένους	θεμένας	θέμενα

178.5 부정과거 수동태 분사

	단수		
	남성	여성	중성
주격	σταθείς	σταθεῖσα	σταθέν
속격 / 탈격	σταθέντος	σταθείσης	σταθέντος
처격 / 조격 / 여격	σταθέντι	σταθείσῃ	σταθέντι
대격	σταθέντα	σταθεῖσαν	σταθέν

	복수		
	남성	여성	중성
주격	σταθέντες	σταθεῖσαι	σταθέντα
속격·탈격	σταθέντων	σταθεισῶν	σταθέντων
처격·조격·여격	σταθεῖσι	σταθείσαις	σταθεῖσι
대격	σταθέντας	σταθείσας	σταθέντα

179. 불규칙 변화 동사

179.1 γινώσκω의 활용: μι 동사의 형태를 따름

(1) 부정과거 능동태 직설법

	단수	복수
1인칭	ἔγνων	ἔγνωμεν
2인칭	ἔγνως	ἔγνωτε
3인칭	ἔγνω	ἔγνωσαν

(2) 가정법

	단수	복수
1인칭	γνῶ	γνῶμεν
2인칭	γνῷς	γνῶτε
3인칭	γνοῖ	γνῶσι

(3) 명령법 : γνῶθι, γνώτω, γνῶτε, [γνώτωσαν]

(4) 부정사 : γνῶναι

(5) 분 사 : γνούς, γνοῦσα, [γνόν]

1. ἔγνω τῷ σώματι ὅτι ἴαται ἀπὸ τῆς μάστιγος
   그녀는 그녀가 질병에서 치유 받은 것을 몸으로 알았다(막 5:29)
2. καὶ οὐκ ἤθελεν ἵνα τις γνοῖ·
   그는 아무도 알기를 원하지 않았다(막 9:30)

179.2 οἶδα의 활용 (어간 ειδ-의 완료, 실제로는 현재로 사용됨)

(1) 직설법 :

	완료 직설법		과거완료 직설법	
	단수	복수	단수	복수
1인칭	οἶδα	οἴδαμεν	ᾔδειν	ᾔδειμεν
2인칭	οἶδας	οἴδατε	ᾔδεις	ᾔδειτε
3인칭	οἶδε(ν)	οἴδασι(ν)	ᾔδει	ᾔδεισαν

(2) 완료 가정법

	단수	복수
1인칭	εἰδῶ	εἰδῶμεν
2인칭	εἰδῇς	εἰδῆτε
3인칭	εἰδῇ	εἰδῶσι(ν)

(3) 완료 명령법 : ἴσθι, ἴστω, ἴστε, ἴστωσαν

(4) 완료 부정사 : εἰδέναι

(5) 완료 분사 : εἰδώς, εἰδυῖα, εἰδός

1. Οὐκ οἴδατε ὅτι ναὸς θεοῦ ἐστε καὶ τὸ πνεῦμα τοῦ θεοῦ οἰκεῖ ἐν ὑμῖν
   너희가 하나님의 성전인 것과 하나님의 영이 너희 안에 거주하는 것을 알지 못하느냐?(고전 3:16)
2. ᾔδεις ὅτι ἐγὼ ἄνθρωπος αὐστηρός εἰμι

너는 내가 인색한 사람이라고 알았느냐?(눅 19:22)

180. 기원법

180.1 기원법의 형태

헬라어의 기원법은 일종의 약한 가정법이다. 신약성서에서 기원법은 흔하게 나오는 것은 아니지만, 나오는 것들은 현재와 부정과거 시제의 형태들이다. 다음은 신약성서에 나오는 기원법의 대표적인 형태들이다.

(1) 현재(능동태와 중간태)

	단 수	복 수
1인칭	δυναίμην	-------
2인칭	------	πάσχοιτε
3인칭	εἴη(εἰμί)	-------
	ἔχοι	ἔχοιεν
	θέλοι	δύναιντο

(2) 제2부정과거(능동태와 중간태)

	단 수	복 수
1인칭	ὀναίμην (ὀνίνημι)	
3인칭	δῴη (δίδωμι)	
	λάβοι	
	τύχοι	εὕροιεν
	φάγοι	
	γένοιτο	

(3) 제1부정과거(능동태와 중간태)

	단 수	복 수
1인칭	εὐξαίμην	
3인칭	περισσεύσαι πλεονάσαι κεταρτίσαι κατευθύναι	 ποιήσαιεν ψηλαφήσειαν

(4) 제1부정과거 수동태

3인칭 단수 : λογισθείη, πληθυνθείη, τηρηθείη

180.2 기원법의 용법

(1) 미래에 대한 기원

신약성서에서 미래에 일어날 일에 대한 기원이 보통 기원법으로 표현되었다(대개 부정과거).

αὐτὸς δὲ ὁ θεὸς τῆς εἰρήνης ἁγιάσαι ὑμᾶς ὁλοτελεῖς.

평화의 하나님 자신이 너희들을 온전히 성결하게 하시기를 원한다.

διελάλουν πρὸς ἀλλήλους τί ἂν ποιήσαιεν τῷ Ἰησοῦ

그들은 예수를 어떻게 처치할 것을 서로 의논했다(눅 6:11)

(2) 가장 흔한 표현: μὴ γένοιτο

미래의 기원 중에서 가장 흔하게 나오는 표현은 μὴ γένοιτο (~처럼 되지 않게 되기를)이다.

1. ἐμοὶ δὲ μὴ γένοιτο καυχᾶσθαι εἰ μὴ ἐν τῷ σταυρῷ τοῦ κυρίου ἡμῶν. (갈 6:14)
   내게는 우리 주님의 십자가 외에는 자랑할 것이 없다

2. ἐπιμένωμεν τῇ ἁμαρτίᾳ, ἵνα ἡ χάρις πλεονάσῃ
   μὴ γένοιτο
   은혜를 더하게 하려고 우리가 죄에 거하겠는가
   결코 그럴 수 없다(롬 6:1)

(3) ὄφελον + 미래 직설법

미래 기원은 ὄφελον + 미래 직설법으로 표현되기도 한다.

ὄφελον καὶ ἀποκόψονται οἱ ἀναστατοῦντες(갈 5:12)

너희를 어지럽게 하는 자들이 스스로 베어버리기를 원한다.

(4) 현재의 기원 : ὄφελον + 미완료 직설법

ὄφελον ψυχρὸς ἦς ἢ ζεστός

네가 차든지 더웁든지 하기를 바란다(계 3:15)

ὄφελον ἀνείχεσθέ μου μικρόν τι ἀφροσύνης·

원컨대 너희는 나의 좀 어리석은 것을 용납하라(고후 11:1)

(5) 과거의 기원 : ὄφελον + 부정과거 직설법

ὄφελον γε ἐβασιλεύσατε, ἵνα καὶ ἡμεῖς ὑμῖν
συμβασιλεύσωμεν

우리도 너희 안에서 왕노릇하기 위하여 너희가 다스렸으면
좋았을 것이다(고전 4:8)

(6) 가망성의 조건문

제4조건문은 완전히 결정된 것은 아니지만, 장차 결정될 가망성을 가진 조건을 나타낸다. 전제절에서는 εἰ + 기원법으로, 결과절에서는 ἄν + 기원법으로 표현된다. 신약성서에서는 제4조건문의 완전한 실례가 발견되지 않고, 다만 조건절 혹

은 결과절이 따로 따로 나온다.

εἰ καὶ πάσχοιτε　　만일 네가 고난도 받아야 한다면

εὐξαινην ἄν　　　　내가 기도할 것이다

181. 연습

181.1 다음 헬라어를 한글로 번역하시오.

(1) ἔρχεται ὁ Ἰησοῦς τῶν θυρῶν κεκλεισμένων καὶ ἔστη εἰς τὸ μέσον καὶ εἶπεν· εἰρήνη ὑμῖν

(2) εἶπεν δὲ τῷ ἀνδρί, ἔγειρε καὶ στῆθι εἰς τὸ μέσον· καὶ ἀναστὰς ἔστη.

(3) ἦραν τὸν κύριον ἐκ τοῦ μνημείου, καὶ οὐκ οἴδαμεν ποῦ ἔθηκαν αὐτόν.

(4) ταῦτα εἰποῦσα ἐστράφη εἰς τὰ ὀπίσω καὶ θεωρεῖ τὸν Ἰησοῦν ἑστωτα, καὶ οὐκ ᾔδει ὅτι Ἰησοῦς ἐστίν.

(5) κἀγὼ ἐρωτήσω τὸν πατέρα καὶ ἄλλον παράκλητον δώσει ὑμῖν, ἵνα μεθ᾽ ὑμῶν εἰς τὸν αἰῶνα ᾖ.

(6) καθὼς ἔδωκας αὐτῷ ἐξουσίαν πάσης σαρκός, ἵνα πᾶν ὃ δέδωκας αὐτῷ δώσῃ αὐτοῖς ζωὴν αἰώνιον.

(7) ἐγώ σε ἐδόξασα ἐπὶ τῆς γῆς τὸ ἔργον τελειώσας ὃ δέδωκάς μοι ἵνα ποιήσω.

(8) ἐγὼ δέδωκα αὐτοῖς τὸν λόγον σου καὶ ὁ κόσμος ἐμίσησεν αὐτούς.

(9) οὐ περὶ τοῦ κόσμου ἐρωτῶ ἀλλὰ περὶ ὧν δέδωκάς μοι, ὅτι σοί εἰσιν.

(10) κἀγὼ τὴν δόξαν ἣν δέδωκάς μοι δέδωκα αὐτοῖς,
ἵνα ὦσιν ἓν καθὼς ἡμεῖς ἕν·

181.2 다음 헬라어 신약성서 구문을 연구하시오.

(1) ὑμῖν τὸ μυστήριον δέδοται τῆς βασιλείας τοῦ θεοῦ.

(2) εἰ δὲ οὐ ποιῶ τὰ ἔργα τοῦ πατρός μου, μὴ πιστεύετε μοι.

(3) κύριε, τίς ἐστιν ὁ παραδιδούς σε;

(4) ἔξεστιν δοῦναι κῆνσον Καίσαρι ἢ οὔ; δῶμεν ἢ μὴ δῶμεν;

(5) καὶ ἀναστὰς ἦλθεν πρὸς τὸν πατέρα ἑαυτοῦ.

(6) καὶ ἤκουσαν φωνῆς μεγάλης ἐκ τοῦ οὐρανοῦ λεγούσης
αὐτοῖς, Ἀνάβατε ὧδε.

(7) καταβὰς δὲ Πέτρος πρὸς ἄνδρας εἶπεν, Ἰδοὺ ἐγώ εἰμι
ὃν ζητεῖτε.

(8) ὁ νόμος γὰρ ἀνθρώπους καθίστησιν ἀρχιερεῖς ἔχοντας
ἀσθένειαν.

(9) πᾶς ἄνθρωπος πρῶτον τὸν καλὸν οἶνον τίθησιν.

(10) ὁ δὲ κύριος προσετίθει τοὺς σωζομένους καθ' ἡμέραν
ἐπὶ τὸ αὐτό.

(11) ἄγωμεν καὶ ἡμεῖς ἵνα ἀποθάνωμεν μετ' αὐτοῦ.

(12) οὐκ ἀφήσω ὑμᾶς ὀρφανούς, ἔρχομαι πρὸς ὑμᾶς.

(13) οὐ καθὼς ὁ κόσμος δίδωσιν ἐγὼ δίδωμι ὑμῖν.

(14) πάλιν ἀφίημι τὸν κόσμον καὶ πορεύομαι πρὸς τὸν πατέρα.

(15) σοὶ ἦσαν κἀμοὶ αὐτοὺς ἔδωκας καὶ τὸν λόγον
σου τετήρηκαν.

(16) νῦν ἔγνωκαν ὅτι πάντα ὅσα δέδωκάς μοι παρὰ σοῦ εἰσιν·

(17) τὰ ῥήματα ἃ ἔδωκάς μοι δέδωκα αὐτοῖς.

181.3 다음 헬라어 본문을 연구하시오. (요한 일서 2:18-25)

18 Παιδία, ἐσχάτη ὥρα ἐστίν, καὶ καθὼς ἠκούσατε ὅτι
ἀντίχριστος ἔρχεται, καὶ νῦν ἀντίχριστοι πολλοὶ γεγόνασιν·
ὅθεν γινώσκομεν ὅτι ἐσχάτη ὥρα ἐστίν.
19 ἐξ ἡμῶν ἐξῆλθαν, ἀλλ᾽ οὐκ ἦσαν ἐξ ἡμῶν· εἰ γὰρ ἐξ ἡμῶν
ἦσαν, μεμενήκεισαν ἂν μεθ᾽ ἡμῶν· ἀλλ᾽ ἵνα φανερωθῶσιν ὅτι
οὐκ εἰσὶν πάντες ἐξ ἡμῶν.
20 καὶ ὑμεῖς χρῖσμα ἔχετε ἀπὸ τοῦ ἁγίου, καὶ οἴδατε πάντες.
21 οὐκ ἔγραψα ὑμῖν ὅτι οὐκ οἴδατε τὴν ἀλήθειαν, ἀλλ᾽ ὅτι
οἴδατε αὐτήν, καὶ ὅτι πᾶν ψεῦδος ἐκ τῆς ἀληθείας οὐκ ἔστιν.
22 Τίς ἐστιν ὁ ψεύστης εἰ μὴ ὁ ἀρνούμενος ὅτι Ἰησοῦς οὐκ
ἔστιν ὁ Χριστός; οὗτός ἐστιν ὁ ἀντίχριστος, ὁ ἀρνούμενος
τὸν πατέρα καὶ τὸν υἱόν.
23 πᾶς ὁ ἀρνούμενος τὸν υἱὸν οὐδὲ τὸν πατέρα ἔχει· ὁ
ὁμολογῶν τὸν υἱὸν καὶ τὸν πατέρα ἔχει.
24 ὑμεῖς ὃ ἠκούσατε ἀπ᾽ ἀρχῆς ἐν ὑμῖν μενέτω· ἐὰν ἐν ὑμῖν
μείνῃ ὃ ἀπ᾽ ἀρχῆς ἠκούσατε, καὶ ὑμεῖς ἐν τῷ υἱῷ καὶ ἐν τῷ
πατρὶ μενεῖτε.
25 καὶ αὕτη ἐστὶν ἡ ἐπαγγελία ἣν αὐτὸς ἐπηγγείλατο ἡμῖν, τὴν
ζωὴν τὴν αἰώνιον.

부록 1
헬라어-한글 단어집

【 A 】

ἀγαθός, -ή, -όν, 선한(good)

ἀγαπάω, ἠγάπηκα, 사랑하다(love)

ἀγάπη, ἡ, 사랑(love)

ἀγαπητός, -ή, -ον, 사랑받는(beloved)

ἀγγελία, ἡ, 전언(message)

ἄγγελος, ὁ, 천사(angel), 사자(messenger)

ἁγιάζω, 거룩하게 하다(sanctify)

ἁγιός, -α, -ον, 거룩한

ἀγοράζω, 사다(buy)

ἀγρός, ὁ, 밭(field)

ἄγω, ἄξω, ἤγαγον, ἤχθην, 인도하다(lead)

ἀδελφή, ἡ, 자매(sister)

ἀδελφός, ὁ, 형제(brother)

ἀδικία, ἡ, 불의(wickedness)

αἷμα, αἵματος, τό, 피(blood)

αἴρω, 내가 집어들다(take up)

αἰτία, ἡ, 이유(reason)

αἰών, αἰῶνος, ὁ, 시대(age)

εἰς τὸν αἰῶνα 영원히(for ever)

εἰς τοὺς αἰῶνας τῶν αἰῶνων 세세무궁토록

(for ever and ever)

ἀκολουθέω, 따르다(follow)

ἀκούω, ἠκούσθην, ἀκήκοα, 듣다(hear)

ἀλήθεια, ἡ, 진리(truth)

ἀληθής, -ές, 참된(true, genuine)

ἀληθινός, -ή, -όν, 참다운(true, real)

ἀληθῶς, (부사), 진실로(truly)

ἁλιεύς, -έως, ὁ, 어부(fisherman)

ἀλλά, 접속사, 그러나

ἀλλήλων, 상호 대명사(속), 서로의(of one another)

ἄλλος, 다른(other, 같은 종류)

ἁμαρτάνω, 범죄하다(sin)

ἁμαρτία, ἡ, 죄(sin)

ἁμαρτωλός, ὁ, 죄인(sinner)

ἀμήν, 진실로(truly), 참으로(verily)

ἀμπελών, -ῶνος, ὁ, 포도원(vineyard)

ἀνά, 전치사(대격) ~위에(on), ~바로 위에(upon)

ἀναβαίνω, 올라가다(go up)

ἀναβλέπω, 쳐다보다(look up), 시력을 회복하다(recover sight)

ἀναγγέλλω, ἀναγγελῶ, ανήγγειλα, 내가 발표하다(announce)

ἀναγινώσκω, 내가 읽다(read)

ἀναλαμβάνω, ἀνέλαβον, ἀνελήμφθην, 내가 들어올리다(lift up)

ἀνάστασις, ἀναστάσεως, ἡ, 부활(resurrection)

ἀνήρ, ἀνδρός, ὁ, 남자(man), 남편(husband), 인간(person)

ἄνθρωπος, ὁ, 인간(human being)

ανθίστημι, 대항하다(set against), 버티다(withstand)

ἀνίστημι, 일으키다(raise up), 일어나다(rise)

ἀνοίγω, ἠνοίγην, ἀνοιγήσομαι, ἀνέῳγα, 열다(open)

ἀντί, 전치사(속격), ~위에(over), ~에 대하여(against),
~대신에(instead of)

ἀντίχριστος, ὁ, 적그리스도(antichrist)

ἄνωθεν, 부사, 위로부터(from above), 다시(again)

ἄξιος, -α, -ον, 적합한(fitting), 가치 있는(worthy)

ἀπαγγέλλω, ἀπαγγελῶ, ἀπήγγειλα, 발표하다(announce),
선언하다(declare)

ἀπαρνέομαι, -νήσομαι, ἀπηρνησάμην, 부인하다(deny)

ἀπέρχομαι, 가버리다(go away)

ἀπέχομαι, 삼가다(abstain)

ἀπό, 전치사(탈격), ~로부터, ~에서부터(from)

ἀποδίδωμι, 되돌려주다(give back), 회복시키다(restore)

ἀποθνήσκω, ἀποθανοῦμαι, ἀπέθανον, 죽다(die)

ἀποκτείνω, ἀποκτενῶ, ἀπέκτεινα, 죽이다(kill)

ἀποκρίνομαι, 대답하다(answer)

ἀπολύω, ἀπολύσω, ἀπέλυσα, 석방하다(release)

ἀποστέλλω, ἀπεστάλην, 내보내다(send forth)

ἀποσταλείς, ἀποσταλεῖσα, ἀποσταλέν, ἀποστέλλω의
부정과거 제2수동태 분사

ἀπόστολος, ὁ, 사도(apostle)

ἄρτι, 지금(now), 바로 지금(just now)

ἄρτος, ὁ, 빵(bread)

ἀρχή, ἡ, 시작(beginning)

ἀρχιερεύς, -έως, ὁ, 대제사장(high priest)

ἄρχω, 다스리다(rule); ἄρχομαι(디포), 시작하다(begin)

ἄρχων, -οντος, ὁ, 통치자(ruler)

ἀσθενεία, ἡ, 약함(weakness)

ἀσθενής, -ές, 연약한(weak)

ἀσπάζομαι, 인사하다(salute)

αὔριον, 내일(tomorrow)

αὐτός, αὐτή, αὐτό, (인칭 대명사), 그/그녀/그것(he/she/it);

αὐτοί, αὐταί, αὐτά, (복수), 그들/그녀들/그것들(they)

ἄφεσις, -σεως, ἡ, 용서(remission)

ἀφίημι, 용서하다(forgive)

ἀφίστημι, 떼어놓다(put away), 출발하다(depart)

ἄφρων, -ον, 어리석은(foolish)

【 B 】

βάθος, -ους, τό, 깊이(depth)

βαίνω, 가다(go)

βάλλω, ἔβαλον, ἐβλήθην, βέβληκα, 던지다(throw)

βαπτίζω, 침례를 주다(baptize)

βασιλεία, ἡ, 왕국(kingdom)

βασιλεύς, -λεως, ὁ, 왕(king)

βασιλεύω, 다스리다(reign)

βιβλίον, τό, 책(book), 기록된 문서(written document)

βιός, ὁ, 생명(life)

βλέπω, εἶδον, 보다(see, look at)

βούλομαι, 원하다(wish)

βραχύς, -εῖα, -ύ 짧은(short)

【 Γ 】

γάμος, ὁ, 결혼(marriage)

γεννάω, 낳다(give birth to)

γένος, -νους, τό, 인종(race)

γῆ, ἡ, 땅(earth)

γίνομαι, γενήσομαι, ἐγενόμην, ἐγενήθην, 되다(become)

γενόμενος, γενομένη, γενόμενον, γίνομαι의 제2부정과거 중간태 분사

γινώσκω, γνώσομαι, ἐγνώσθην, ἔγνωκα, 알다(know)

γλῶσσα, ἡ, 혀(tongue)

γνῶσις, -σεως, ἡ, 지식(knowledge)

γραμματεύς, -τέως, ὁ, 서기관(scribe)

γραφή, ἡ, 서물(writing), 성서(scripture)

γράφω, ἐγράφην, γέγραφα, 쓰다(write)

【 Δ 】

δαιμόνιον, τό, 귀신(demon)

δεῖ, 비인칭 동사, 필수적이다(it is necessary), 해야 한다(it must)

δεύτερος, -α, -ον, 둘째의(second)

δέχομαι, δέξομαι, ἐδεξάμην(디포), 내가 받다,

영접하다(receive)

δηλόω, 보여주다(show)

διά, 전치사(속격), ~를 통하여(through); (대격), ~때문에 (because of)

διάβολος, ὁ, 마귀(devil)

διαθήκη, ἡ, 계약, 언약(covenant)

διακονέω, 봉사하다(serve), 직무를 감당하다(minister)

διάκονος, ὁ, 집사(servant; deacon)

διακονία, ἡ, 섬김(service), 직무(ministry)

διδάσκαλος, ὁ, 선생(teacher)

διδάσκω, ἐδιάχθην, 내가 가르치다(teach)

διδαχή, ἡ, 교훈(teaching)

δίδωμι, 주다(give)

διέρχομαι, 통과하다(go through)

δίκαιος, -α, -ον, 의로운(righteous)

δικαιόω, δικαιώσω, ἐδικαίωσα, 의롭게 하다(justify)

δικαιοσύνη, ἡ, 의(rightousness)

διψάω, 목마르다(thirst)

διώκω, διώξω, ἐδίωξα, ἐδιώχθην, 추적하다(pursue), 핍박하다(persecute)

δόξα, ἡ, 영광(glory)

δοξάζω, 영화롭게 하다(glorify)

δουλεύω, 섬기다(serve)

δοῦλος, ὁ, 종(servant)

δύναμις, -μεως, ἡ, 권능(power)

δώδεκα, 열둘(twelve)

δῶρον, τό, 선물(gift)

【 E 】

ἐάν, 만일(if, 직설법 이외의 법에서 사용)

ἑαυτοῦ, ἑαυτῆς, ἑαυτοῦ, 재귀 대명사, 그 자신(himself), 그녀 자신(herself), 그것 자체(itself)

ἐγγίζω, ἤγγισα, ἤγγικα, 가까이 오다(come near), 접근하다(approach)

ἐγγύς, 부사, 가까이(near)

ἐγείρω, ἠγέρθην, ἐγήγερμαι, 완료 수동, 일으키다(raise)

ἐγώ, 인칭 대명사, 나(I); ἡμεῖς(복수), 우리들(we)

ἔθνος, -νους, τό, 나라(nation)

εἰ, 접속사, 만일(if), ~인지(whether)

εἰρήνη, ἡ, 평화(peace)

εἰς, 전치사(대격), ~안으로(into)

εἰσάγω, 들여보내다(bring in)

εἰσέρχομαι, 들어가다(enter)

ἐκ(ἐξ, 모음 앞에서), 전치사(탈격), ~밖으로(out of)

ἐκβάλλω, 내던지다(throu out)

ἐκεῖ, 부사, 저기(there), 저기로(to that place)

ἐκεῖνος, ἐκείνη, ἐκεῖνο, 지시 대명사, 저것(that); ἐκεῖνοι, ἐκεῖναι, ἐκεῖνα(복수), 저것들(those)

ἐκκλησία, ἡ, 회중(assembly), 교회(church)

ἐκπορεύομαι, 나가다(go out)

ἐκτείνω, 뻗치다(stretch out)

ἔλεος, -έους, τό, 자비(mercy)

ἐλεύθερος, -α, -ον, 자유로운(free)

ἐλπίζω, ἐλπιῶ, ἤλισα, 내가 소망하다(hope)

ἔλπις, -ιδος, ἡ, 희망(hope)

ἐμαυτοῦ, ἐμαυτῆς, 재귀 대명사, 나 자신(myself)

ἐμβαίνω, 들어가다(go into)

ἐμός, ἐμή, ἐμόν, 소유 대명사, 나의(my)

ἔμπροσθεν, 부사(속격), ~앞에(before)

ἐν, 전치사(처), ~안에(in), ~에(to); (조), ~에 의하여(by)

ἐντολή, ἡ, 계명(commandment)

ἐνώπιον, 전치사(속격), ~앞에(in front of)

ἔξεστι(ν), 비인칭 동사, ~이 합당하다(it is lawful),
~이 가능하다(it is possible)

ἐξέρχομαι, 나가다(go out)

ἐξίστημι, 놀라다(I am amazed),
정신이 없다(I am beside myself)

ἐξουσία, ἡ, 권세(authority, power)

ἔξω, 부사(속격), ~없이(without), ~밖에(outside)

ἑορτή, ἡ, 축제(feast)

ἐπαγγελία, ἡ, 약속(promise)

ἐπαύριον, 부사, 다음 날에(on the next day, tomorrow)

ἐπερωτάω, 질문하다(question)

ἐπί, 전치사(속/탈격), ~바로 위에(upon), ~위에(on);
(처격), ~바로 위에(upon), ~위에(on);

(대격), ~바로 위에(upon), ~위에(on), ~에(to)

ἐπιγινώσκω, 인식하다(recognize), 발견하다(discover)

ἐπιδίδωμι, 넘겨주다(give over)

ἐπιθυμία, ἡ, 욕정(lust)

ἐπιστρέφω, ἐπιστρέψω, ἐπέστρεψα, 돌이키다(turn)

ἐπιτίθημι, ~위에 내려놓다(place upon)

ἐργασία, ἡ, 일(work), 사업(business)

ἔργον, τό, 일(work)

ἔρημος, ἡ, 광야(desert)

ἔρχομαι, ἐλεύσομαι, ἦλθον, ἐλήλυθα, 가다, 오다

ἐρωτάω, 묻다(ask)

ἐσθίω, ἔφαγον, 먹다(eat)

ἔσχατος, -η, -ον, 마지막(last)

ἕτερος, -α, -ον, 다른(another, 다른 종류)

ἔτι, 부사, 아직(yet), 여전히(still)

ἑτοιμάζω, ἑτοιμάσω, ἡτοίμασα, 준비하다(prepare)

ἔτος, -ους, τό, 년(year)

εὖ, 부사, 잘(well)

εὐαγγελίζομαι, 복음을 전파하다(proclaim the good news)

εὐαγγέλιον, τό, 복음(gospel, good news)

εὐθέως, εὐθύς, 부사, 곧(at once), 즉시(immediately)

εὐλογέω, 축복하다(bless)

εὑρίσκω, εὑρήσω, εὗρον, εὕρηκα, 발견하다(find)

ἐφίστημι, ~위에 서다(stand upon)

ἐχθρός, ὁ, 원수(enemy)

ἔχω, ἕξω, ἔσχον, 소유하다(have)

【 Z 】

ζάω, 살다(live)

ζηλόω, 시기하다(be jealous)

ζητέω, 추구하다(seek)

ζωή, ἡ, 생명(life)

【 H 】

ἤ, 접속사, 혹은(or)

ἤδη, 부사, 이제(now), 이미(already)

ἡγεμών, -όνος, ὁ, 지도자(leader)

ἥλιος, ὁ, 태양(sun)

ἡμέρα, ἡ, 날(day)

【 Θ 】

θάλασσα, ἡ, 바다(sea)

θάνατος, ὁ, 죽음(death)

θαυμάζω, θαυμάσω, ἐθαύμασα, 놀라다(wonder, marvel)

θεάομαι, 보다(behold)

θέλημα, τό, 뜻(will)

θέλω, θελήσω, ἠθέλησα, 내가 바란다(wish)

θεμέλιος, ὁ, 터(foundation)

θεραπεύω, θεραπεύσω, ἐθεράπευσα, 치유하다(heal)

θεωρέω, 바라보다(look at, behold)

θεός, ὁ, 하나님(God)

θλῖψις, ἡ, 환난(tribulation)

θρόνος, ὁ, 보좌(throne)

【 I 】

ἴδιος, -α, -ον, 자기 자신의(one's own)

ἱερον, τό, 성전(temple)

ἱερευς, -εως, ὁ, 제자장(priest)

ἱκανος, -ή, -νόν, 충분한(worthy)

ἱλασμος, ὁ, 대속(redemption)

Ἰησοῦς, ὁ, 예수(Jesus)

ἱματιον, τό, 의복(garment)

ἵνα, 접속사, ~하기 위하여(in order that), ~하는 것(that)

ἵστημι, 서게 하다(make to stand), 서다(stand)

ἰσχυρος, -α, -ον, 강한(strong)

ἰσχυροτερος, -α, -ον, 더 강한(stronger)

ἰχθυς, ὁ, 물고기(fish)

【 K 】

κσθαρίζω, καθαρίσω, ἐκαθάρισα, 깨끗하게 하다(purify)

καθίστημι, 제정하다(set down), 임명하다(appoint)

καί, 접속사, 그리고(and), ~도(also)

καί ... καί, ~도 ~도(both ---and)

καινός, -ή, -όν, 새로운(new)

καιρός, 때(time), 시기(period), 시대(age)

κάκος, 악한(evil), 나쁜(bad)

καλέω, κέκληκα, 내가 부르다(call)

κάλος, 좋은(good), 아름다운(beautiful)

καλῶς, 잘(well)

καρδία, ἡ, 마음(heart)

κάρπος, ὁ, 열매(fruit)

κατά, 전치사(속), ~밑에(down); (대), ~에 따른(according to)

καταλύω, 파괴하다(destroy)

κατέρχομαι, 내가 내려가다(go down)

κελεύω, 명령한다(command)

κεφαλή, ἡ, 머리(head)

κηρυσσω, ἐκηρύχθην, 내가 선포한다(proclaim)

κοιλία, ἡ, 배(stomach)

κοινός, -ή, -όν, 깨끗하지 않은(unclean)

κοινωνία, ἡ, 교제(fellowship)

κόπτω, ἐκόπην, κοπήσομαι, 치다(beat, strike)

κόσμος, ὁ, 세상(world)

κράββατος, -ου, ὁ, 침상(bed)

κρείσσων, -ον, 더 좋은(better)

κρίνω, ἐκρίθην, κέκρικα, 내가 판단한다(judge)

κρισις, -εως, ἡ, 심판(judgment)

κρύπτω, ἐκρύβην, 숨기다(hide)

κτίσις, -εως, ἡ, 창조(creation)

κύριος, ὁ, 주(lord)

κώμη, ἡ, 마을(village)

【 Λ 】

λαλέω, 내가 말하다(speak)

λαμβάνω, λήμψομαι, ἔλαβον, ἐλήμφθην, 받다(receive), 취하다(take)

λαός, ὁ, 백성(chosen people)

λεγω, εἶπον, 말하다(say)

λείπω, ἔλιπον, 떠나다(leave)

λιπών, λιποῦσα, λιπόν, λείπω의 제2부정과거 능동태 분사

λῃστής, ὁ, 강도(robber)

λίθος, ὁ, 돌(stone)

λόγος, ὁ, 말씀(word)

λοιπός, -ή, -ον, 남은(remaining)

λούω, (몸 전체를) 씻다(wash)

λυπέω, 슬퍼하다(grieve)

λύω, λέλυκα, 풀다(loose)

λύσας, λύσασα, λύσαν, λύω의 제1부정과거 능동태 분사

λυθείς, λυθεῖσα, λυθέν의 부정과거 제1수동태 분사

【 Μ 】

μαθητῆς, ὁ, 제자(disciple)

μακάριος, -α, -ον, 복된(blessed)

μᾶλλον, 더(more), 오히려(rather)

μαρτευρέω, ἐμαρτύρησα, μεμαρτύρηκα, 증거하다(bear witness)

μαρτυρία, ἡ, 증언(witness)

μάστιξ, -ιγος, ἡ, 회초리(whip)

μαχαίρα, ἡ, 검(sword)

μέγας, μέγαλε, μέγα, 위대한(great)

μέλει, ~에 관심을 갖다(it concerns, it is a care)

μέλλω, ~을 하려고 한다(be about to do something)

μέν ... δέ, 한편으로 ~다른 한편으로(on the one hand, on the other hand)

μένω, 거하다(abide)

μεσσίας, ὁ, 메시야(messiah)

μετά, 전(속), ~과 함께(with); 전(대), ~후에(after)

μεταβαίνω, 넘어가다(pass over), 떠나다(depart)

μετανοέω, 내가 회개한다(repent)

μήτε ... μήτε, ~도 아닌(neither -- nor)

μηδέ, ~도 아니(and not, nor)

μηκέτι, 부사, 더 이상 아니(no longer)

μήτηρ, -τρος, ἡ, 어머니(mother)

μίκρος, -α, -ον, 작은(small), 적은(little)

μισέω, 미워하다(hate)

μισθός, ὁ, 품삯(wages), 보상(reward)

μονογενής, -ές, 독생한(only begotten)

μόνον, 부사, 유일하게(only)

μόνος, 오직(only), 홀로(alone)

μυστέριον, τό, 신비(mystery)

【 N 】

νεανίας, ὁ, 청년(youth)

νεανίσκος, ὁ, 청년(young man)

νέος, -α, -ον, 젊은(young, new)

νικάω, 승리하다(conquer)

νίπτω, (몸 일부를) 씻다(wash)

νομίζω, 생각하다(consider)

νόμος, ὁ, 율법(law)

νῦν, 부사, 지금(now)

νυξ, -κτος, ἡ, 밤(night)

【 O 】

ὁδος, ἡ, 길(way)

οἰκία, ἡ, 집(house)

οἰκοδομέω, 세우다(build up)

οἶκος, ὁ, 집(house)

οἶνος, ὁ, 포도주(wine)

ὀλίγος, -η, -ον, 적은(small, few)

ὁμοιόω, 같게 만들다(make alike)

ὁμολογέω, 고백하다(confess)

ὄνομα, -ατος, τό, 이름(name)

ὅπου, 관계 부사, 곳에서(where)

ὅπως, 가정법, ~하기 위하여(in order that)

ὁράω, ὤφθην, ἑώρακα, 보다(see, look at)

ὅς, ἥ, ὅ, 관계 대명사, ~하는 누구(who), ~하는 것(which)

ὅσος, -η, -ον, 얼마나 많은(how much)

ὅστις, ἥτις, ὅτι, 부정 관계 대명사,
~하는 사람은 누구나(whoever)

~하는 것은 무엇이나(whichever)

ὅτε, 관계 부사, 때에(when)

ὅτι, 접속사, ~때문에(because), ~하는 것(that)

οὐδείς, οὐδεμία, οὐδέν, 부정(negative) 대명사, 아무도 ~아닌(no one)

οὐκέτι, 부정어, 더 이상 ~아닌(no longer)

οὐρανός, ὁ, 하늘(heaven)

οὖς, ὠτός, τό, 귀(ear)

οὔτε ... οὔτε, ~도 ~도 아닌(neither, nor)

οὗτος, αὕτη, τοῦτο, 지시 대명사, 이것(this);

οὗτοι, αὗται, ταῦτα(복수), 이것들(these)

ὀφείλω, 빚지다(owe; be indebted), 해야 한다(ought)

ὀφθαλμός, ὁ, 눈(eye)

ὄχλος, ὁ, 무리(crowd)

【Π】

παιδίον, τό, 어린 아이(little child)

παλαιός, -ά, -όν, 오래된(old, ancient)

πάντοτε, 항상(always)

παρά, 전(속/탈), ~로부터(from); (처), ~전에(before),
~곁에(by the side of); (대), ~곁에(beside),
~너머(beyond), ~을 따라(along)

παραβολή, ἡ, 비유(parable)

παραδίδωμι, 넘겨주다(hand over)

παρακελέω, 위로하다(comfort), 격려하다(encourage)

παράκλησις, -εως, ἡ, 위로(comfort), 권면(exhortation)

παράκλητος, ὁ, 위로자(comforter), 보호자(advocate)

παραλαμβάνω, παρέλαβον, 내가 받아들이다(receive)

παρατίθημι, 앞에 놓다(set before), 헌신하다(commit)

παρίστημι, 옆에 놓다(place beside), 옆에 서다(stand by)

παρουσία, ἡ, 오심(coming), 현존(presence)

παρρησία, ἡ, 담대함(boldness)

πάσχω, 고난 당하다(suffer)

πάτηρ, -τρος, ὁ, 아버지(father)

παύω, 멈추다(stop)

πείθω, πείσω, ἔπεισα, ἐπείσθην, πέποιθα, 설득시키다(persuade)

πεινάω, 굶주리다(hunger)

πειράζω, 시험하다(tempt)

πέμπω, ἐπέμφθην, πέπομφα, 보내다(send)

Πέτρος, ὁ, 베드로(Peter)

περί, 전(속), ~에 관하여(about); 전(대), ~곁에(beside), ~넘어(beyond)

περιπατέω, 걷다(walk)

περισσός, -ή, -όν, 넘치는(abundant)

πίπτω, πέσουμαι, ἔπεσον, πέπτωκα, 떨어지다(fall down)

πιστεύω, 믿다(believe)

πίστις, -εως, ἡ, 신앙(faith)

πίστος, 신실한(faithful)

πλανάω, 미혹시키다(lead astray)

πλείων, -ον, 더 많은(much more)

πλῆθος, -ους, τό, 많은 무리(multitude)

πληρόω, 성취하다(fulfill)

πλοῖον, τό, 작은 배(boat)

πλούσιος, -α, -ον, 부요한(rich)

πνεῦμα, τό, 영(spirit)

πόθεν, 의문 부사, 어디로부터(whence)

ποιέω, 행하다(do), 만들다(make)

ποιμήν, -ενος, ὁ, 목자(shepherd)

πόλις, εως, ἡ, 도시(city)

πολύς, πολλή, πολύ, 많은(much, many)

πονηρός, 악한(evil)

ποτήριον, τό, 찻잔(cup)

ποῦ, 의문 부사, 어디에(where)

πρίν, 전에(before)

πρό, 전(탈), ~전면에(in front of), ~전에(before)

πρός, 전(속), ~에(at, to); 전(대), ~를 향하여(toward), ~너머(beyond)

προσέρχομαι, ~에 가다(go to)

προσευχή, ἡ, 기도(prayer)

προστίθημι, 더하다(add), 덤으로 주다(give in addition)

προσῶπον, τό, 얼굴(face)

προφητεύω, 예언하다(prophesy)

προφήτης, ὁ, 예언자(prophet)

πρῶτος, 처음의(first)

πώποτε, 아직까지(ever yet)

πῶς, 의문 부사, 어떻게(how)

【 Ρ 】

ῥῆμα, ατος, τό, 말(word)

【 Σ 】

σάββατον, τό, 안식일(Sabbath)

σαλπιγξ, -ιγγος, ἡ, 나팔(trumpet)

σάρκινος, 육신의(of flesh)

σάρξ, -ρκος, ἡ, 육체(flesh)

σεαυτοῦ, σεαυτῆς, 재귀 대명사, 너 자신(yourself)

σημεῖον, τό, 기적(miracle)

σιγάω, 침묵하다(be silent)

σκάνδαλον, τό, 걸려 넘어지게 하는 것(stumbling block)

σκηνόω, 거하다(dwell), 장막을 치다(make tent)

σκοτία, -ας, ἡ, 어두움(darkness)

σκότος, -ους, τό, 어두움(darkness)

σοφία, ἡ, 지혜(wisdom)

σπείρω, ἐσπάρην, 심다(sow)

σπέρμα, -ατος, τό, 씨(seed)

στάχυς, -υος, ὁ, (곡식의) 낟알(head)

σταυρόω, 십자가에 못박다(crucify)

στέλλω, 보내다(send)

στενάζω, στενάξω, ἐστέναξα, 탄식하다(groan)

στέφανος, ὁ, 왕관(crown)

στρέφω, ἐστράφην, 돌다(turn)

στόμα, τό, 입(mouth)

στρατιώτης, ὁ, 군병(soldier)

σύ, 인칭 대명사, 너(you); ὑμεῖς(복수), 너희들(you)

σύν, 전치사(조), ~과 함께(with)

συναγωγή, ἡ, 회당(synagogue)

συνάγω, 함께 모으다(gather together)

συνέρχομαι, 함께 가다(오다)

συνίημι, 인식한다(perceive)

συνίστημι, 추천하다(commend), 확립하다(establish)

συντελέω, συνετελέσθην, 종결시키다(bring to an end), 완결시키다(complete)

σώζω, σώσω, ἐσώθην, σέσωκα, 구원하다(save)

σῶμα, -ατος, τό, 몸(body)

σωτήρ, -ηρος, ὁ, 구원자(saviour)

σωτηρία, ἡ, 구원(salvation)

σώφρων, -ον, 건전한(sound-minded)

【 T 】

τέ ... καί, ~도 ~도(both --- and)

τέκνον, τό, 어린이(child)

τέλειος, -α, -ον, 완료된(finished), 완결된(complete)

τελειόω, 완성하다(complete)

τελευτάω, 끝마치다(finish)

τέλειος, -α, -ον, 끝마친(finished)

τέλος, -ους, τό, 끝(end), 종말(consumation)

τηρέω, 지키다(keep)

τίθημι, 놓다(place), 내려놓다(put down)

τιμάω, 존경하다(honor)

τις, τις, τι, 부정(indefinite) 대명사, 어떤 사람(somebody), 어떤 것(something)

τίς, τίς, τί, 의문(interrogative) 대명사, ~하는 사람(who), ~하는 것(which)

τοιοῦτος, τοιαύτη, τοιοῦτο, 연결 대명사, 그런 사람(such person), 그런 것(such thing)

τόλεμος, ὁ, 전쟁(war)

τολμάω, 감히 ~하다(dare)

τόπος, ὁ, 장소(place)

τότε, 부사, 그 때에(then)

τρέφω, ἐτράφην, 먹이다(feed)

τυφλός, -ή, -όν, 눈먼(blind)

τυφλόω, 눈멀게 하다(make blind)

【 Υ 】

ὑγιής, -ές, 온전한(whole), 건강한(healthy)

ὕδωρ, -ατος, τό, 물(water)

υἱός, ὁ, 아들(son)

ὑπέρ, 전(속), ~를 위하여(in behalf of), ~대신에 (instead of); 전(대), 위로(above), ~너머에(beyond)

ὑπό, 전(탈), ~에 의하여(by); 전(대), ~아래(under)

ὑποκριτής, -οῦ, ὁ, 위선자(hypocrite)

ὑποστρέφω, ὑποστρέψω, ὑπέστρεψα, 돌아가다(return)

【 Φ 】

φαίνω, φαινοῦμαι, ἐφάνην, φανήσομαι, 빛을 발하다(shine)

φανερός, -ά, -όν, 나타난(manifest)

φανερόω, φανερώσω, ἐφανέρωσα, 나타내다(make manifest)

φανερῶς, 분명히(clearly)

φέρω, οἴσω, ἤνεγκα, ἠνέχθην, 가져오다(bring), 짊어지다(bear)

φεύγω, φεύξομαι, ἔφυγον, πέφευγα, 도망하다(flee, escape)

φθείρω, ἐφθάρην, 부패하다(corrupt)

φιλέω, 사랑하다(love)

φίλος, ὁ, 친구(friend)

φοβέομαι, ἐφοβούμην, ἐφοβήθην, 두려워하다(be afraid, fear)

φυλάσσω, 지키다(keep, guard)

φυλακή, ἡ, 파수(watch), 감옥(prison)

φωνέω, 부르다(call, speak aloud)

φωνή, ἡ, 음성(voice)

φῶς, -τος, τό, 빛(light)

【 X 】

χαίρω, χαρήσομαι, ἐχάρην, 기뻐하다(rejoice)

χαρά, ἡ, 기쁨(joy)

χάρις, -ιτος, ἡ, 은혜(grace)

χάρισμα, -ατος, τό, 선물(gift)

χείρ, -ρος, ἡ, 손(hand)

χρεία, ἡ, 필요(need)

χριστός, ὁ, 그리스도(Christ)

χρόνος, ὁ, 시간(time)

【 Ψ 】

ψευδής, ψευδής, ψευδές, 거짓된(false)

ψεύδομαι, ψεύσομαι, ἐψευσάμην, 거짓말하다(lie)

ψεῦδος, -ους, τό, 거짓말(lie)

ψεύστης, ὁ, 거짓말장이(liar)

ψυχή, ἡ, 목숨(life), 혼(soul)

【 Ω 】

ὧδε, 부사, 여기에(here), 여기로(hither)

ὥρα, ἡ, 시간(hour)

ὥστε, 접속사, 따라서(and so, therefore)

부록 2
원전 독서(요한복음 1:1–51)

ΚΑΤΑ ΙΩΑΝΝΗΝ

1 Ἐν ἀρχῇ ἦν ὁ λόγος, καὶ ὁ λόγος ἦν πρὸς τὸν θεόν, καὶ θεὸς ἦν ὁ λόγος.

2 οὗτος ἦν ἐν ἀρχῇ πρὸς τὸν θεόν.

3 πάντα δι᾽ αὐτοῦ ἐγένετο, καὶ χωρὶς αὐτοῦ ἐγένετο οὐδὲ ἕν. ὃ γέγονεν

4 ἐν αὐτῷ ζωὴ ἦν, καὶ ἡ ζωὴ ἦν τὸ φῶς τῶν ἀνθρώπων·

5 καὶ τὸ φῶς ἐν τῇ σκοτίᾳ φαίνει, καὶ ἡ σκοτία αὐτὸ οὐ κατέλαβεν.

6 Ἐγένετο ἄνθρωπος ἀπεσταλμένος παρὰ θεοῦ, ὄνομα αὐτῷ Ἰωάννης·

7 οὗτος ἦλθεν εἰς μαρτυρίαν, ἵνα μαρτυρήσῃ περὶ τοῦ φωτός, ἵνα πάντες πιστεύσωσιν δι᾽ αὐτοῦ.

8 οὐκ ἦν ἐκεῖνος τὸ φῶς, ἀλλ᾽ ἵνα μαρτυρήσῃ περὶ τοῦ φωτός.

9 Ἦν τὸ φῶς τὸ ἀληθινόν, ὃ φωτίζει πάντα ἄνθρωπον, ἐρχόμενον εἰς τὸν κόσμον.

10 ἐν τῷ κόσμῳ ἦν, καὶ ὁ κόσμος δι᾽ αὐτοῦ ἐγένετο, καὶ ὁ κόσμος αὐτὸν οὐκ ἔγνω.

11 εἰς τὰ ἴδια ἦλθεν, καὶ οἱ ἴδιοι αὐτὸν οὐ παρέλαβον.

12 ὅσοι δὲ ἔλαβον αὐτόν, ἔδωκεν αὐτοῖς ἐξουσίαν τέκνα θεοῦ γενέσθαι, τοῖς πιστεύουσιν εἰς τὸ ὄνομα αὐτοῦ,

13 οἳ οὐκ ἐξ αἱμάτων οὐδὲ ἐκ θελήματος σαρκὸς οὐδὲ ἐκ
θελήματος ἀνδρὸς ἀλλ᾽ ἐκ θεοῦ ἐγεννήθησαν.
14 Καὶ ὁ λόγος σὰρξ ἐγένετο καὶ ἐσκήνωσεν ἐν ἡμῖν, καὶ
ἐθεασάμεθα τὴν δόξαν αὐτοῦ, δόξαν ὡς μονογενοῦς παρὰ
πατρός, πλήρης χάριτος καὶ ἀληθείας.
15 Ἰωάννης μαρτυρεῖ περὶ αὐτοῦ καὶ κέκραγεν λέγων, Οὗτος
ἦν ὃν εἶπον, Ὁ ὀπίσω μου ἐρχόμενος ἔμπροσθέν μου
γέγονεν, ὅτι πρῶτός μου ἦν.
16 ὅτι ἐκ τοῦ πληρώματος αὐτοῦ ἡμεῖς πάντες ἐλάβομεν, καὶ
χάριν ἀντὶ χάριτος·
17 ὅτι ὁ νόμος διὰ Μωϋσέως ἐδόθη, ἡ χάρις καὶ ἡ ἀλήθεια διὰ
Ἰησοῦ Χριστοῦ ἐγένετο.
18 θεὸν οὐδεὶς ἑώρακεν πώποτε· μονογενὴς θεὸς ὁ ὢν εἰς τὸν
κόλπον τοῦ πατρὸς ἐκεῖνος ἐξηγήσατο.
19 Καὶ αὕτη ἐστὶν ἡ μαρτυρία τοῦ Ἰωάννου, ὅτε ἀπέστειλαν
[πρὸς αὐτὸν] οἱ Ἰουδαῖοι ἐξ Ἱεροσολύμων ἱερεῖς καὶ Λευίτας
ἵνα ἐρωτήσωσιν αὐτόν, Σὺ τίς εἶ;
20 καὶ ὡμολόγησεν καὶ οὐκ ἠρνήσατο, καὶ ὡμολόγησεν ὅτι
Ἐγὼ οὐκ εἰμὶ ὁ Χριστός.
21 καὶ ἠρώτησαν αὐτόν, Τί οὖν; Σύ Ἠλίας εἶ; καὶ λέγει, Οὐκ
εἰμί. Ὁ προφήτης εἶ σύ; καὶ ἀπεκρίθη, Οὔ.
22 εἶπαν οὖν αὐτῷ, Τίς εἶ; ἵνα ἀπόκρισιν δῶμεν τοῖς πέμψασιν
ἡμᾶς· τί λέγεις περὶ σεαυτοῦ;
23 ἔφη,

Ἐγὼ φωνὴ βοῶντος ἐν τῇ ἐρήμῳ,
Εὐθύνατε τὴν ὁδὸν κυρίου,

καθὼς εἶπεν Ἠσαΐας ὁ προφήτης.
24 Καὶ ἀπεσταλμένοι ἦσαν ἐκ τῶν Φαρισαίων.
25 καὶ ἠρώτησαν αὐτὸν καὶ εἶπαν αὐτῷ, Τί οὖν βαπτίζεις εἰ
σὺ οὐκ εἶ ὁ Χριστὸς οὐδὲ Ἠλίας οὐδὲ ὁ προφήτης;
26 ἀπεκρίθη αὐτοῖς ὁ Ἰωάννης λέγων, Ἐγὼ βαπτίζω ἐν ὕδατι·
μέσος ὑμῶν ἕστηκεν ὃν ὑμεῖς οὐκ οἴδατε,
27 ὁ ὀπίσω μου ἐρχόμενος, οὗ οὐκ εἰμὶ [ἐγὼ] ἄξιος ἵνα λύσω
αὐτοῦ τὸν ἱμάντα τοῦ ὑποδήματος.
28 Ταῦτα ἐν Βηθανίᾳ ἐγένετο πέραν τοῦ Ἰορδάνου, ὅπου ἦν ὁ
Ἰωάννης βαπτίζων.
29 Τῇ ἐπαύριον βλέπει τὸν Ἰησοῦν ἐρχόμενον πρὸς αὐτόν, καὶ
λέγει, Ἴδε ὁ ἀμνὸς τοῦ θεοῦ ὁ αἴρων τὴν ἁμαρτίαν τοῦ
κόσμου.
30 οὗτός ἐστιν ὑπὲρ οὗ ἐγὼ εἶπον, Ὀπίσω μου ἔρχεται ἀνὴρ ὃς
ἔμπροσθέν μου γέγονεν, ὅτι πρῶτός μου ἦν.
31 κἀγὼ οὐκ ᾔδειν αὐτόν, ἀλλ' ἵνα φανερωθῇ τῷ Ἰσραὴλ διὰ
τοῦτο ἦλθον ἐγὼ ἐν ὕδατι βαπτίζων.
32 Καὶ ἐμαρτύρησεν Ἰωάννης λέγων ὅτι Τεθέαμαι τὸ πνεῦμα
καταβαῖνον ὡς περιστερὰν ἐξ οὐρανοῦ, καὶ ἔμεινεν ἐπ' αὐτόν·
33 κἀγὼ οὐκ ᾔδειν αὐτόν, ἀλλ' ὁ πέμψας με βαπτίζειν ἐν ὕδατι
ἐκεῖνός μοι εἶπεν, Ἐφ' ὃν ἂν ἴδῃς τὸ πνεῦμα καταβαῖνον
καὶ μένον ἐπ' αὐτόν, οὗτός ἐστιν ὁ βαπτίζων ἐν πνεύματι
ἁγίῳ.
34 κἀγὼ ἑώρακα, καὶ μεμαρτύρηκα ὅτι οὗτός ἐστιν ὁ υἱὸς τοῦ
θεοῦ.
35 Τῇ ἐπαύριον πάλιν εἱστήκει ὁ Ἰωάννης καὶ ἐκ τῶν μαθητῶν

αὐτοῦ δύο,
36 καὶ ἐμβλέψας τῷ Ἰησοῦ περιπατοῦντι λέγει, Ἴδε ὁ ἀμνὸς
τοῦ θεοῦ.
37 καὶ ἤκουσαν οἱ δύο μαθηταὶ αὐτοῦ λαλοῦντος καὶ
ἠκολούθησαν τῷ Ἰησοῦ.
38 στραφεὶς δὲ ὁ Ἰησοῦς καὶ θεασάμενος αὐτοὺς ἀκολουθοῦντας
λέγει αὐτοῖς, Τί ζητεῖτε; οἱ δὲ εἶπαν αὐτῷ, Ῥαββί [ὃ
λέγεται μεθερμηνευόμενον Διδάσκαλε], ποῦ μένεις;
39 λέγει αὐτοῖς, Ἔρχεσθε καὶ ὄψεσθε. ἦλθαν οὖν καὶ εἶδαν ποῦ
μένει, καὶ παρ᾽ αὐτῷ ἔμειναν τὴν ἡμέραν ἐκείνην· ὥρα ἦν
ὡς δεκάτη.
40 Ἦν Ἀνδρέας ὁ ἀδελφὸς Σίμωνος Πέτρου εἷς ἐκ τῶν δύο
τῶν ἀκουσάντων παρὰ Ἰωάννου καὶ ἀκολουθησάντων αὐτῷ·
41 εὑρίσκει οὗτος πρῶτον τὸν ἀδελφὸν τὸν ἴδιον Σίμωνα καὶ
λέγει αὐτῷ, Εὑρήκαμεν τὸν Μεσσίαν [ὅ ἐστιν
μεθερμηνευόμενον Χριστός]·
42 ἤγαγεν αὐτὸν πρὸς τὸν Ἰησοῦν. ἐμβλέψας αὐτῷ ὁ Ἰησοῦς
εἶπεν, Σὺ εἶ Σίμων ὁ υἱὸς Ἰωάννου· σὺ κληθήσῃ Κηφᾶς [ὃ
ἑρμηνεύεται Πέτρος].
43 Τῇ ἐπαύριον ἠθέλησεν ἐξελθεῖν εἰς τὴν Γαλιλαίαν, καὶ εὑρίσκει
Φίλιππον. καὶ λέγει αὐτῷ ὁ Ἰησοῦς, Ἀκολούθει μοι.
44 ἦν δὲ ὁ Φίλιππος ἀπὸ Βηθσαϊδά, ἐκ τῆς πόλεως Ἀνδρέου
καὶ Πέτρου.
45 εὑρίσκει Φίλιππος τὸν Ναθαναὴλ καὶ λέγει αὐτῷ, Ὃν
ἔγραψεν Μωϋσῆς ἐν τῷ νόμῳ καὶ οἱ προφῆται εὑρήκαμεν,
Ἰησοῦν υἱὸν τοῦ Ἰωσὴφ τὸν ἀπὸ Ναζαρέτ.

46 καὶ εἶπεν αὐτῷ Ναθαναήλ, Ἐκ Ναζαρὲτ δύναταί τι ἀγαθὸν
εἶναι; λέγει αὐτῷ [ὁ] Φίλιππος, Ἔρχου καὶ ἴδε.
47 εἶδεν ὁ Ἰησοῦς τὸν Ναθαναὴλ ἐρχόμενον πρὸς αὐτὸν καὶ
λέγει περὶ αὐτοῦ, Ἴδε ἀληθῶς Ἰσραηλίτης ἐν ᾧ δόλος οὐκ
ἔστιν.
48 λέγει αὐτῷ Ναθαναήλ, Πόθεν με γινώσκεις; ἀπεκρίθη Ἰησοῦς
καὶ εἶπεν αὐτῷ, Πρὸ τοῦ σε Φίλιππον φωνῆσαι ὄντα ὑπὸ
τὴν συκῆν εἶδόν σε.
49 ἀπεκρίθη αὐτῷ Ναθαναήλ, Ῥαββί, σὺ εἶ ὁ υἱὸς τοῦ θεοῦ, σὺ
βασιλεὺς εἶ τοῦ Ἰσραήλ.
50 ἀπεκρίθη Ἰησοῦς καὶ εἶπεν αὐτῷ, Ὅτι εἶπόν σοι ὅτι εἶδόν
σε ὑποκάτω τῆς συκῆς πιστεύεις; μείζω τούτων ὄψῃ.
51 καὶ λέγει αὐτῷ, Ἀμὴν ἀμὴν λέγω ὑμῖν, ὄψεσθε τὸν οὐρανὸν
ἀνεῳγότα καὶ τοὺς ἀγγέλους τοῦ θεοῦ ἀναβαίνοντας καὶ
καταβαίνοντας ἐπὶ τὸν υἱὸν τοῦ ἀνθρώπου.

부록 3
명사의 격변화

A. 제1격변화(α)

	단 수	복 수	단 수	복 수
주격	ἐκκλησία	ἐκκλησίαι	διδάχη	διδάχαι
속격, 탈격	ἐκκλησίας	ἐκκλησίων	διδάχης	διδάχων
처격, 조격, 여격	ἐκκλησίᾳ	ἐκκλησίαις	διδάχῃ	διδάχαις
대격	ἐκκλησίαν	ἐκκλησίαις	διδάχην	διδάχας

B. 제2격변화(ο)

	단 수	복 수	단 수	복 수
주격	λόγος	λόγοι	δῶρον	δῶρα
속격, 탈격	λόγου	λόγων	δώρου	δώρων
처격, 조격, 여격	λόγῳ	λόγοις	δώρῳ	δώροις
대격	λόγον	λόγους	δῶρον	δῶρα

C. 제3격변화(자음 격변화)

	단 수	복 수	단 수	복 수
주격	ἄρχων	ἄρχοντες	ἐλπίς	ἐλπίδες
속격 탈격	ἄρχοντος	ἀρχόντων	ἐλπίδος	ἐλπίδων
처격 조격 여격	ἄρχοντι	ἄρχουσι(ν)	ἐλπίδι	ἐλπίσι(ν)
대격	ἄρχοντα	ἄρχοντας	ἐλπίδα	ἐλπίδας

주격	ὄνομα	ὀνόματα	χείρ	χεῖρες
속격 탈격	ὀνόματος	ὀνομάτων	χειρός	χειρῶν
처격 조격 여격	ὀνόματι	ὀνόμασι(ν)	χειρί	χειρσί(ν)
대격	οὄνομα	ὀνόματα	χεῖρα	χεῖρας

주격	πόλις	πόλεις	γένος	γένη
속격 탈격	πόλεως	πολεων	γένους	γένων
처격 조격 여격	πόλει	πόλεσι(ν)	γένει	γένεσι(ν)
대격	πόλιν	πόλεις	γένος	γένη

부록 4
형용사의 격변화

A. 제1격변화, 제2격변화

	단수			복수		
	남성	여성	중성	남성	여성	중성
주격	καλός	καλή	καλόν	καλοί	καλαί	καλά
속격, 탈격	καλοῦ	καλῆς	καλοῦ	καλῶν	καλῶν	καλῶν
처격, 조격, 여격	καλῷ	καλῇ	καλῷ	καλοῖς	καλαῖς	καλοῖς
대격	καλόν	καλήν	καλόν	καλούς	καλάς	καλά

주격	νέος	νέα	νέον	νέοι	νέαι	νέα
속격, 탈격	νέου	νέας	νέου	νέων	νέων	νέων
처격, 조격, 여격	νέῳ	νέᾳ	νέῳ	νέοις	νέαις	νέοις
대격	νέον	νέαν	νέον	νέους	νέας	νέα

B. 제3격변화

	단 수			복 수		
	남 성	여 성	중 성	남 성	여 성	중 성
주격	πᾶς	πᾶσα	πᾶν	πάντες	πᾶσαι	πάντα
속격/탈격	παντός	πάσης	παντός	πάντων	πασῶν	πάντων
처격/조격/여격	παντί	πάσῃ	παντί	πᾶσι	πάσαις	πᾶσι
대격	πάντα	πᾶσαν	πᾶν	πάντας	πάσας	πάντα

C. 제3격변화

	단 수		복 수	
	남성/여성	중 성	남성/여성	중 성
주격	ἀληθής	ἀληθές	ἀληθεῖς	ἀληθῆ
속격/탈격	ἀληθοῦς	ἀληθούς	ἀληθῶν	ἀληθῶν
처격/조격/여격	ἀληθεῖ	ἀληθεῖ	ἀληθέσι(ν)	ἀληθέσι(ν)
대격	ἀληθῆ	ἀληθές	ἀληθεῖς	ἀληθῆ

D. 불규칙 격변화

	단 수			복 수		
	남 성	여 성	중 성	남 성	여 성	중 성
주격	πολύς	πολλή	πολύ	πολλοί	πολλαί	πολλά
속격, 탈격	πολλοῦ	πολλῆς	πολλοῦ	πολλῶν	πολλῶν	πολλῶν
처격, 조격, 여격	πολλῷ	πολλῇ	πολλῷ	πολλοῖς	πολλαῖς	πολλοῖς
대격	πολύν	πολλήν	πολύ	πολλούς	πολλάς	πολλά

E. 형용사의 비교급

1. 규칙 변화

원 급	비교급	최상급
σοφός	σοφώτερος	σοφώτατος
πικρός	πικρότερος	πικρότατος

2. 불규칙 변화

원급	비교급	최상급
κακός	κακίων	κάκιστος
ἀγαθός	κρείττων	κράτιστος
μικρός	ἐλάττων	ἐλάχιστος

부록 5
대 명 사

A. 인칭 대명사

	1인칭 대명사		2인칭 대명사	
	단 수	복 수	단 수	복 수
주격	ἐγώ	ἡμεῖς	σύ	ὑμεῖς
속격 / 탈격	ἐμού(μου)	ἡμῶν	σοῦ	ὑμῶν
처격 / 조격 / 여격	ἐμοί(μοι)	ἡμῖν	σοί	ὑμῖν
대격	ἐμέ (με)	ἡμᾶς	σέ	ὑμᾶς

3인칭 대명사

	단수			복수		
	남 성	여 성	중 성	남 성	여 성	중 성
주격	αὐτός	αὐτή	αὐτό	αὐτοί	αὐταί	αὐτά
속격 / 탈격	αὐτοῦ	αὐτῆς	αὐτοῦ	αὐτῶν	αὐτῶν	αὐτῶν
처격 / 조격 / 여격	αὐτῷ	αὐτῇ	αὐτῷ	αὐτοῖς	αὐταῖς	αὐτοῖς
대격	αὐτόν	αὐτήν	αὐτό	αὐτούς	αὐτάς	αὐτά

B. 관계 대명사

	단 수			복 수		
	남 성	여 성	중 성	남 성	여 성	중 성
주격	ὅς	ἥ	ὅ	οἵ	αἵ	ἅ
속격, 탈격	οὗ	ἧς	οὗ	ὧν	ὧν	ὧν
처격, 조격, 여격	ᾧ	ᾗ	ᾧ	οἷς	αἷς	οἷς
대격	ὅν	ἥν	ὅ	οὕς	ἅς	ἅ

C. 의문 대명사

	단 수		복 수	
	남성, 여성	중성	남성, 여성	중성
주격	τίς	τί	τίνες	τίνα
속격, 탈격	τίνος	τίνος	τίνων	τίνων
처격, 조격, 여격	τίνι	τίνι	τίσι(ν)	τίσι(ν)
대격	τίνα	τί	τίνας	τίνα

D. 지시 대명사

이것(this)

	단 수			복수		
	남 성	여 성	중 성	남 성	여 성	중 성
주격	οὗτος	αὕτη	τοῦτο	οὗτοι	αὗται	ταῦτα
속격 탈격	τούτου	ταύτης	τούτου	τούτων	ταύτων	τούτων
처격 조격 여격	τούτῳ	ταύτῃ	τούτῳ	τούτοις	ταύταις	τούτοις
대격	τοῦτον	ταύτην	τοῦτο	τούτους	ταύτας	ταῦτα

저것(that)

	단	수		복	수	
주격	ἐκεῖνος	ἐκείνη	ἐκεῖνον	ἐκεῖνοι	ἐκεῖναι	ἐκεῖνα
속격 탈격	ἐκείνου	ἐκείνης	ἐκείνου	ἐκείνων	ἐκείνων	ἐκείνων
처격 조격 여격	ἐκείνῳ	ἐκείνῃ	ἐκείνῳ	ἐκείνοις	ἐκείναις	ἐκείνοις
대격	ἐκεῖνον	ἐκείνην	ἐκεῖνον	ἐκείνους	ἐκείνας	ἐκεῖνα

부록 6
εἰμί 동사의 어형 변화

		현재	미완료	미래	가정법	명령법	기원법
단수	1인칭	εἰμί	ἤμην	ἔσομαι	ὦ		εἴην
	2인칭	εἶ	ἦς	ἔση	ἦς	ἴσθι	εἴης
	3인칭	ἐστί(ν)	ἦν	ἔσται	ἦ	ἔστω	εἴη
복수	1인칭	ἐσμέν	ἦμεν	ἐσόμεθα	ὦμεν		εἴημεν
	2인칭	ἐστέ	ἦτε	ἔσεσθε	ἦτε	ἔστε	εἴητε
	3인칭	εἰσι(ν)	ἦσαν	ἔσονται	ὦσι(ν)	ἔστωσαν	εἴησαν

부록 7
모음의 단축

| → +	ε	η	ο	ω	ει	ῃ	ου	οι
α |	α	α	ω	ω	ω	ᾳ	ω	ῳ
ε |	ει	η	ου	ω	ει	ῃ	ου	οι
ο |	ου	ω	ου	ω	οι	οι	ου	οι

부록 8
동사 변화표

	(1) 진행적 행위				(2) 미래		(3) 일회적 행위	
	현능	현중/수	미완능	미완중/수	미능	미래중	1부과능	1부과중
직	λύω	λύομαι	ἔλυον	ἐλυόμην	λύσω	λύσομαι	ἔλυσα	ἐλυσάμην
	λύεις	λύῃ	ἔλυες	ἐλύου	λύσεις	λύσῃ	ἔλυσας	ἐλύσω
	λύει	λύεται	ἔλυε(ν)	ἐλύετο	λύσει	λύσεται	ἔλυσε(ν)	ἐλύσατο
설	λύομεν	λυόμεθα	ἐλύομεν	ἐλυόμεθα	λύσομεν	λυσόμεθα	ἐλύσαμεν	ἐλυσάμεθα
	λύετε	λύεσθε	ἔλυετε	ἐλύεσθε	λύσετε	λύσεσθε	ἐλύσατε	ἐλύσασθε
법	λύουσι	λύονται	ἔλυον	ἐλύοντο	λύσουσι	λύσονται	ἔλυσαν	ἐλύσαντο
가	λύω	λύωμαι					λύσω	λύσωμαι
	λύῃς	λύῃ					λύσῃς	λύσῃ
정	λύῃ	λύηται					λύσῃ	λύσηται
	λύωμεν	λυώμεθα					λύσωμε	λυσώμεθα
법	λύητε	λύησθε					λύσητε	λύσησθε
	λύωσι	λύωνται					λύσωσι	λύσωνται
기	λύοιμι	λυοίμην			λύσοιμι	λυσοίμην	λύσαιμι	λυσαίμην
	λύοις	λύοιο			λύσοις	λύσοιο	λύσαις	λύσαιο
원	λύοι	λύοιτο			λύσοι	λύσοιτο	λύσαι	λύσαιτο
	λύοιμεν	λυοίμεθα			λύσοιμεν	λυσοίμεθα	λύσαιμεν	λυσαίμεθα
법	λύοιτε	λύοισθε			λύσοιτε	λύσοιθε	λύσαιτε	λύσαισθε
	λύοιεν	λύοιντο			λύσοιεν	λύσοιντο	λύσαιεν	λύσαιντο
명	λύε	λύου					λύσον	λύσαι
	λύετω	λυύσθω					λύσατω	λυσάσθω
령	λύετε	λύεσθε					λύσατε	λύσασθε
	λύετωσαν	λυέσθωσαν					λυσάτωσαν	λυσάσθωσαν
법								
부정사								
	λύειν	λύεσθαι				λύσειν	λύσασθαι	
분	λύων	λυόμενος			λύσων	λυσόμενος	λύσας	λυσάμενος
	λύουσα	λυομένη			λύσουσα	λυσομένη	λύσασα	λυσαμένη
사	λύον	λυόμενον			λύσον	λυσόμενον	λύσαν	λυσάμενον

	(3) 일회적 행위		(4) 완료적 행위		(5) 완료적 행위	
	2부과능	2부과중	완능	과완능	완중/수	과완중/수
직설법	ἔλιπον	ἐλιπόμην	λέλυκα	ἐλελύκειν	λέλυμαι	ἐλελύμην
	ἔλιπες	ἐλίπου	λέλυκας	ἐλελύκεις	λέλυσαι	ἐλέλυσο
	ἔλιπε	ἐλίπετο	λέλυκε	ἐλελύκει	λέλυται	ἐλέλυτο
	ἐλίπομεν	ἐλιπόμεθα	λελύκαμεν	ἐλελύκειμεν	λέλυμεθα	ἐλελύμεθα
	ἐλίπετε	ἐλίπεσθε	λελύκατε	ἐλελύκειτε	λέλυσθε	ἐλέλυσθε
	ἔλιπον	ἐλίποντο	λελύκασι	ἐλελύκεισαν	λέλυνται	ἐλέλυντο
가정법	λίπω	λίπωμαι	λελύκω			
	λίπῃς	λίπῃ	λελύκῃς			
	λίπῃ	λίπηται	λελύκῃ			
	λίπωμεν	λιπώμεθα	λελύκωμεν			
	λίπητε	λίπησθε	λελύκητε			
	λίπωσι	λίπωνται	λελ κωσι			
기원법	λίποιμι	λίποιμην	λελύκοιμι			
	λίποις	λίποιο	λελύκοις			
	λίποι	λίποιτο	λελύκοι			
	λίποιμεν	λιποίμεθα	λελύκοιμεν			
	λίποιτε	λίποισθε	λελύκοιτε			
	λίποιεν	λίποιντο	λελύκοιεν			
명령법	λίπε	λίπου				
	λιπέτω	λιπέσθω				
	λίπτετε	λίπεσθε				
	λιπέτωσαν	λιπέσθωσαν				
부정사						
	λιπεῖν	λιπέσθαι	λελυκέναι		λελύσθαι	
분사	λιπών	λιπόμενος	λελυκώς		λελυμένος	
	λιπούσ	λιπομένη	λελυκυία		λελυμένη	
	λιπόν	λιπόμενον	λελυκός		λελυμένον	

(6) 수동태 (7) -μι 동사(δίδωμι, τίθημι)

	부과수	미수	현능	부과능	부과수	현능	부과능
직	ἐλύθην	λυθήσομαι	δίδωμι	ἔδωκα	ἐδόθην	τίθημι	ἔθηκα
	ἐλύθης	λυθήσῃ	δίδως	ἔδωκας	ἐδόθης	τίθης	ἔθηκας
설	ἐλύθη	λυθήσεται	δίδωσι	ἔδωκε	ἐδόθη	τίθησι	ἔθηκε
	ἐλύθημεν	λυθησόμεθα	δίδομεν	ἐδώκαμεν	ἐδόθημεν	τίθεμεν	ἐθήκαμεν
법	ἐλύθητε	λυθήσεσθε	δίδοτε	ἐδώκατε	ἐδόθητε	τίθετε	ἐθήκατε
	ἐλύθησαν	λυθήσονται	διδόασι	ἔδωκαν	ἐδόθησαν	τίθεασι	ἔθηκαν
가	λυθῶ		διδῶ	δῶ	δοθῶ	τιθῶ	θῶ
	λυθῇς		διδῷς	δῷς	δοθῇς	τιθῇς	θῇς
정	λυθῇ		διδῷ	δῷ	δοθῇ	τιθῇ	θῇ
	λυθῶμεν		διδῶμεν	δῶμεν	δοθῶμεν	τιθῶμεν	θῶμεν
법	λυθῆτε		διδῶτε	δῶτε	δοθῆτε	τιθῆτε	θῆτε
	λυθῶσι		διδῶσι	δῶσι	δοθῶσι	τιθῶσι	θῶσι
기	λυθείην	λυθησοίμην	διδοίην	δοίην			
	λυθείης	λυθήσοιο	διδοίης	δοίης			
원	λυθείη	λυθήσοιτο	διδοίη	δοίη			
	λυθείημεν	λυθησοίμεθα	διδοίμεν	δοίμεν			
법	λυθείητε	λυθήσοισθε	διδοίτε	δοίτε			
	λυθείησαν	λυθήσοιντο	διδοίεν	δοίεν			
명	λύθητι		δίδου	δός	δόθητι	τίθει	θές
령	λυθήτω		διδότω	δότω	δοθήτω	τιθέτω	θέτω
	λύθητε		δίδοτε	δότε	δόθητε	τίθετε	θέτε
법	λυθήτωσαν		διδότωσαν	δότωσαν	δοθήτωσαν	τιθέτωσαν	θέτωσαν

부정사

λυθῆναι	λυθήσεσθαι	διδόναι	δουναι	δοθηναι	τιθέναι	θεῖναι

분	λυθείς	λυθησόμενος	διδούς	δούς	δοθείς	τιθείς	θείς
	λυθεῖσα	λυθησομένη	διδοῦσα	δοῦσα	δοθεῖσα	τιθεῖσα	θεῖσα
사	λυθέν	λυθησόμενον	διδόν	δόν	δοθέν	τιθέν	θέν

참고문헌(Bibliography)

Barr, James. *The Semantics of Biblical Language*. London: Oxford University Press, 11961.

Bauer, Walter. *A Greek-English Lexicon of the New Testament and Other Early Christian Literature*. Trans. William F. Arndt and F. Wilbur Gingrich. Rev. ed. University of Chicago Press, 1979.

Black, David Alan. *Linguistics for Students of New Testament Greek*. 2nd ed. Grand Rapids, MI: Baker Books, 1988.

Blass, Friedrich and A. Debrunner. *A Greek Grammar of the New Testament*. University of Chicago Press, 1964.

Brooks, James A. and Crlton L. Winbery. *Syntax of Newtestament Greek*. London: University Press of America, Inc., 1979.

Dana, H. E. and J. R. Mantey. *A Manueal Grammar of the Greek New Testament*. Macmillan, 1927.

Davis, William H. *Beginner's Grammar of the Greek New Testament*. Harper & Row, 1923.

Kaufman, Paul. *An Introductory Grammar of New Testament Greek*. Western Baptist Press, 1978.

Kohlenberger III, John R., Edward W. Goodrick, and James A. Swanson. *The Exhaustive Concordance to the Greek New Testament*. Grand Rapids, MI: Zondervan Publishing House, 1995.

Kubo, Sakae. *A Beginner's New Testament Greek Grammar*. University Press of America, 1979.

Louw J. P. *Semantics of New Testament Greek*. Philadelphia: Fortress Press, 1982.

Machen, J. Gresham. *New Testament Greek For Beginners*. The MacMillan Co., 1951.

Metzger, Bruce M. *The Text of the New Testament*. Clarendon Press, 1964.

______. *A Textual Commentary On The Greek New Testament.* United Bible Society, 1975.

______. *Lexical Aids For Students of New Testament Greek.* New Ed. Princeton, NJ: The Theological Books Agency, 1989.

Mills, Watson E. *New Testament Greek: An Introductory Grammar.* The Edwin Mellen Press, 1985.

Moulton, H. K. *A Concordance To The Greek Testament.* T. & T. Clark, 1978.

Moulton, James H. *A Grammar of New Testament Greek. Vols. I and II.* T. & T. Clark, 1908.

Paine, Stephen W. *Beginning Greek: A Functional Approach.* Oxford University Press, 1961.

Robertson, A. T. *A Grammar of the Greek New Testament in the Light of Historical Research.* Broadman, 1914.

Turner, Nigel. *A Grammar of New Testament Greek. Vol. III: Syntax.* T. & T. Clark, 1963.

신약성서 헬라어 기초문법 연습문제 풀이

제2과

6.1

(1) 그(녀)가 보고 있다, 우리가 듣고 있다, 너희가 알고 있다.

(2) 그들이 취하고(받고) 있다, 네가 쓰고 있다, 그(녀)가 갖고 있다.

(3) 너희가 보내고 있다, 그(녀)가 발견하고 있다, 너희가 인도하고 있다.

(4) 우리가 믿고 있다, 네가 갖고 있다, 그들이 알고 있다.

(5) 그들이 인도하고 있다, 그(녀)가 취하고(받고) 있다, 우리가 빛을 발하고 있다.

6.2

(1) 현, 능, 직, 1인칭, 단수, λαμβάνω, 내가 취하고(받고) 있다.
현, 능, 직, 3인칭, 단수, ἔχω, 그(녀)가 갖고 있다.
현, 능, 직, 3인칭, 복수, γράφω, 그들이 쓰고 있다.

(2) 현, 능, 직, 1인칭, 복수, γινώσκω, 우리가 알고 있다.
현, 능, 직, 2인칭, 복수, ἔχω, 너희가 갖고 있다.
현, 능, 직, 3인칭, 복수, ἄγω, 그들이 인도하고 있다.

(3) 현, 능, 직, 2인칭, 복수, ἀκούω, 너희가 듣고 있다.
현, 능, 직, 3인칭, 복수, λαμβάνω, 그들이 취하고(받고) 있다.
현, 능, 직, 2인칭, 단수, πέμπω, 네가 보내고 있다.

(4) 현, 능, 직, 2인칭, 단수, βλέπω, 네가 보고 있다.
현, 능, 직, 3인칭, 복수, λύω, 그들이 풀고 있다.

현, 능, 직, 3인칭, 단수, φαίνω, 그(녀)가 비취고 있다.

(5) 현, 능, 직, 2인칭, 복수, πέμπω, 너희가 보내고 있다.

현, 능, 직, 1인칭, 복수, εὑρίσκω, 우리가 발견하고 있다.

현, 능, 직, 2인칭, 복수, ἄγω, 너희가 인도하고 있다.

제3과

11.1

(1) 남성, 단수, 처(조, 여)격, λίθος, 돌에게, 돌을 위하여

남성, 단수, 속(탈)격, κόσμος, 세상의, 세상으로부터

남성, 복수, 속(탈)격, θρόνος, 보좌들의, 보좌들로부터

(2) 남성, 복수, 대격, ὄχλος, 무리들을

남성, 단수, 처(조, 여)격, νόμος, 율법에게, 율법을 위하여

남성, 복수, 주격, λόγος, 말씀들이

(3) 남성, 단수, 대격, νόμος, 율법을

남성, 복수, 처(조, 여)격, χρόνος, 시간들에게, 시간들을 위하여

남성, 복수, 속(탈)격, ἄρτος, 빵(떡)들의, 빵(떡)들로부터

(4) 남성, 복수, 주격, φίλος, 친구들이

남성, 복수, 대격, κόσμος, 세상들을

남성, 단수, 처(조, 여)격, τόπος, 장소들의, 장소들로부터

(5) 남성, 복수, 처(조, 여)격, ὄχλος, 무리들에게, 무리들을 위하여

남성, 단수, 호격, κόσμος, 세상아

남성, 단수, 속(탈)격, τόπος, 장소의, 장소로부터

11.2

(1) 너희가 말씀을 듣고 있다.

(2) 우리가 친구들을 보고 있다.

(3) 그들이 무리를 보내고 있다.

(4) 네가 율법의 말씀들을 듣고 있다.
(5) 우리가 세상들의 빵을 취하고(받고) 있다.
(6) 우리가 율법들의 말씀을 듣고 있다.
(7) 너희가 친구들의 보좌들을 발견하고 있다.
(8) 그들이 친구들을 위하여(친구들에게) 세상의 율법들을 쓰고 있다.
(9) 너희가 친구들의 시간들을 알고 있다.
(10) 우리가 세상의 빵들을 갖고 있다.

14.1

(1) 그 선생님들이 그 사도들을 보고 있다.
(2) 그 세상의 주님이 그 천사들의 말씀을 쓰고 있다.
(3) 그 친구들이 그 사도들의 말씀들을 말하고 있다.
(4) 그 사도가 그 주님의 율법들을 알고 있다.
(5) 그 천사들이 그 선생들의 빵들을 발견하고 있다.
(6) 그 천사가 그 사망의 빵들을 취하고(받고) 있다.
(7) 그 친구들이 그 말씀들을 그 무리들을 위하여 쓰고 있다.
(8) 너희가 그 주님의 보좌들을 그 천사들에게 보내고 있다.
(9) 그(녀)가 그 천사의 율법들의 말씀들을 믿고 있다.
(10) 그들이 그 사람들의 사망을 말하고 있다.

18.1

(1) 그 아들이 그 하나님의 사도들을 보고 있다.
(2) 그 사도들이 그 사람의 아들을 발견하고 있다.
(3) 그 형제들이 그 선생들의 천사들을 보내고 있다.
(4) 그 하늘들의 하나님이 그 자녀들의 일들을 알고 있다.
(5) 그 율법의 형제들이 그 아이들을 위하여 빵과 의복들을 갖고 있다.
(6) 그 선생들이 그 형제의 의복들을 취하고(받고) 있다.

(7) 그 어린아이들이 그 말씀들을 그 하나님의 아들들에게 말하고 있다.
(8) 그 사망의 백성이 그 하늘의 일들을 취하고(받고) 있다.
(9) 그 세상의 자녀들이 그 사도들의 형제들을 발견하고 있다.
(10) 그 천사들이 그 하나님의 율법들을 보내고 있다.

21.1

(1) 안식일에 그 종이 그 율법의 일들을 취하고 있다.
(2) 그 하늘의 주님이 그 종들을 위하여 선물들을 갖고 있다.
(3) 그 주님의 아들들이 그 율법과 선물을 보내고 있다.
(4) 우리가 성전에서 그 형제들의 찻잔들을 발견하고 있다.
(5) 그 백성의 어린아이들이 그 하나님의 눈을 보고 있다.
(6) 그 형제들이 그 세상에서 그 열매들을 알고 있다.
(7) 그 선생이 그 포도주와 의복을 그 하늘의 종들에게 보내고 있다.
(8) 그 천사들의 선물들과 그 하늘의 빵을 보내고 있다.
(9) 그 형제들이 그 죽음을 알고 있으며 그 하나님의 율법들을 가르치고 있다.
(10) 그 사람의 아들이 그 율법을 갖고 있으며 그 아들들이 그 형제들을 가르치고 있다.

21.2

(1) 그 사도의 형제들이 그 율법을 그 백성들에게 쓰고 있다.
(2) 그 사도가 그 하나님의 율법을 알고 있다.
(3) 그 종들이 그 성전에서 그 친구들과 그 무리들을 보고 있다.
(4) 우리가 그 선물들을 갖고 있으며 그 사람들에게 쓰고 있다.
(5) 너희가 그 종들에게 그 주님의 말씀들을 쓰고 있다.
(6) 그 하나님의 아들이 그 집의 선물들과 그 하늘의 빵을 보내고 있다.
(7) 그 하늘들의 천사들이 그 집에서 그 하나님의 말씀들을 듣고 있다.

(8) 그 형제들이 사망을 알고 있으며 그 하나님의 율법들을 가르치고 있다.
(9) 그 종이 그 곳에서 그 보좌와 그 돌을 발견하고 있다.
(10) 그 사람이 그 율법을 갖고 있으며 그 아들들이 그 형제들을 가르치고 있다.

제4과

25.1

(1) 그 천사들이 그들 자신들을 위하여 빵과 열매를 보낸다(재).
(2) 바로 그 사람들의 아들들이 그 성전에서 침례를 주고 있다(강).
(3) 그 종이 자신을 위하여 그 작은 배를 사고 있다(재).
(4) 바로 그 세상의 자녀들이 그 하나님을 알고 있다(강).
(5) 너희가 그 세상과 죽음으로부터 너희 자신들을 지키고 있다(상).
(6) 바로 그 어린아이들이 그 주님의 말씀 안에서 심판한다.
(7) 그 형제들이 자신들을 위하여 그 무리들에게 그 말씀들을 전파한다.
(8) 그 세상의 사람들이 그 하나님의 선물 안에서 서로 영화롭게 한다.
(9) 바로 우리가 성전에서 그 종들에게 돌들을 던지고 있다.
(10) 그 무리들이 빵을 먹고 있으며 우리는 그 하나님의 선물들을 취하고 있다.

27.1

(1) 그 종들의 아들들이 그 사도들에 의해 침례를 받고 있다.
(2) 그 선생이 그 주님의 천사들에 의해 던져지고 있다.
(3) 그 하나님의 천사들이 그 율법의 말씀에 의해 영광을 받고 있다.
(4) 그 백성들이 그 하나님의 천사에 의해 구원을 받고 있다.
(5) 성전에서 그 말씀들이 그 형제들을 위하여 기록되고 있다.

(6) 그 하나님의 율법들이 그 사람의 아들에 의해 전파되고 있다.
(7) 그 사망의 종들이 그 주님의 사도들에 의해 일으킴을 받고 있다.
(8) 그 형제들이 그 집에서 그 천사에 의해 해방되고 있다.
(9) 그 사람의 아들들이 그 하나님의 사도들에 의해 보냄을 받고 있다.
(10) 그 하나님의 율법들이 그 주님의 종들에 의해 전파되고 있다.

27.2

(1) 우리가 그 율법의 종들에게 그 주님의 말씀들을 말하고 있다.
(2) 바로 그 아들이 율법과 말씀을 그 사도들을 위하여 쓰고 있다.
(3) 그 사도들의 천사들이 그 성전에서 빵과 선물을 취하고 있다.
(4) 그 사망의 사람들이 그 하늘들에서 그 하나님에 의해 일으킴을 받고 있다.
(5) 그 주님의 말씀이 성전에서 그 천사들에 의해 가르쳐지고 있다.
(6) 그 종들이 그 하나님의 아들에 의해 그 집 안으로 보냄을 받고 있다.
(7) 그 자녀들이 그 주님을 믿고 있으며 구원을 받고 있다.
(8) 그 친구들은 그 선생에 의해 심판을 받고 있지만, 그러나 그 사도들은 그 세상을 심판한다.
(9) 그 종의 자녀들이 그 하늘들의 주님에 의해 그 세상들에서 구원을 받고 있다.
(10) 복음에는 하나님의 의가 나타나서 믿음으로 믿음에 이르게 한다(롬 1:17).

제5과

31.1

(1) 그 하나님의 자녀들이 그 성전에 머물고 있으며 그 사도들의

말씀들을 듣고 있다.
(2) 그 사망의 종들이 하나님께로부터 온 천사들의 얼굴들을 보고 있다.
(3) 그 선생들이 그 친구들을 그 집 안으로 인도해 들이고 있다.
(4) 그 하나님이 그 하늘로부터 그 율법을 그 천사들을 통하여 보내고 있다.
(5) 그 빵들과 그 선물들이 그 주님의 종에 의해 그 성전으로 보내지고 있다.
(6) 우리가 그 하나님의 자녀들로부터 그 빵을 받고 있다.
(7) 그 무리들이 그 성전으로부터 그 종의 아들들에 의해 던져지고 있다.
(8) 하늘로부터 온 천사들이 그 죽음의 세상에 머무르고 있다.
(9) 그 하나님이 그 사도들과 그 선생들을 그 세상 안으로 보내고 있다.
(10) 우리가 그 집 안에 그 주님의 종들과 함께 머물고 있으며 그 하나님을 영화롭게 하고 있다.
(11) 그러나 하늘 아래 다른 이름이 없다
(12) 그러나 그 하나님의 이름이 너희들로 인하여 이방인들 가운데서 훼방을 받고 있다.

제6과

34.1

(1) 그 주님이 하나님의 나라에 관하여 가르치고 계신다.
(2) 그 주님의 교회가 그 사도의 권세를 갖고 있다.
(3) 그 지혜와 진리가 세상 안에 머물고 있다.
(4) 그 선생이 그 진리의 검을 그 세상 안으로 보내고 있다.
(5) 우리는 그 주님의 날을 보고 있으며 그 하나님을 영화롭게 하고 있다.

(6) 그 하늘들의 진리가 그 하나님의 종들에 의해 그 세상의 자녀들을 위하여 전파되고 있다.
(7) 그 하나님의 자녀들이 그들의 마음들 안에 그 진리와 지혜를 갖고 있다.
(8) 그 교회의 사도들이 그 하나님의 선물과 권세를 받고 있다.
(9) 그 종의 아들들이 생명과 죽음을 보고 있다.
(10) 그 하늘들의 음성들이 하나님의 나라에 관하여 그 사람들을 가르치고 있다.

37.1

(1) 그 날들에 그 사람들의 목숨들이 그 진리 안에서 구원을 받고 있다.
(2) 그 주님의 말씀들이 그 사랑의 자녀들의 마음들 속에서 들려지고 있다.
(3) 그 생명의 계명이 그 평화의 집에서 그 주님에 의해 말해지고 있다.
(4) 그 성서들이 그 마을에서 그 율법의 아이들에 의해 발견되고 있다.
(5) 그 하나님께로부터 온 사도가 그 평화의 교훈들을 가르치고 있다.
(6) 그 지혜의 주님이 그 계명을 그 사람들을 위하여 그 성전에서 기록하고 있다.
(7) 그 나라와 권세에 관한 하나님의 말씀들이 그 교회에서 가르쳐지고 있다.
(8) 그 무리들이 마음들 속에 그 주님의 생명과 사랑을 갖고 있다.
(9) 그 하나님의 계약들이 그 하늘의 천사들에 의해 그 생명의 교훈들과 함께 기록되고 있다.
(10) 그 친구들의 사랑이 그 종들에게 그 계명의 일들과 함께 보내지고 있다.

41.1

(1) 그 주님께로부터 온 예언자들이 그들 자신들을 위하여 그 영광의 교훈들을 통하여 기쁨과 평화를 받고 있다.
(2) 그 날들에 그 선생의 제자들이 회당에서 그 비유들을 말하고 있다.
(3) 그 땅과 하늘에서 그 세상의 주님이 그 제자들에 의해 영광을 받고 있다.
(4) 그 의의 진리가 그 교회에서 그 하나님께로부터 온 예언자들에 의해 선포되고 있다.
(5) 너희가 그 주님께로부터 온 약속들과 언약들을 그 계명의 말씀들과 함께 받고 있다.
(6) 처음부터 그들이 그 청년을 그 세상의 약속으로부터 이끌어내고 있다.
(7) 그 날에 그 형제들이 그 생명의 진리와 그 하나님의 의에 의해 심판을 받고 있다.
(8) 네가 그 자녀들의 교회에서 그 비유를 그 예언자들에게 말하고 있다.
(9) 그 집에서 그 종들의 생명들이 그 사랑의 교훈에 의해 일으킴을 받고 있다.
(10) 그 하나님의 의가 그 사람의 아들의 계명에 의해 밝혀지고 있다.

43.1

(1) 안식일에 우리가 그 율법의 제자들을 그 진리의 교회 안으로 인도하고 있다.
(2) 그 성경의 진리와 평화가 그 주님의 집에 머물고 있다.
(3) 처음에 그 예언자가 그 메시아를 보고 있으며 그 하나님의 사랑을 알고 있다.

(4) 바다에서 그 하나님의 나라가 그 사람의 자녀들에 의해 선포되고 있다.
(5) 그 하나님의 사랑과 지혜가 그 성전에서 그 언약의 형제들에 의해 들려지고 있다.
(6) 그 사람들의 죄들 때문에 그 의의 말씀들이 그 세상에서 선포되고 있다.
(7) 그 청년들의 마음들에 그 세상의 메시아의 생명과 평화를 갖고 있다.
(8) 그 생명의 교회들이 그 메시아에 의해 구원을 받고 있으며 그 하늘들의 하나님을 영화롭게 하고 있다.
(9) 그 시각에 하나님의 자녀들이 주님께로부터 오는 언약과 계명을 받고 있다.
(10) 그 진리의 음성들이 그 예언자들의 마을에서 그 청년의 제자들에 의해 말해지고 있다.

제7과

49.1

(1) 그 사랑의 자녀들이 그 사도의 말씀에 의해 그 하나님의 나라 안으로 들어가고 있다.
(2) 그 종의 아들들이 그 하나님의 사람들에게 그 성전에서 대답하고 있다.
(3) 그 회당에서 네가 그 제자의 말씀들을 듣고 있으며 그 하나님의 진리를 믿고 있다.
(4) 그 무리들이 그 지혜의 친구들과 함께 그 주님께로 와서 하나님께로부터 영광을 받고 있다.
(5) 그 날들에 우리가 그 약속들의 주님에 의해 죄들로부터 구원을 받고 있다.

(6) 그 사도들이 그 마을들을 통해 지나가고 있으며 그 제자들의 집 안으로 들어가고 있다.

(7) 그 하나님의 언약이 그 평화의 제자에 의해 그 죄의 종들을 위하여 기록되고 있다.

(8) 나는 그 생명의 진리이며 너희는 그 세상의 기쁨들이다.

(9) 하나님께로부터 온 바로 그 사도가 그 종의 어린아이들을 그 집에서 침례를 주고 있다.

(10) 그 메시아의 날들 후에 우리가 그 하늘들의 나라를 보고 있다.

제8과

54.1 다음 헬라어 문장을 한글로 번역하시오.

(1) 우리가 지금은 그 그리스도에 의해 가르침을 받고 있지만, 그러나 그 때는 우리가 그 길에서 그 청년들을 가르치고 있었다.

(2) 그 하나님께로부터 온 사도가 그 죄의 종들에게 그 생명의 비유들을 말하고 있었다.

(3) 그 하늘들의 천사들이 그 영광의 하나님에 의해 그 교회 안으로 보냄을 받고 있었다.

(4) 그 주님이 그 세상에 거하고 계셨지만 그러나 그 세상은 그 생명의 진리를 알지 못하고 있었다.

(5) 그 시각에 그 죄의 사람들이 그 진리의 천사들에 의해 죽음으로부터 일으킴을 받고 있었다.

(6) 그 예언자의 선물들이 그 길에서 그 언약의 사람들에게 전달되고 있었다.

(7) 우리가 그 제자의 말씀들을 읽고 있었으며 너희들은 그 하나님의 음성을 듣고 있었다.

(8) 그 무리들이 그 그리스도에 의해 그 자녀들의 집 안으로 보냄을 받고 있었다.

(9) 그 날들에 우리가 그 하나님의 성전으로 가고 있었으며 그러나 지금은 우리가 그 평화의 주님께로 가고 있다.

(10) 그 때 너는 그 형제들을 그 광야 안으로 함께 인도하고 있었지만, 그러나 지금은 너는 그 마을로 가고 있다.

(11) 그는 그 길에서 그 청년들에게 말하고 있었으며 너는 그 어린아이들에게 그 성경들을 설명하고 있었다.

제9과

59.1 다음 헬라어 문장을 한글로 번역하시오.

(1) 그 의로운 예언자들이 그들 자신들을 위하여 그 첫째 시간에 관하여 말하고 있었다.

(2) 그 사랑받는 제자들이 그 좋은 말씀을 그 작은 집에서 가르치고 있었다.

(3) 그 다른 자녀들이 그 신실한 주님에 의해 그 악한 길에서 발견되고 있었다.

(4) 그 마지막 날들에 그 의로운 예언자들의 말씀들이 그 신실한 교회 안에서 들려지고 있었다.

(5) 그 선한 말씀이 그 세상에서 전체에서 그 복된 아들들에 의해 전파되고 있었다.

(6) 그 마지막 시간에 그 선한 친구들만 그 주님에 의해 구원을 받고 있다.

(7) 그 집에 있는 사람들이 그 빵을 먹고 있었으며 그 지혜의 사도들에 의해 가르침을 받고 있었다.

(8) 그 첫 날에 그 주님이 그 악한 종들을 심판하고 있었다.

(9) 그 하나님의 선한 자녀들이 그 상급과 그 검을 그 마지막 천사들로부터 받고 있었다.

(10) 그 마지막 아들 바로 그가 그 악한 세상에서 그 복된 주님의

교회들을 보고 있었다.

제10과

66.1

(1) 너희들을 그 하나님의 사랑받는 자녀들이지만, 그러나 우리는 그 의로운 주님을 알고 있다.
(2) 진실로 그 권세의 진리가 그들 안에 있지 않지만, 그러나 우리는 그 하나님의 새로운 평화를 갖고 있다.
(3) 바로 내가 그 길이며 그 진리이며 그 생명이다.
(4) 이것은 그 하나님의 일이지만, 그러나 너희들은 그 마지막 말씀들 안에서 구원을 받고 있다.
(5) 우리 자신들이 그 새 율법에 의해 심판을 받고 있지 않았다 그러나 우리는 그 악한 자들의 일들을 심판하고 있었다.
(6) 그 동일한 제자가 그 진리의 자녀들을 영접하고 있었다 그리고 그들을 가르치고 있었다.
(7) 그 생명의 예언자들이 그 안에 머물고 있으며 이 신실한 말씀 안에서 새 생명을 얻고 있다.
(8) 그 때 내 선생님이 그 주님의 종들이 그를 영화롭게 하고 있었다고 말하고 있었다.
(9) 이 자녀는 저 집 안으로 들어가고 있었으며 그러나 저 종은 그 길로 가고 있다.
(10) 저 날들에 악한 예언자들이 그 나쁜 마을들을 통과하고 있었다.

제11과

72.1

(1) 내가 그 생명의 성경을 읽는 것과 그 신실한 하나님을 영화롭게 하기를 시작한다.

(2) 그 의로운 제자들이 그 하늘로부터 오는 하나님의 음성을 듣기를 원하고 있었다.
(3) 그 선생들이 그 생명의 복음을 그 죄의 종들을 위하여 가르치려고 하고 있다.
(4) 이 의로운 선생이 그 사람의 아들이 반드시 죽어야 한다는 것을 그들에게 가르치기를 시작하고 있었다.
(5) 바로 우리는 그 하나님의 율법을 소유하고 있으며 그 법에 따르면 우리는 죽어야한다.
(6) 저 의로운 종이 그의 형제들을 그들의 죄들에 관하여 가르치기를 소원하고 있다.
(7) 저 날들에 그 의로운 자매들이 그 나라의 복음을 듣기 위하여 오고 있었다.
(8) 그 그리스도의 기쁨이 저 악한 날들에 그 청년들에 의해 전파되려고 한다.
(9) 네 제자들이 안식일에 올라가는 것이 옳지 않다는 것을 말하기를 원하고 있다.
(10) 그 사람의 아들이 반드시 그의 천사들과 함께 영광 중에 와야 한다.

제12과

75.1

(1) 이제는 너희가 그 성전에서 그 영광의 하나님을 보고 있지만, 그러나 그 때는 그 나라의 형제들을 위로하고 있었다.
(2) 저 길에서 그 주님이 그의 제자들에게 그 하나님의 나라에 관하여 말하고 있었다.
(3) 그 선생님이 너희들을 위하여 그 선물들을 만들고 있었으며 이제는 너희가 그를 축복하고 있다.

(4) 바로 그 제자들이 그 무리들을 부르고 있었으며 그들에게 그리스도의 복음을 말하고 있었다.
(5) 이것들 후에 예수께서 그의 제자들과 함께 갈릴리에서 다니시고 계셨다.
(6) 그 악한 날들에 그 하나님의 자녀들이 그 악한 길에서 그 진리를 추구하고 있었다.
(7) 그 주님 자신이 그 하나님의 영광을 위하여 그의 제자들을 사랑하고 계셨다.
(8) 너는 그 진리를 증언하고 있었지만, 그러나 나는 하나님의 계명들을 지키고 있었다.
(9) 주여, 나는 바로 당신이 하늘로부터 온 그 예언자라는 것을 알고 있다.
(10) 그 예언자들이 그들의 죄들을 고백하고 있었으며 그 제자들은 그 교회들을 세우고 있었다.

78.1

(1) 우리는 그 주님과 그의 나라를 사랑한다 왜냐하면 그 하나님이 우리를 사랑하시기 때문이다.
(2) 그 그리스도의 제자들이 그 세상에서 그의 평화에 관하여 감히 전파하려고 한다.
(3) 그의 사도들이 그 성전에서 그 율법의 제자들에 의해 질문을 받고 있다.
(4) 그 첫 시각에 그들이 그 하나님의 말씀에 관하여 그 메시아의 제자들에게 묻고 있었다.
(5) 너희가 그 주님의 제자들에 의해 가르침을 받으려고 왔기 때문에 너희가 그 악한 자녀들에 대하여 승리하고 있다.
(6) 그 메시아께서 그 바다곁에서 그 나라에 관한 비유를 말하기

를 끝마치고 있다.

(7) 그 사도들이 사람들을 죽음으로부터 구원하는 그 하나님의 일들을 끝마치고 있었다.

(8) 그 악한 자들이 그 광야에서 그 하나님의 천사들을 그 악한 말들로 미혹시키고 있었다.

(9) 그 신실한 종들이 그들의 모든 마음을 다하여 그 주님을 사랑하고 있다.

(10) 그 하나님께로부터 온 그 신실한 제자가 그 하나님의 아들을 존경하는데 왜냐하면 그가 그 생명의 진리를 말하기 때문이다.

81.1

(1) 처음부터 그 거룩하신 하나님이 그 하늘의 백성들을 위하여 그의 약속을 성취하고 있었다.

(2) 그 신실한 제자들이 그 하나님의 나라를 추구하고 있으며 그의 의를 나타내고 있다.

(3) 그 날에 우리가 예수 그리스도에 관한 그 진리의 말씀들에 의해 의롭게 되고 있었다.

(4) 저 시각에 그 생명의 주께서 그 악한 병사들에 의해 십자가에 못박히고 계셨다.

(5) 그 작은 집에서 그 나라의 복음이 그 신실한 제자들에 의해 밝혀지고 있었다.

(6) 저 날들에 하나님의 일들이 그 거룩한 주님에 의해 완성되고 있었다.

(7) 저 시각에 그 그리스도께서 우리를 그 하나님의 진로로부터 구원하기 위하여 십자가에 못박히고 계셨다.

(8) 그 강도들이 그 하나님과의 교제를 성취하고 있었으며 우리는 그 죄에 머무를 수 없었다.

(9) 그 군병들이 두 강도들을 그 무리들 앞에서 그와 함께 십자가에 못박고 있었다.

(10) 그 악한 자들이 그 주님의 섬김에 의해 그들의 죄들로부터 의롭게 되고 있었다.

제13과

86.1

(1) 이 생명의 말씀들 안에서 너희는 그 주님을 알 것이다 그리고 너희는 그의 제자들이 될 것이다.

(2) 그 마지막 날에 그 그리스도께서 그 하늘로부터 그의 천사들과 함께 오실 것이다.

(3) 그 신실한 자들이 그 하나님의 사랑 때문에 그 죄인들을 그 하늘로 인도할 것이다.

(4) 그 선한 여자들이 그 마지막 날들에 그 하나님의 나라에 있을 것이다.

(5) 저 의로운 친구가 그 복된 형제들을 가르칠 것이며 너희는 그 다른 사람들에게 말할 것이다.

(6) 우리가 그 주님의 제자들에 의해 그의 교회에서 알려지기를 시작할 것이다.

(7) 그 사도들이 그 권세의 말씀들에 의해 그 평화의 길을 전파할 것이다.

(8) 그 하나님의 나라의 자녀들이 저 교회에서 그 주님의 천사를 볼 것이다.

(9) 그때 네가 네 형제의 집 안에 있는 선물을 취하기를 바랄 것이다.

(10) 내가 내 예언자들과 사도들을 그 세상 안으로 보낼 것이며 그 악한 자들이 그들을 박해할 것이다.

제14과

92.1

(1) 그 길에서 그 귀신들이 그 악한 죄인들의 마음들 속으로 돌아갔다.

(2) 그 사람들이 그 그리스도의 교훈을 믿었으며 그 복음을 전파했다.

(3) 내가 그 죄인들이 그들의 죄들을 고백하고 그 하나님의 구원을 추구하도록 설득했다.

(4) 그 날에 우리가 저 육신의 무리들을 그 악한 나라로부터 놓아주었다.

(5) 그 신실한 형제가 그 죄의 종들을 그 작은 길에서 심판했다.

(6) 그 악한 자들도 역시 그 주님의 음성들을 들었으며 그를 믿었다.

(7) 그 사도들이 그 집에서 그들의 제자들의 연약함들을 고쳤다.

(8) 너희가 그의 음성을 들었으며 그 하늘의 자녀들을 위하여 그 선물들을 준비했다.

(9) 그 악한 길에서 그 복된 주님이 우리들의 죄들로부터 우리들을 구원하셨다.

(10) 너희가 그 자녀들을 그 집으로부터 인도하고 그들을 그 성전 안으로 보내도록 설득했다.

제15과

95.1

(1) 그 첫 번째 교회에서 그 그리스도께서 그 진리의 복음에 의해 그 귀신들을 내쫓으셨다.

(2) 그 권세의 사도들이 그 하나님의 천사들로부터 빵과 열매을 받았다.

(3) 저 날에 그 신실한 제자들이 그 주님의 좋은 교훈들을 가져왔다.

(4) 그 마지막 집에서 너희가 그 하늘들의 나라의 생명과 평화를 발견했다.

(5) 그 신실한 형제가 그 죄의 종들을 그 사랑의 길 안으로 인도했다.
(6) 우리 자신들이 그 주님의 음성들을 들었으며 너희는 그를 믿었다.
(7) 이 바다에서 그 자녀들이 그 사도들로부터 그 구원의 좋은 선물들을 받았다.
(8) 그 신실한 천사들이 그 그리스도께서 그 자신의 종들을 위하여 선물들을 보냈다고 말했다.
(9) 그 주님의 제자들과 함께 우리가 그 의로운 선생님의 집 안으로 들어갔다.
(10) 저 길에서 그 지혜의 선생님이 그 하나님의 사랑에 관하여 그 자녀들을 가르쳤다.

제16과

102.1

(1) 저 마지막 날들에 그 그리스도께서 죄인들을 구원하기 위하여 그 세상 안으로 보냄을 받았다.
(2) 그때 이 교회에서 복된 말씀들이 그의 제자들에 의해 전파되었다.
(3) 그 악한 종들이 그 집에서 그 의로운 주님에 의해 알려질 것이며 불리어질 것이다.
(4) 그 장소에서 그 언약의 말씀들이 그 그리스도의 제자들에 의해 가르쳐졌으며 믿어졌다.
(5) 그 의의 교훈들이 하나님의 예언자들에 의해 그 교회에서 기록되었다.
(6) 그 신실한 자매들이 그 주님을 믿었으며 그 주님에 의해 죽음으로부터 일으킴을 받았다.
(7) 그 신실한 종들이 하늘로 올려졌으며 그러나 그 악한 천사들을 거기로부터 내쫓김을 받았다.
(8) 그 하늘의 음성들이 그 교회에서 들리어졌으며 그 거룩한 천

사들이 보여졌다.

(9) 우리가 다른 장소로 갔는데, 왜냐하면 이 악한 사람들이 우리를 영접하지 않았기 때문이다.

(10) 저 악한 종들의 그 주님의 얼굴을 보았으며 그의 예언자들이 되었다.

(11) 그런데 저 길에서 그들의 눈들이 열렸으며 그 생명의 주님을 알아보았다.

제17과

107.1

(1) 그 사도들이 우리에게 그 복음을 전파했다 그러나 우리는 우리 마음들 속에 희망을 갖지 않았다.

(2) 우리 육신으로는 우리가 그 하나님을 알지 못한다 그러나 그 새로운 세대에서는 그 자신이 알려질 것이다.

(3) 그 그리스도의 제자들이 그 밤의 세상에 그 은혜의 소망을 가져왔다.

(4) 그 아버지도 그 아들도 우리들의 마음들 속에 영원히 거하고 계신다.

(5) 우리는 그 구원자로부터 오는 그 희망과 그 은혜를 받지 못했는데 왜냐하면 우리가 그 주님을 사랑하지 않았기 때문이다.

(6) 그 하나님이 온 세상의 아버지이시라는 그 진리가 그 목자들에 의해 전파되었다.

(7) 그 어머니와 그 딸이 그 은혜의 아버지의 자녀들에 의해 침례를 받았다.

(8) 그 은혜의 손 안에서 그 신실한 제자들이 예수를 더 이상 육체대로 알지 않을 것이다.

(9) 저 밤에 너희가 그 악한 통치자의 포도원들을 보았다.

(10) 그 육신의 통치자들이 그 주님을 믿었으며 그 다른 사람들이 그에게로 인도되었다.

제18과

111.1

(1) 우리가 죽은 자들 가운데서 그 그리스도의 부활을 믿는 이것이 진실로 내 아버지의 뜻이었다.
(2) 그 하나님의 심판이 그 시대의 마지막에 모든(전체) 민족들에게 임할 것이다.
(3) 그 하나님이 그 그리스도의 피의 능력에 의해 그 환란의 진노로부터 우리를 구원하셨다.
(4) 저 밤에 그 그리스도께서 그의 부활하심에 의해 그의 제자들에게 보였다.
(5) 그 그리스도의 이름이 그 왕들의 육신들을 그들의 도시들에서 고쳤다.
(6) 우리가 하나님의 아들의 자비로 인하여 하나님에 관한 지식과 위로를 소유했다.
(7) 그 창조의 주님이 그 말씀의 믿음을 통해 죄들의 사함을 가져오기 위하여 왔다.
(8) 그 하나님의 뜻이 그 서기관의 능력에 의해 그 왕들에게 알려졌다.
(9) 그 통치자의 몸이 그 무리들에 의해 그 피의 도시로부터 취해졌다.
(10) 그 말씀이 육신이 되었으며 우리 가운데 거하셨으며 우리가 그의 영광을 보았다.

제19과

117.1

(1) 그 그리스도의 말씀들 안에 거하는 자가 그 하나님의 나라의

희망과 평화를 가질 것이다.
(2) 이 사람이 그 밤의 세상 전체에서 그 성령으로 침례를 베푸는 자인 것이 틀림없다.
(3) 그 하나님을 알고 있는 사람들이 하늘로부터 오는 그 말씀들을 듣기를 원했다.
(4) 하나님은 사랑이시다 그리고 그의 사랑 안에 거하는 자는 그 것(사랑)으로 인해 치유를 받을 것이다.
(5) 그 광야에서 그의 제자들이 그 주님이 그 무리들을 가리치고 있는 동안에 그를 보고 있다.
(6) 그 귀신들이 그 권세의 주님이 그 진리의 말씀들을 설명하고 있는 동안에 그 주님에 의해 좇겨나고 있다.
(7) 그를 믿지 않는 자들은 심판을 받지 않는다. 그러나 믿지 않는 자들은 의롭다함을 받지 못한다.
(8) 우리는 우리를 그 세상에 보내신 분의 뜻을 행해야하며 그의 일들을 완성할 것이다.
(9) 나는 그 살아있는 떡이며 너희는 하늘로부터 내려오는 분의 사랑의 받을 것이다.
(10) 그 마지막 날들에 나 자신이 내게 오는 자들을 살려줄 것이다.

제20과

122.1

(1) 그 주님이 무리들로부터 그 귀신들을 좇아내신 후에 그의 제자들을 그 길로 인도하셨다.
(2) 저 날에 너희가 그 작은 집에 오신 그 주님의 영광을 보고 있었다.
(3) 너희는 그 선생님이 그들에게 와서 바로 이 사람이 그 메시아라는 것을 말한 후에 그를 보았다.
(4) 입 안으로 들어가는 것이 사람을 더럽히는 것이 아니라 입 밖

으로 나오는 것 이것이 사람을 더럽게 한다.
(5) 너희가 와서 그 주님이 그의 복음을 영접한 사람들을 구원하기 위하여 오셨다는 것을 전파하고 있다.
(6) 그 선물들을 받고 나서 내가 그 새로운 진리로 너희를 구원하신 분에 관하여 너희에게 쓰고 있었다.
(7) 그 제자들에 의해 말해지고 있었던 약속들을 들은 후에 그들이 그 구원자를 믿었다.
(8) 우리가 그 통치자로부터 그 책들을 받은 후에 우리가 하늘들의 하나님께 기도했다.
(9) 이 자매들이 그 복음을 전파한 사람을 보기 위하여 광야로 갔다.
(10) 그 무리가 우리를 가르친 사람을 보지 않고 광야로 들어갔다.

제21과

127.1

(1) 이것이 하나님의 음성들을 듣고 있는 사람들에 의해 그 교회에서 선포된 사랑이다.
(2) 그 무리들이 그 생명의 말씀들에 의해 구원을 받은 후에 그리스도의 이름이 세상에서 영화롭게 되었다.
(3) 그 나라의 진리에 관하여 가르침을 받은 사람들이 그를 믿었으며 그의 이름으로 침례를 받았다.
(4) 교회의 교훈들이 기록된 후에 그 주님의 제자들이 그 무리를 놓아주었다.
(5) 그 제자들이 그 주님께로 갔을 때 그 천사들이 이것들을 그들에게 담대하게 말했다.
(6) 그리스도께서 죽은 자들 가운데서 일으킴을 받은 후에 그 빛의 사도들이 그 자녀들을 그에게로 인도했다.
(7) 그 주님에 의해 일으킴을 받은 사람이 그 집 안으로 들어갔을

때 그 집에 있던 제자들이 이상하게 여겼다.

(8) 그 여자가 그 회당으로부터 쫓겨난 후에 예수의 제자들이 와서 그녀를 위로했다.

(9) 그 나라의 말씀들 때문에 감옥으로 던짐을 받은 후에 그 예언자들이 그들을 구원하시는 분을 거기서 영화롭게 했다.

(10) 그 주님에 의해 고침을 받은 사람들에게 너희가 희망과 빛의 말씀들을 말했다.

제22과

135.1

(1) 그 마을의 어부들이 그 주님이 고난을 받으신 후에 죽은 자들 가운데서 일으킴을 받은 후에 그를 보았다.

(2) 그 성전에서 나는 그 하늘의 대제사장이 그 세대의 마지막에 그 죄인들을 해방시킬 것을 들었다.

(3) 처음부터 우리는 그 생명의 책에 기록되었던 것들은 참되다는 것을 알아왔다.

(4) 그 제자들이 하나님의 손에 의해 고침을 받은 후에 그 주님이 그들을 사랑하셨다.

(5) 그 통치자들이 그 주님께로 왔으며 그 다른 사람들은 그들에 의해 그에게로 인도되었다.

(6) 그 종들은 그 주님을 육체대로 알았지만 그러나 나는 내 마음의 깊은 곳에서 알 것이다.

(7) 그 형제들이 하나님의 뜻을 깨닫고 난 후에 그 불의한 자들을 그것(하나님의 뜻)에로 인도할 것이다.

(8) 그 밤에 그 주님이 그 자매들에게 보인 이래로 그들은 그 진리의 말씀들을 믿어왔다.

(9) 그 빛의 주님을 보아왔다고 말하며 어둠 가운데 거하고 있는

자는 거짓말하는 사람이다.

(10) 그 시간에 그 선생들이 그 지혜의 말씀들에 의해 설득된 사람들에게 이것들을 말하고 있었다.

제23과

141.1

(1) 만일 너희가 그 성전 안으로 들어가면, 그 의로운 제사장이 너희를 위하여 그 생명의 말씀을 가르칠 것이다.

(2) 그 사람의 아들이 그 죄인들을 그들의 죄들로부터 구원하기 위하여 그 세상에 왔다.

(3) 그 하나님의 복음을 믿지 않는 사람들은 그 마지막 날에 구원을 받지 못한다.

(4) 만일 너희가 그 진리의 증언을 받아들이지 않는다면, 그 하나님의 나라에서 구원을 받지 못할 것이다.

(5) 만일 너희가 그 하늘의 말들 안에서 일으킴을 받는다면, 그 생명의 빛이 너희에게 비추일 것이다.

(6) 만일 네가 그 주님에 의해 그의 나라에 관하여 가르침을 받지 않는다면, 너는 그를 영원히 알지 못할 것이다.

(7) 만일 너희가 그리스도의 복음 안에 거한다면, 너희는 그에게서 나오는 구원과 희망을 받을 것이다.

(8) 만일 너희가 물과 성령으로 거듭나지 않는다면, 너희는 하나님의 나라를 볼 수 없다.

(9) 당신이 세상을 구원하기 위하여 나를 보내신 것을 세상이 믿게 하기 위하여 내가 세상에 왔다.

(10) 그 하나님이 우리로 하여금 그 죄에 거하지 않고 하나님의 영광을 보게 하기 위하여 우리에게 말씀하고 계신다.

제24과

146.1

(1) (너희는) 비판을 받지 않기 위하여 비판하지 말라.

(2) 당신의 이름이 거룩히 여김을 받게 하시며 당신의 나라가 임하게 하시며 당신의 뜻이 이루어지게 하소서

(3) 하나님을 믿으라 그리고 그의 거룩한 교회 안으로 들어가라

(4) 들으려는 귀들을 가진 자는 들어라, 보려는 눈들을 가진 자는 보아라.

(5) (너희는) 이 백성의 마을로 가라 그리고 그것들을 풀어서 데려오라.

(6) (너희는) 이 산에게 들려서 바다에 던져지라고 말하라 그리고 너희 마음에 의심하지 말라.

(7) 예수께서 따르고 있는 그들을 보시면서 그들에게 말씀하셨다: 오라 그러면 볼 것이다.

(8) 생명의 주님을 믿으라 그리고 두려워하지 말라. 왜냐하면 주님께서 너희를 구원하시기 때문이다.

(9) 만일 너희가 주님의 말씀들을 영접하고 있다면 그것들을 빛 가운데서 전파하라.

(10) 너희가 이것들이 이루어지는 것을 볼 때에 너희는 심판이 가까운 것을 알라.

제25과

151.1

(1) 왜냐하면 죄인들의 떡을 취하고 그것을 먹는 것이 좋지 않기 때문이다.

(2) 성령이 기도하고 있던 사도들에게 내려온 것은 정오쯤 되는 시간이었다.

(3) 만일 우리가 그 주님을 사랑한다면, 하나님의 약속을 성취하기 위하여 그의 계명들을 지킵시다.
(4) 그 신실한 통치자들이 그 교회로 함께 와서 그 결과로 하나님의 이름이 그들로 인하여 영화롭게 되었다.
(5) 그 의로운 제자가 하나님의 자녀들에게 그 나라의 진리를 가르치기를 시작하고 있다.
(6) 그가 고난을 받은 후에 나(그들)는 하나님의 손이 그들 위에 내려오는 것을 보았다.
(7) 그 시각에 내가 그들로 하여금 그들의 마음에 사랑을 갖게 하기 위하여 빛의 말씀들을 말하고 있었다.
(8) 그가 그 귀신들에게 그 무리들을 놓아주도록 명령한 후에 광야로 나갔다.
(9) 그 마지막 날에 그 사람의 아들이 그의 천사들과 함께 영광 중에 오려고 한다.
(10) 우리가 고난을 받고 있는 동안에 그 형제들이 우리가 반드시 생명의 주님을 보아야한다고 말하고 있었다.

제26과

154.1

(1) 너는 내가 너를 위하여 무엇을 해주기를 원하느냐? 그가 말하기를, 주여, 다시 보기를 원합니다.
(2) 그러나 너희들 중에는 그 주님을 믿지 않는 어떤 사람들이 있다.
(3) 그는 성령의 능력과 권세를 갖고 갈릴리로 들어갔다
(4) 우리는 당신의 이름으로 그 악한 귀신들을 쫓아내고 있던 어떤 사람을 보았다.
(5) 네 형제들 중 어떤 사람들이 이 돌 위에 내 하나님의 성의 이름을 쓸 것이다.

(6) 나의 이와 같은 제자들을 구원하기 위하여 내가 나 자신을 당신의 말씀들로 거룩하게 한다.
(7) 주 너의 하나님을 네 온 마음을 다하여 사랑하라 그리고 네 이웃을 네 몸과 같이 사랑하라.
(8) 그러므로 자기 자신을 이 어린아이와 같이 낮추는 그 사람 바로 그 사람이 천국에서 큰 자이니라.
(9) 우리가 우리 자신들을 전파하는 것이 아니라 주 예수 그리스도와 예수를 인하여 우리가 너희들의 종들이 된 것을 전파한다.
(10) 내가 나 자신을 위하여 온 것이 아니다. 너희가 알지 못하는 분으로서 나를 보내신 분은 참되시다.

제27과

159.1

(1) 모든 회당들에서 예수는 이 모든 것들을 비유들로 말씀하셨다.
(2) 그리스도 안에 거하는 자는 모두가 어두움에 다니지 않을 것이며 오히려 생명의 빛을 얻을 것이다.
(3) 그 제자가 이것들을 들은 후에 그가 천국에 관하여 본 이 모든 것들을 그 무리들에게 말했다.
(4) 내가 나를 보내신 이의 뜻 모두를 이행하기 위하여 이 어두움의 세상에 왔다.
(5) 그들이 그 진리의 말씀을 들을 때, 그들은 그것을 큰 기쁨으로 영접할 것이다.
(6) 내가 너희에게 말한다, 죽은 자들이 그 하나님의 아들의 음성을 들을 때가 오고 있으며 곧 지금이다.
(7) 갈릴리로부터 온 많은 무리가 그 주님을 본 후에 그를 따라갔다.
(8) 하늘로부터 온 그 유일한 아들이 하나님의 진리와 은혜는 위대하다고 말했다.

(9) 이 짧은 기도 후에 나는 많은 무리의 큰 음성 같은 것을 들었다.
(10) 에베소 시가 큰 아데미의 신전지기인 것을 알지 못하는 사람들이 누구인가?

제28과

164.1

(1) 하나님의 미련한 것이 사람들보다 더 지혜롭고 하나님의 연약한 것이 사람들보다 더 강하다.
(2) 주 예수께서 친히 말씀하신 바 주는 것이 받는 것보다 더 복되다는 그의 말씀들을 기억해야 한다.
(3) 그러나 나보다 능력이 많으신 분이 오고 있는데, 나는 그의 신들의 끈을 풀기에도 합당하지 않다.
(4) 그러나 그가 그들에게 대답하기를, 나를 낫게 하신 분 그 분이 내게 네 침상을 들고 걸어가라고 말했다.
(5) 그러나 그 통치자가 그들에게 대답하기를, 너희는 내가 그 두 사람 중에 누구를 석방시켜주기를 원하느냐고 말했다.
(6) 그 바리새인들이 예수께서 요한보다 더 많은 제자들을 삼고 있으며 침례를 주고 있다는 것을 들었다.
(7) 나를 믿는 자는 내가 하고 있는 그 일들을 그 사람도 할 것이며 이것들보다 더 큰 일을 그가 할 것이다.
(8) 그의 주인보다 더 큰 종이 없으며 그를 보낸 자보다 더 큰 사도가 없다.
(9) 그리고 내 이름으로 구하는 것마다 이것을 내가 행할 것인데, 그 결과로 아버지께서 그 아들 안에서 영광을 받으시게 하기 위함이다.
(10) 누구도 이것보다 더 큰 사랑을 갖지 못하는데, 그것은 사람이 그의 친구들을 위하여 그의 생명을 잃는 것이다.

第29과

171.1

(1) 그 날들에 그가 아무 것도 먹지도 않았으며 그것들(그 날들)이 완료되었을 때 그가 굶주렸다.

(2) 아무도 두 주인들을 섬길 수 없다 왜냐하면 하나를 미워하고 또 다른 하나를 사랑하기 때문이다.

(3) 내게 오는 자는 결코 굶주리지도 않을 것이며 또한 나를 믿는 자는 결코 목마르지도 않을 것이다.

(4) 그러므로 예수께서 열 둘에게 말씀하셨다, 너희도 역시 떠나가려느냐?

(5) 하나님은 빛이시며 그 안에는 어두움이 하나도 없으시다는 것 이것을 네가 믿느냐?

(6) 너희는 나도 알지 못하며 내 아버지도 알지 못한다; 만일 너희가 나를 알았더라면 내 아버지도 알았을 것이다.

(7) 이와 같이 사람의 아들도 삼일 낮과 삼일 밤을 땅의 중심에 있을 것이다.

(8) 인자가 사람들의 손에 넘겨질 것이며 그들은 그를 죽일 것이며 제 삼일에 그는 일으킴을 받을 것이다.

(9) 그들은 말씀을 듣고 받아들여 삼십 배와 육십 배와 백배의 결실을 하는 자들이다.

(10) 선생님, 우리는 당신이 참되며 누구에 관해서도 당신과 상관이 없는 것을 알고 있습니다.

第30과

181.1

(1) 문들이 닫혀있는데 예수께서 오셔서 가운데 서서 말씀하셨다: 너희에게 평강이 있을지어다.

(2) 그러나 그가 그 남자에게 말했다, 일어나 한 가운데 서라. 그리고 그가 일어나 섰다.
(3) 그들이 그 주님을 무덤에서 가져갔으며 우리는 그들이 그를 어디에 두었는지 알지 못한다.
(4) 그녀가 이것들을 말한 후에 뒤로 돌이켜 예수께서 서계신 것을 보지만, 그녀는 그 분이 예수시라는 것을 알지 못했다.
(5) 그리고 내가 아버지께 구할 것이며 그가 다른 보혜사를 너희에게 주어 너희와 영원히 함께 있게 하실 것이다.
(6) 당신께서 그에게 모든 육체에 대한 권세를 주신 것과 같이, 당신께서 그에게 주신 모든 사람 그들에게 영생을 주게 하기 위함입니다.
(7) 당신께서 내가 행하도록 내게 주신 그 일을 완결함으로써 내가 땅에서 당신을 영화롭게 하였나이다.
(8) 내가 당신의 말씀을 그들에게 주었으며 세상을 그들을 미워했다.
(9) 내가 세상에 관하여가 아니라 당신께서 내게 주신 사람들에 관하여 구하는 것입니다, 왜냐하면 그들은 당신에게 속한 사람들이기 때문입니다.
(10) 그리고 나는 당신께서 내게 주신 영광을 그들에게 주었는데, 그것은 우리가 하나인 것과 같이 그들도 하나가 되게 하기 위한 것입니다.

"예수께서 또 말씀하여 이르시되 나는 세상의 빛이니
나를 따르는 자는 어두움에 다니지 아니하고
생명의 빛을 얻으리라"
-요한복음 8장 12절-

신약성서 헬라어 기초문법

지은이 김 광 수
발행인 김 선 배
초판발행 1996년 7월 25일
수정증보 2005년 8월 16일
수정증보(2쇄) 2011년 2월 21일
수정증보(3쇄) 2018년 3월 12일
수정증보(4쇄) 2020년 4월 6일
등록번호 출판 제6호(1979. 9. 22)
발행처 침례신학대학교 출판부 (하기서원)

주 소 대전광역시 유성구 북유성대로 190 (34098)
전 화 (042)828-3257
팩 스 (042)828-3256
홈페이지 http://www.kbtus.ac.kr

값 18,000원

ISBN 978-89-93630-23-7 93230